Charles Francis Haanel

Das Master Key System

Aus dem Englischen von
Waldemar Herfurt

„Das Master Key System"

Die Originalausgabe
"The Master Key System",

geschrieben von Charles F. Haanel im Jahre 1912, wurde 1916 zum ersten Mal von der „Psychology Publishing St. Louis" und vom „The Master Key Institut" veröffentlicht.

Bis 1933 wurde das Buch über 200000 Mal verkauft.

Das Buch sollte nach 1933 nie wieder an die Öffentlichkeit gebracht werden, weshalb es von der Kirche verbannt wurde.

Durch die heutige Meinungsfreiheit ist dieses phänomenale Wissen wieder für alle verfügbar, aber nur diejenigen, die es auch wirklich anwenden, können den Nutzen aus ihm ziehen.

Originalausgabe erschien 1916

Copyright © 2007 Waldemar Herfurt
© Verlag: Herfurt Books, Freiburg
Printed by Lulu.com

ISBN: 978-3-00-024181-9

http://www.dasmasterkeysystem.de
info@dasmasterkeysystem.de

Inhalt

Einführung	05
Vorwort	07
Teil 01 – Bewusstheit der Kraft	13
Teil 02 – Gedanke ist Energie	23
Teil 03 – Bewusstsein und Unterbewusstsein	33
Teil 04 – Das wahre „Ich"	43
Teil 05 – Der Verstand in Aktion	53
Teil 06 – Die Kraft der Aufmerksamkeit	61
Teil 07 – Das Visualisieren	69
Teil 08 – Durch Vorstellungskraft zur Scharfsinnigkeit	79
Teil 09 – Die Affirmation	89
Teil 10 – Das Gesetz von Ursache und Wirkung	99
Teil 11 – Das induktive Denken	109
Teil 12 – Ihr Ideal	119
Teil 13 – Das Gesetz der Verursachung	129
Teil 14 – Disziplin des konstruktiven Denkens	141
Teil 15 – Die universalen Gesetze	149
Teil 16 – Der Erfolg ist in dir	161
Teil 17 – Die Macht der Konzentration	171
Teil 18 – Das geistige Wachstum	181
Teil 19 – Wir sind alle EINS	189
Teil 20 – Wir „SIND", weil unser Vater „IST"	197
Teil 21 – Das größere Denken	207
Teil 22 – Wir sind jetzt das, was wir früher gedacht haben	217
Teil 23 – Das Gesetz des Wohlstands	229
Teil 24 – Die Wahrheit, die dich frei macht	241
Danksagung	253

Einfuehrung

Die Natur zwingt uns, durchs Leben zu gehen. Wir könnten nichts dagegen unternehmen, so sehr wir es auch wünschten. Jede denkende Person will nicht einfach bloß wie eine Maschine im Leben existieren, sondern möchte sich bilden - verbessern - und sich auch geistig weiterentwickeln.

Diese Entwicklung kann nur durch Verbesserung der individuellen Gedanken und Ideen auftreten, Aktionen und Ergebnisse sind die Folge. Daher ist das Erlernen und Anwenden des kreativen Prozesses der Gedanken für jeden einzelnen von großer Wichtigkeit. Dieses Wissen ist die Grundlage, durch die sich die Evolution des menschlichen Lebens auf Erden beschleunigt und entwickelt hat.

Die Menschheit sucht leidenschaftlich nach „der Wahrheit" und forscht danach bei jeder Gelegenheit. Im Rahmen dieser Untersuchungen wurde eine spezielle Literatur erschaffen, welche sich über die ganze Skala des Denkens, vom höchsten bis zum tiefsten, erstreckt: von der Weissagung durch die Philosophien bis hin zu der erhabenen Wahrheit des „Master Key Systems".

Dieser „Generalschlüssel" ist der Welt als Mittel gegeben worden, die kosmische Intelligenz zu verstehen und von ihr das an sich zu ziehen, was jeder einzelne Leser für sich bestrebt.

Alles, was wir um uns herum in unserer Welt sehen - auch die Einrichtung, die durch die menschliche Wirkung erzeugt wurde - musste zuerst in irgendeiner Form als Gedanke existieren. Deswegen ist jeder Gedanke schöpferisch. Der menschliche Gedanke ist eine spirituelle Kraft, die untereinander mit Universum und Mensch kommuniziert. „Der Master Key" zeigt dem Leser, wie er diese Kraft konstruktiv und kreativ anwendet. Die Dinge und die Umstände, die wir realisieren möchten, müssen zuerst in Gedanken wahr werden. „Der Master Key" erklärt und führt diesen Prozess.

„Der Master Key" wurde bisher als weiterführender Kurs herausgebracht. Mit 24 Kapiteln sollte jeder Kurs ein Kapitel enthalten, das jeweils eine volle Woche erarbeitet werden sollte. Der Leser, der jetzt alle 24 Kapitel auf einmal erhält, sollte gewarnt sein, nicht etwa das ganze Buch wie einen Roman auf einmal zu lesen, sondern jedes Kapitel wahrzunehmen, der Bedeutung jedes Kapitels bewusst zu werden und es immer wieder zu lesen. Erst nach einer Woche kann man sich dem nächsten zuwenden, um dadurch die Missverständnisse in den weiteren Kapiteln zu vermeiden. Zeit und Geld des Lesers werden sonst dabei verschwendet.

Bei entsprechender Benutzung wird „Der Master Key" dem Leser zu einer besseren, größeren Persönlichkeit verhelfen, ausgestattet mit einer neuen Kraft, jedes persönliche Ziel zu erreichen, und einer neuen Möglichkeit, die Freuden und Wunder des Lebens zu genießen.

F.H. Burgess

Vorwort

Einige Menschen scheinen Erfolg, Stärke, Wohlstand und Reichtum mit Leichtigkeit an sich zu ziehen, andere mit großen Schwierigkeiten und noch andere wiederum versagen, wenn sie ihre Wünsche und Ziele erreichen wollen. Warum ist das so? Warum sollen einige ihre Ziele und Vorstellungen schnell und einfach erreichen, andere mit großen Schwierigkeiten und andere gar nicht? Der Grund kann nicht physisch sein, ansonsten wäre der perfekte physische Mensch der erfolgreichste. Der Unterschied muss also mental sein, muss im Verstand liegen. Daher muss der Verstand - eine kreative Kraft - den alleinigen Unterschied zwischen Menschen feststellen. Folglich ist es der Verstand, der das Umfeld und jedes andere Hindernis im Weg des Menschen bewältigt.

Wenn die schöpferische Kraft des Verstandes vollkommen begriffen wird, dann werden die Ergebnisse erstaunlich ausfallen. Jedoch können diese Resultate nicht ohne Konzentration und nicht ohne ständiges Wiederholen und Anwenden der schöpferischen Energie erzielt werden. Der Leser wird lernen, die Gesetze der mentalen Welt, genauso wie die der spirituellen Welt, fest und fehlerlos zu beherrschen. Um uns unsere Ziele und Wünsche zu sichern, ist es wichtig, die Gesetze zu kennen und nach ihnen zu handeln. Eine korrekte Befolgung der Gesetze wird mit dem genauen, erwünschten Resultat belohnt. Der Schüler, der lernt, dass die Kraft von innen kommt, und dass er nur schwach ist, weil er die Hilfe von „außen" sucht, der lernt auch, dass, wenn er ohne zu zögern sich selbst mit seinen Gedanken lenkt, er sich sofort selbst korrigiert und aufrichtet. So wird er die dominante Haltung einnehmen und Wunder vollbringen.

Deswegen ist es offensichtlich, dass derjenige, der versagt und diese große Gabe der Weisheit nicht annimmt, sehr weit von dem entfernt ist, der den Nutzen versteht und ihn voll und ganz anwendet, so wie die Menschen, die sich weigerten, an das Gesetz der Elektrizität zu glauben und dessen Möglichkeiten zu akzeptieren.

Natürlich kreiert der Verstand negative Umstände genauso wie positive, und wenn wir uns bewusst oder auch unbewusst Mangel, Leid und Missklang vorstellen, kreieren wir diese Umstände. Das ist genau das, was die meisten von uns die ganze Zeit über unbewusst machen.

Vor diesem Gesetz, wie auch vor allen anderen Gesetzen, sind alle Menschen gleichgestellt, es ist in ständiger Bewegung und unnachgiebig. Jedem Individuum gibt es genau das, was es kreiert hat. Mit anderen Worten: **„Was auch immer ein Mensch sät, dass soll er auch ernten."**

Wohlstand hängt deswegen von der Erkenntnis des „Gesetzes des Wohlstands" und dem Fakt ab, dass der Verstand nicht nur der einzige Schöpfer, sondern der einzige Schöpfer von allem, was existiert, ist. Sicherlich kann nichts erschaffen werden, bevor wir wissen, dass es erschaffen werden kann, und wir demnach den angemessenen Aufwand erbringen. Es gibt heute nicht mehr Elektrizität als vor 50 Jahren (damals gab es genauso viel), und solange, bis jemand das Gesetz erkannt hatte, wie es uns nützt, hatten wir keinen Nutzen davon. Und jetzt, da das Gesetz verstanden und akzeptiert wird, wird damit die ganze Welt erleuchtet. Genau so ist das mit dem Gesetz des Wohlstands, doch nur die, die das Gesetz erkennen und sich damit in Harmonie stellen, werden den Nutzen davon tragen.

Der wissenschaftliche Geist bemüht sich in jedem Bereich. Die Beziehung von Ursache und Wirkung werden nicht mehr länger ignoriert.

Die Menschen verstehen jetzt, dass es für jedes Ergebnis einen bestimmten Grund gibt, so dass wenn ein Resultat erwünscht wird, nach einer Voraussetzung gesucht wird, mit welcher man vielleicht das Resultat erzielen kann.

Die Grundlage, auf der alle Gesetze bestehen, wurde durch die Anzahl verschiedener Fälle entdeckt, die miteinander verglichen wurden, bis der allgemeine Faktor, der sie alle verursacht, erwiesen war.

Es ist diese Methode der Studie, welcher die zivilisierte Nation ein größeres Wissen und größeren Erfolg verdankt. Sie verlängerte das Leben, sie linderte den Schmerz, sie überspannte die Flüsse, sie hat die Nacht mit der Pracht des Tages erhellt, sie erweiterte die Sicht des Anblicks, sie beschleunigte Bewegung, verringerte die Distanz, erleichterte den Verkehr und erlaubte dem Menschen, die Gewässer und die Luft zu erforschen. Was für ein Wunder ist es daher, dass Menschen sich bemühten, den Segen dieses Systems der Studie auf ihre eigene Methode des Denkens anzuwenden. Als es einfach offensichtlich wurde, dass bestimmte Resultate einer bestimmten Methode des Denkens folgen, blieb nichts übrig, diese Ergebnisse einzustufen.

Diese Methode ist wissenschaftlich, und es ist die einzige, der wir verdanken, dass wir dieses Ausmaß an Freude und Frieden haben, an die wir gewohnt sind, und welches wir als unser unverzichtbares Recht ansehen.

Das „Master Key System" basiert auf der wissenschaftlichen Wahrheit und wird die schlummernden Fähigkeiten des Individuums wecken. Es wird lehren, wie man diese Fähigkeiten wirkungsvoll anwendet, die persönliche Kapazität steigert, mehr Energie, Urteilsvermögen, Vitalität und mentale Elastizität gewinnt. Der Schüler, der das Verständnis für mentale Gesetze erwirbt, welche sich entfalten, wird in den

Besitz der Fähigkeiten gelangen, um Resultate zu erzielen, die bisher nicht mal erträumt wurden und die wörtlich nur schwer zu beschreiben sind.

Das Werk erklärt die genaue Benutzung der aufnahmefähigen und aktiven Elemente der mentalen Natur. Es führt den Schüler zur Erkenntnis der Gelegenheit, es stärkt den Willen und die Kraft des logischen Denkens. Es lehrt zu kultivieren, die Fantasie, das Verlangen, die Emotionen und die Intuition anzuregen. Es gibt die Initiative, die Hartnäckigkeit zur Handlung, die Weisheit zur Wahl, die Intelligenz, die Sympathie und eine höhere Zufriedenheit fürs Leben auf höheren Ebenen.

Der „Master Key" lehrt, die Kraft des Verstandes zu nutzen, den richtigen Verstand, nicht diese verwechselbaren Verdrehungen. Es hat nichts mit Hypnose oder Magie zu tun oder mit einer Täuschung, welche die Leute glauben lässt, dass man etwas für nichts erreichen kann.

Diese Lehre entwickelt das Verständnis, welches Ihnen die Fähigkeit gibt, volle Kontrolle über Ihren Körper, und somit auch die Gesundheit, zu erlangen. Es verbessert und stärkt die Erinnerung. Es entwickelt die Einsicht: die Art von Einsicht, die es nur selten gibt, die Art einer auszeichnenden Charakteristik eines Geschäftsmannes, die Art, welche die Fähigkeit gibt, die Möglichkeiten und Schwierigkeiten aus jeder Situation zu erkennen.

Der „Master Key" entwickelt mentale Kraft, was bedeutet, dass andere instinktiv erkennen, dass Sie eine Person von Macht und Charakterstärke sind, und so handeln, wie sie sollen, wie Sie es möchten. Das bedeutet, dass Sie selbst die Menschen und die Dinge anziehen. Sie sind das, was andere Leute als „Glückspilz" bezeichnen, „Dinge" laufen Ihnen nur so über Ihren Weg. Sie erlangen das Verständnis über das fundamentale Gesetz der Natur und fühlen sich damit in Harmonie, so dass Sie mit dem Unendlichen gleich sind, so dass Sie „das Gesetz der Anziehung" und „das Gesetz des Wachstums" verstehen, in denen alle Entfaltungen in der privaten und geschäftlichen Welt ruhen.

Mentale Kraft ist eine schöpferische Kraft, sie gibt Ihnen die Möglichkeit, für sich selbst zu erschaffen. Es bedeutet nicht, dass Sie jemandem etwas wegnehmen. Die Natur regelt Dinge niemals auf diesem Wege. Sie lässt zwei Grashalme dort wachsen, wo vorher einer gewachsen ist. Und Mentale Kraft ermöglicht den Menschen genau dasselbe.

Das „Master Key System" entwickelt Einsicht und Weisheit, höhere Unabhängigkeit sowie die Fähigkeit und Neigung, hilfsbereit zu sein. Es zerstört Misstrauen, Depression, Angst, Trübsinn und jede andere Art an Mangel, Einschränkung und Schwäche, Schmerz und Erkrankung eingeschlossen. Es weckt

versteckte Talente, steigert die Unternehmungslust, Kraft, Vitalität und Energie. Es weckt die Wertschätzung an Kunst, Literatur und Wissenschaft.
Dieses Werk hat das Leben von tausenden Männern und Frauen durch das Ersetzen unsicherer und hastiger Methoden und Prinzipien verändert.

Elbert Gary, der Vorsitzende der United States Steel Corporation sagte: *„Die Dienste der Manager, Anweiser und anderer Fachleute sind unabdenklich für ein erfolgreiches Unternehmen, aber ich erachte die Erkenntnis und die Annahme der richtigen Prinzipien als erheblich wichtiger."* Das „Master Key System" lehrt, die richtigen Prinzipien anzueignen und empfiehlt praktische Methoden dafür. Es weicht von allen anderen Lehrmethoden ab und lehrt, dass die einzige Möglichkeit, diese Prinzipien anzueignen, darin besteht, sie nur auf diesem Wege zu erwerben. Viele Menschen lesen Bücher, nehmen Hauskurse, nehmen ihr Leben lang an Vorträgen teil, ohne überhaupt irgendeinen Fortschritt zu erzielen, wenn sie den Wert der betroffenen Grundregeln demonstrieren wollen.

Das „Master Key System" empfiehlt Methoden, bei denen der Wert der Grundregeln demonstriert werden kann und die in tägliche Erfahrungen, als praktische Übungen, anzuwenden sind.

Es gibt eine Änderung in den Gedanken der Welt. Diese Änderung ist wichtiger als irgendwelche, die die Welt seit dem Sturz des Heidentums durchgemacht hat.

Die Wissenschaft hat in kurzer Zeit solch große Entdeckungen, solch eine unbegrenzte Menge an Ressourcen aufgedeckt, so viele Möglichkeiten und so viel unerwartete Energie vorgestellt, dass die Wissenschaftler zunehmend zögern, bestimmte Theorien anzuzweifeln oder diese als unmöglich zu bezeichnen, und so wird eine neue Zivilisation geboren. Bräuche, Überzeugungen und Grausamkeit gehen vorüber, Vision, Glaube und Einsatz übernehmen den Platz. Die Fesseln der Tradition werden durch Menschen durchtrennt, der Abfall des Materialismus wird nützlich verbraucht, der Gedanke wird befreit, und Wahrheit wird wie ein Feuerwerk vor einer erstaunten Menge aufsteigen.

Die ganze Welt steht vor der Tür eines neuen Bewusstseins, der neuen Kraft, der neuen Erkenntnis der Ressourcen in sich selbst. Das letzte Jahrhundert sah den großartigsten materiellen Fortschritt in der Geschichte. Das jetzige Jahrhundert wird den größten Fortschritt der Mentalen und Spirituellen Kraft erlangen.

Wissenschaftler der Physik haben die Materie in Moleküle, Moleküle in Atome, Atome in Energie zerlegt. Sir Ambrose Fleming sagte: *„Es ist die ultimative Essenz, Energie mag durch uns unbegreiflich sein, außer als Vorführung des direkten Ablaufs von dem, was wir den Verstand oder den Willen nennen."*

Lassen Sie uns mal anschauen, welche mächtigen Gesetze es in der Natur gibt. In der Welt der Materialen ist alles stabil und fest. In der tierischen und pflanzlichen Welt ist alles beweglich, wird ständig verändert, wird immer produziert und reproduziert. In der Atmosphäre finden wir Wärme, Licht und Energie. Jedes Reich wird schöner und spiritueller, während wir voranschreiten, vom Sichtbaren zum Unsichtbaren, vom Groben zum Feinen, vom niedrigem Potenzial zum größeren Potenzial. Wenn wir das Unsichtbare erreichen, bekommen wir Energie in ihrem puren Zustand.

Die mächtigsten Kräfte der Natur sind die unsichtbaren; so werden wir erkennen, dass die mächtigsten Kräfte des Menschen seine unsichtbaren Kräfte sind, seine spirituellen Kräfte. Der einzige Weg, indem diese spirituelle Kraft manifestiert werden kann, ist der gedankliche Ablauf.

Wachstum und Zerfall sind spirituelle Bewegungen. Logisches Denken ist ein spiritueller Prozess, Ideen sind spirituelle Konzepte, Fragen sind spirituelle Suchlichter und Logik, Argumente und Philosophien sind spirituelle Mechanismen.

Jeder Gedanke bringt bestimmte physische Gewebe in Regung, z.B. Teile des Gehirns, Muskeln oder Nerven. Dies erzeugt den eigentlichen physischen Wechsel im Gewebe, weswegen es wichtig ist, eine bestimmte Anzahl von Gedanken über bestimmte Themen zu haben, um eine komplette Veränderung der Psyche des Menschen zu bewirken.

Das ist ein Vorgang, bei dem Misserfolg zum Erfolg wird. Gedanken über Mut, Kraft, Inspiration und Harmonie werden gegen die Gedanken über Misserfolg, Mangel und Einschränkung eingetauscht, und diese neuen Gedanken bewurzeln sich. Das physische Gewebe ändert sich, und das Individuum sieht das Leben in einem anderen Licht. Alte Dinge gehen dahin, denn alle Dinge sind neu geworden, die Person ist neu geboren, dieses Mal spirituell neu geboren, das Leben hat für die Person eine neue Bedeutung. Die Gedanken über Erfolg werden genau damit um sie herum ausgestrahlt und helfen ihr. Sie zieht neue und erfolgreiche Begleiter an, und das wiederum verändert ihr Umfeld, so dass diese Person bei gleicher Anwendung nicht nur sich selbst verändert, sondern auch ihre Umgebung, ihre Umstände und Gegebenheiten.

Sie werden sehen, Sie müssen sehen, dass wir an der Dämmerung des neuen Tages stehen, dass die Möglichkeiten so wundervoll, so faszinierend, so grenzenlos wie verblüffend sind. Vor einem Jahrhundert konnte jeder beliebige Mann mit einem Flugzeug oder einer Kanone eine ganze bewaffnete Armee auslöschen. Und so ist es auch jetzt.

Jeder Mensch mit dem Wissen über die Möglichkeiten, die in dem „Master Key System" enthalten sind, hat eine unvorstellbare Überlegenheit gegenüber der großen Mehrheit.

Der erste Teil

Bewusstheit der Kraft

Einleitung (Teil 01)

Es ist mir eine Ehre, Ihnen hiermit den ersten Teil des „Master Key Systems" zu überreichen. Wollen Sie in Ihrem Leben mehr Kraft? Nehmen Sie sich die Bewusstheit der Kraft! Mehr Gesundheit? Nehmen Sie sich die Bewusstheit der Gesundheit! Mehr Freude? Nehmen Sie sich die Bewusstheit der Freude! Leben Sie den Geist dieser Dinge, bis diese rechtlich Ihnen gehören! Es wird dann unmöglich sein, diese loszuwerden. Die Dinge der Welt fließen als innere Kraft in jedem Menschen, mit welcher er diese Dinge beherrscht.

Sie müssen sich diese Kraft erarbeiten. Sie haben sie bereits. Jedoch müssen Sie die Kraft verstehen, Sie müssen sie benutzen, Sie müssen sie kontrollieren, Sie müssen mit der Kraft EINS werden, so dass Sie voranschreiten und die Welt in Ihren Händen halten können.

Tag für Tag, wenn Sie weiter gehen, wenn es Ihnen zunehmend leichter fällt, wenn Ihre Inspiration vertieft wird, wenn Ihre Pläne Klarheit gewinnen und Sie das Verständnis erlangen, werden Sie realisieren, dass die Welt kein toter Steinhaufen sondern eine lebende Sache ist. Sie ist eine Sache des Lebens und der Schönheit.

Es ist offensichtlich, dass es Verständnis erfordert, um mit diesem Stoff zu arbeiten, aber diejenigen, die dieses Verständnis erlangen, werden von neuem Licht und neuer Kraft inspiriert. Diese Menschen erlangen von Tag zu Tag Zuversicht und größere Kraft. Sie führen ihre Hoffnungen und Träume zur Erfüllung, das Leben hat eine tiefere, vollere, klarere Bedeutung als zuvor.

Und nun, der erste Teil…

Teil 01 –
Bewusstheit der Kraft

01. Dass „Viel" noch „Mehr" anzieht ist auf jeder Ebene der Existenz wahr. Genauso wahr ist, dass „Verlust" zu „mehr Verlust" führt.

02. Der Verstand ist kreativ und bedingt. Die Umwelt und die Erfahrungen in unserem Leben sind die Ergebnisse unserer Gewohnheit und der Geisteshaltung.

03. Die Einstellung des Verstandes entspringt dem, was wir denken. Daher ist das Geheimnis, dass jegliche Kraft, jegliche Leistung, jeglicher Erfolg und jeder Besitz mit der Methode, mit der wir denken, zusammenhängt.

04. Das ist die Wahrheit, denn wir müssen „SEIN", bevor wir „TUN" können, und wir können nur in dem Umfang „TUN", was wir „SIND", und was wir „SIND", hängt davon ab, was wir „DENKEN".

05. Wir können nicht die Kraft erzeugen, die wir nicht besitzen. Der einzige Weg, um in den Besitz der Kraft zu gelangen, ist, dass wir uns der Kraft bewusst werden. Und wir können ihr nicht bewusst werden, bis wir nicht lernen, dass alle Kraft aus dem Inneren kommt.

06. Es gibt eine „innere Welt" – eine Welt von Gedanken, Gefühlen und Kraft, von Licht, Leben und Schönheit, und obwohl diese alle unsichtbar sind, sind ihre Kräfte sehr mächtig!

07. Die innere Welt wird vom Geist beherrscht. Wenn wir diese Welt erforschen, sollten wir die Lösung jeder Probleme und die Ursache für jede Wirkung finden. Da wir die innere Welt kontrollieren können, unterliegen somit auch alle Gesetze der Kraft unserer inneren Kontrolle.

08. Die „äußere Welt" ist eine Reflektion von der „inneren Welt". Was außen erscheint, ist das, was innen gefunden wurde. In der inneren Welt wurde vielleicht unendliche Weisheit, unendliche Kraft und alles Notwendige gefunden, was darauf wartet, entfaltet, ausgedrückt und durchgeführt zu

werden. Wenn wir diese Möglichkeiten in der inneren Welt erkennen, werden diese in der äußeren Welt Form annehmen.

09. Harmonie in der inneren Welt wird zu einer Reflektion in der äußeren Welt, ausgedrückt durch harmonische Gegebenheiten, angenehme Umgebungen und dem Besten von allem. Sie ist die Basis der Gesundheit und eine Notwendigkeit für das Gute, für alle Kraft, alle Energie, alle Erfolge und Ziele.

10. Die Harmonie in der inneren Welt gibt uns die Fähigkeit, unsere Gedanken zu kontrollieren und für uns selbst zu entscheiden, wie eine Erfahrung uns beeinflusst.

11. Die Harmonie in der inneren Welt erzeugt in uns Optimismus und Überfluss. Überfluss im Inneren ergibt Überfluss im Äußeren.

12. Die äußere Welt reflektiert die Umstände und Gegebenheiten von der Bewusstheit der inneren Welt.

13. Wenn wir Weisheit in der inneren Welt finden, werden wir das Verständnis bekommen, die fantastischen Möglichkeiten, die in der inneren Welt verborgen sind, zu erkennen. Und wir werden die Kraft bekommen, diese Möglichkeiten in der äußeren Welt zu manifestieren.

14. Sobald wir der Weisheit in der inneren Welt bewusst werden, nehmen wir geistig Besitz von ihr, und wenn wir die Weisheit geistig besitzen, kommen wir in den tatsächlichen Besitz der Kraft und der Klugheit, die zur Manifestierung unserer Entwicklungen notwendig ist.

15. Diese innere Welt ist eine praktische Welt, in der die Männer und Frauen mit der Kraft Mut, Hoffnung, Begeisterung, Zuversicht, Vertrauen und Glauben erzeugen, mit der Kraft, welche denen gegeben wurde, um durch Intelligenz eine Vorstellung zu haben, und die Fähigkeit, diese Vorstellungen Realität werden zu lassen.

16. Das Leben ist eine Entfaltung. Was auf uns in der äußerlichen Welt zukommt, ist das, was wir in der inneren Welt haben.

17. Dieses Haben in der inneren Welt basiert auf Bewusstsein. Der Gewinn ist das Resultat des steigenden Bewusstseins. Der Verlust ist das Resultat des verstreuten Bewusstseins.

18. Geistige Leistungsfähigkeit ist von Harmonie abhängig. Uneinigkeit bedeutet Verwirrung, folglich muss der, der die Kraft erwerben will, in der Harmonie mit dem Naturgesetz sein.

19. Wir stehen durch den objektiven Verstand in Beziehung zur äußeren Welt. Das Gehirn ist das Organ des Verstandes und das Hirn-Rückenmark des Nervensystems führt uns in eine bewusste Kommunikation zu jedem Teil des Körpers. Dieses Nervensystem reagiert auf jeden Sinneseindruck durch Licht, Wärme, Geruch, Geräusch und Geschmack.

20. Wenn dieser Verstand korrekt denkt, wenn er die Wahrheit versteht, wenn die Gedanken, die durch das Hirn-Rückenmark des Nervensystems an den Körper geleitet werden, kreativ sind, sind diese Empfindungen angenehm und harmonisch.

21. Das Ergebnis ist, dass wir Stärke, Vitalität und alle schöpferischen Kräfte in unserem Körper aufbauen, jedoch ist es der gleiche objektive Verstand, der uns Leid, Krankheit, Mangel, Einschränkung und jede Form von Uneinigkeit in unser Leben bringen kann.

22. Wir stehen durch das Unterbewusstsein in Beziehung zur inneren Welt. Die Magengrube ist das Organ der Seele / der Psyche. Durch dieses Nervensystem werden Empfindungen übertragen, wie Freude, Angst, Liebe, Emotionen, Atmungen, Vorstellungen und alle anderen unbewussten Erscheinungen. Wir sind durch das Unbewusste mit dem Universum verbunden, wo die unerschöpfliche und unendliche Energie entspringt.

23. Diese zwei wichtigen Merkmale unseres Daseins und das Verständnis deren Funktionen, das ist das große Geheimnis des Lebens. Mit diesem Wissen können wir innere und äußere Welt in ein bewusstes Miteinander bringen und somit das Endliche und das Unendliche bestimmen.

24. Jeder stimmt zu, dass es einen Grundbestandteil oder eine Bewusstheit gibt (ein Etwas), welches das ganze Universum durchdringt, das ganze Weltall einnimmt, und das Wichtigste und in jeder Hinsicht das Gleiche jeder Art ist. Es ist allmächtig, allwissend und immer anwesend. Alle Gedanken und Dinge sind innerhalb dessen. Es ist alles in allem.

25. Aber es gibt nur eine Bewusstheit im Universum, die denken kann. Und wenn sie denkt, werden deren Gedanken zu objektiven Dingen. Da diese Bewusstheit allgegenwärtig ist, muss sie in jedem Individuum anwesend

sein. Jedes Individuum muss eine Manifestation dieser allmächtigen, allwissenden, allgegenwärtigen Bewusstheit sein.

26. Da es nur eine Bewusstheit im Universum gibt, die denken kann, folgt daraus, dass Ihre Bewusstheit identisch mit der Bewusstheit im Universum ist, oder mit anderen Worten: Aller Geist ist EIN Geist. Es gibt keine andere Abweichung dieser Schlussfolgerung!

27. Das Bewusstsein, welches sich in Ihren Gehirnzellen konzentriert, ist das gleiche Bewusstsein, welches sich in den Gehirnzellen anderer Lebensformen konzentriert. Jedes Individuum ist somit eine Bewusstheit des Universums.

28. Der Geist des Universums ist reine Energie! Er kann sich nur durch das Individuum manifestieren, und das Individuum wiederum kann sich nur durch das Universum manifestieren. Die sind EINS!

29. Die Fähigkeit des Menschen zu denken, ist seine Fähigkeit, auf das Universum zu agieren (Handlungen durchzuführen) und es im Endeffekt zu manifestieren. Menschliches Bewusstsein besteht nur aus der Fähigkeit zu denken. Das Gehirn selbst ist eine subtile Form von stillstehender Energie, von welcher Aktivitäten erzeugt werden, die als „DENKEN" bezeichnet werden. Das ist dann eine bewegte Phase des Verstandes. Der Verstand ist stillstehende Energie, der Gedanke ist eine bewegende Energie. Das sind zwei Phasen des Selben. Der Gedanke also ist eine schwingende Kraft, welche die stillstehende Energie in die bewegliche Energie umwandelt.

30. Da die Summe aller Eigenschaften, die allmächtig, allwissend und allgegenwärtig sind, in dem Universum enthalten ist, müssen sie zu jeder Zeit, in jedem Individuum präsent sein. Deswegen, wenn ein Individuum denkt, ist der Gedanke verpflichtet (bei seiner Natur), sich in einen Zustand zu verkörpern, welcher seinem Ursprung entspricht.

31. Deswegen ist jeder Gedanke eine Ursache und jeder Zustand eine Wirkung. Aus diesem Grunde ist es erforderlich, dass Sie Ihre Gedanken überprüfen, damit nur wünschenswerte Ergebnisse erzielt werden.

32. Die ganze Kraft ist vom Inneren, und sie steht absolut unter Ihrer Kontrolle, sie resultiert aus exaktem Wissen und aus der beabsichtigten Anwendung der exakten Leitsätze.

33. Wenn Sie ein vollständiges Verständnis dieses Gesetzes erwerben und in der Lage sind, Ihren Gedankenprozess zu kontrollieren, sollte es einfach

sein, es unter jeder möglicher Bedingung anzuwenden. Mit anderen Worten: Sie werden zu einem bewussten Miteinander mit dem allmächtigen Gesetz stehen, welches die wichtigste Grundlage aller Dinge ist.

34. Die universale Kraft ist der Lebensgrundsatz jedes Atoms, welches existiert. Jedes Atom ist ein ständiges Streben, mehr Leben zu manifestieren. Alle Atome sind intelligent, und alle suchen das Ziel, das durchzuführen, zudem sie geschaffen worden sind.

35. Die Mehrheit der Menschen leben in der äußeren Welt. Nur Wenige haben die innere Welt gefunden, und doch ist es sie, die die äußere Welt erschafft. Deswegen, alles was Sie in der äußeren Welt finden, wurde durch Sie in der inneren Welt manifestiert.

36. Dieses System bringt Sie zu einer Erkenntnis der Kraft, welche Ihre sein wird, wenn Sie diese Verbindung zwischen der inneren und äußeren Welt verstehen. Die innere Welt ist der Grund, die äußere Welt ist eine Wirkung oder ein Effekt. Um den Effekt zu ändern, müssen Sie den Grund ändern.

37. Sie werden sofort erkennen, dass es ein völlig anderes Konzept ist. Denn die meisten Menschen versuchen, den Effekt zu ändern, indem sie an dem Effekt arbeiten. Sie sehen nicht, dass eine Verzweiflung nur in eine nächste führt. Um Uneinigkeit zu entfernen, müssen wir den Grund entfernen, und dieser Grund kann nur in der inneren Welt gefunden werden.

38. Alles Wachstum besteht aus der inneren Welt. Es macht Sinn in der ganzen Natur. Jede Pflanze, jedes Tier, jeder Mensch ist ein lebender Beweis für dieses große Gesetz. Und der Fehler seit Jahren liegt in dem Suchen nach Stärke und Macht in der äußeren Welt.

39. Die innere Welt ist ein Universalbrunnen der Versorgung. Und die äußere Welt ist die Ausgabe der Strömung. Unsere Fähigkeit zu empfangen, hängt mit dem Wahrnehmen dieses Universalbrunnens ab, dieser unendlichen Energie, aus welcher heraus jedes Individuum ein Ausgangsergebnis ist. Und so ist ein jeder einzigartig.

40. Die Erkenntnis ist ein geistiger Prozess, geistige Aktion ist daher die Beeinflussung des Individuums auf das Universum. Und das Universum ist eine Intelligenz, welche den ganzen Raum einnimmt und das ganze Leben anregt. Diese geistige Aktion und Reaktion ist das Gesetz der Ursache, jedoch erzielt das Grundprinzip der Ursache nicht das Individuum, sondern das Universum. Es ist keine richtige Fähigkeit, sondern ein subjektiver

Prozess, und die Resultate wurden in vielen Varianten unter vielen Konditionen und Erfahrungen gesehen.

41. Um leben zu können, muss es einen Geist geben. Nichts kann ohne Geist existieren. Alles was existiert, ist eine Manifestation (wurde kreiert) aus dieser einen grundlegenden Substanz, aus welcher und durch welche alle Dinge entstanden sind und immer wieder erschaffen werden.

42. Wir leben in einem unergründlichen See von plastischer Sinnessubstanz, diese Substanz lebt immer und ist immer aktiv. Sie ist bis zum höchsten Grade empfindlich. Sie reicht von der Glückseligkeit bis zu dem seelischen Leid. Der Gedanke formt die Masse, aus welcher diese Substanz besteht.

43. Vergessen Sie nicht, es liegt alles in der ständigen Anwendung, was den Erfolg ausmacht. Erinnern Sie sich, dass das praktische Verständnis dieses Gesetzes darin besteht, Reichtum gegen Armut, Weisheit gegen Ignoranz, Harmonie gegen Missstimmung und Frieden gegen Gewalt zu ersetzen. Es gibt sicherlich keinen besseren Segen als diesen, von dem materiellen und sozialen Standpunkt aus gesehen.

44. Nun machen Sie die Übung: Wählen Sie einen Raum, wo Sie alleine und ungestört sind. Setzen Sie sich aufrecht hin, bequem, aber ohne sich anzulehnen. Lassen Sie Ihre Gedanken herumwandern, wohin diese wollen aber bleiben Sie für 15 bis 30 Minuten unbewegt sitzen. Wiederholen Sie dies drei oder vier Tage oder eine Woche, solange, bis Sie die volle Kontrolle über Ihr physisches Dasein haben.

45. Viele werden es extrem schwierig finden, andere schaffen es leichter, aber es ist absolut wichtig, dass Sie die volle Kontrolle über Ihren Körper haben, bevor Sie bereit sind, weiter zu machen. In der nächsten Woche werden Sie weitere Anweisungen bekommen, in der Zwischenzeit müssen Sie dieses Kapitel gemeistert haben.

Teil 01

Lernfragen mit Antworten

01. Was ist die innere im Verhältnis zu der äußeren Welt? – Die innere Welt ist eine Reflektion der äußeren.

02. Wovon hängt der ganze Besitz ab? – Der ganze Besitzt hängt von der Bewusstheit ab.

03. Wie stehen die Individuen mit der äußeren Welt in Verbindung? – Sie stehen mit der äußeren Welt durch das Gehirn in Verbindung, das Gehirn ist das Organ dieses Verstandes.

04. Wie stehen die Individuen mit dem Universalen in Verbindung? – Die Individuen stehen mit dem Universalen durch das Organ Solar-Plexus in Verbindung, welches Emotionen hervorruft.

05. Was ist die universale Kraft? – Die universale Kraft ist der Grundsatz des Lebens jedes Atoms, welches existiert.

06. Wie können die Individuen auf das Universum agieren? - Die Fähigkeit des Individuums zu denken, ist seine Fähigkeit, auf das Universum zu agieren (Aktionen zu durchführen).

07. Was ist das Resultat dieses Agierens? – Das Resultat des Agierens sind die Ursache und Wirkung. Jeder Gedanke ist eine Ursache und jeder Zustand ein Effekt.

08. Wie können wir uns Harmonie und wünschenswerte Ergebnisse sichern? – Indem wir richtig und bewusst denken.

09. Was ist der Grund für Elend, Leid und Missklang? – Der Grund für Elend, Leid und Missklang ist das falsche Denken.

10. Was ist die Quelle aller Energie? – Es ist die innere Welt, das Universum, der „unergründliche See" der Sinnessubstanz, die unendliche Energie, aus welcher jedes Individuum ein Ausgangsergebnis ist.

Der zweite Teil

Gedanke ist Energie

Einleitung (Teil 02)

Für die Schwierigkeiten an unseren wahren Interessen sind die Unwissenheit und die verwirrten Ideen verantwortlich. Eine interessante Aufgabe ist es, die Gesetze der Natur zu entdecken, mit denen wir selbst verbunden sind. Das freie Denken und die moralische Erkenntnis sind deswegen von unschätzbarem Wert. Alle Prozesse, sogar die der Gedanken, stehen auf festen Grundlagen.

Je schärfer die Empfindlichkeiten, desto spitzer das Urteil, je delikater der Geschmack, desto verfeinerter die Gefühle, je feiner die Intelligenz, desto hochmütiger die Hoffnung - desto reiner und intensiver sind die Befriedigungen, die die Existenz bietet. Daraus folgt, dass die Studie vom Besten, das in der Welt gedacht worden ist, höchstes Vergnügen bereitet.

Die Kraft, die Handlung und die Möglichkeiten des Verstandes sind unter den neuen Deutungen unvergleichbar, da er die extravagante Vollendung oder sogar die Träume des materiellen Fortschritts bringt. Der Gedanke ist Energie. Aktiver Gedanke ist aktive Energie. Konzentrierter Gedanke ist konzentrierte Energie. Ein Gedanke, der auf eine bestimmte Absicht konzentriert ist, wird zur Energie. Das ist die Energie, die solche Menschen benutzen, die nicht an die Tugend der Armut oder die Selbstverleugnung glauben. Diese Menschen erkannten, dass nur schwache Menschen darüber sprechen.

Die Fähigkeit, diese Energie anzunehmen und zu manifestieren, hängt mit der Fähigkeit zusammen, die unendliche Energie anzuerkennen, die in der Person selbst schlummert, die ständig dessen Körper und immer wieder dessen Geist aufbaut und in jedem Augenblick bereit ist, durch die Person selbst sich zu manifestieren. Mit genauen Maßen zur Anerkennung dieser Wahrheit kommt es zur Manifestierung im Leben des Individuums.

Der zweite Teil erklärt die Methoden, mit denen dies ermöglicht wird.

Teil 02 –
Gedanke ist Energie

01. Die Arbeit des Verstandes wird durch zwei parallele Abläufe der Aktivität vollzogen, der eine ist Bewusstheit, der andere Unbewusstheit. Professor Davidson sagt: *„Derjenige, der denkt, die ganze Reichweite der mentalen Aktion, mit dem Licht seiner eigenen Bewusstheit erleuchten zu können, unterscheidet sich nicht von dem, der das Universum mit einer Kerze erleuchten will."*

02. Die logischen Prozesse des Unterbewusstseins werden auf einer Gewissheit und Regelmäßigkeit ausgetragen, welche unmöglich wären, wenn sie Störungen enthielten. Unser Verstand ist so ausgestattet, dass er für uns die wichtigsten Grundlagen des Erkennens vorbereitet, während wir nicht die geringste Ahnung der Vorgehungsweise haben.

03. Die unterbewusste Seele ist wie ein wohltätiger Fremder. Sie arbeitet und stellt Vorbereitungen für unseren Nutzen dar. Sie gießt nur unsere reifen Früchte. Diese große Analyse des Gedanken-Prozesses zeigt, dass das Unterbewusstsein der Schauplatz der wichtigsten geistigen Erscheinungen ist.

04. Es geschieht durch das Unterbewusste, durch welches Shakespeare die großen Wahrheiten wahrgenommen haben muss, und das ohne Mühe; Wahrheiten, welche im Bewusstsein des Schülers versteckt sind, genauso wie Phidias, als er Marmor und Bronze umgearbeitet hat, genauso wie Raphael, als er Schönheiten gemalt hat, genauso wie Beethoven, als er Symphonien komponierte.

05. Bequemlichkeit und Vollkommenheit hängen ausschließlich von dem Grad ab, in dem wir aufhören, vom Bewusstsein abzuhängen. Das Klavierspielen, das Schlittschuhlaufen oder Bedienung der Schreibmaschine, hängen für ihre vollkommene Ausführung vom Prozess der unterbewussten Gedanken ab. Das Wunder ein hervorragendes Stück auf dem Klavier zu spielen und gleichzeitig ein Gespräch zu führen, zeigt die Größe unserer unterbewussten Kräfte.

06. Wir sind alle bewusst, indem wir vom Unterbewussten abhängig sind, und je größer, je edler, je hervorragender unsere Gedanken sind, desto offensichtlicher ist es für uns, dass der Ursprung hinter unserem Wissen liegt. Wir sind ausgestattet mit dem Taktgefühl, Instinkt und Sinn des schönen in der Kunst, Musik usw. aber der Ursprung dessen ist uns völlig unbekannt.

07. Der Wert des Unterbewussten ist enorm; denn dies begeistert uns, warnt uns, stattet uns mit Namen, Tatsachen und Erinnerungen aus. Es leitet unsere Gedanken sowie Geschmäcke und vollbringt so komplizierte Aufgaben, dass keine bewussten Gedanken, selbst wenn sie die Macht hätten, die Kapazität dafür haben.

08. Wir können nach Wunsch spazieren gehen, wir können den Arm erheben, wann auch immer wir beschließen, es zu tun; wir können unsere Aufmerksamkeit durch das Auge oder Ohr zu jedem Thema nach Belieben lenken. Andererseits können wir weder unsere Herzschläge noch den Blutkreislauf und das Wachstum des Körpers noch die Formation des Nerven- und Muskelgewebes, das Wachsen der Knochen oder vieler anderer wichtiger Lebensprozesse stoppen.

09. Wenn wir diese zwei Arten der Handlung vergleichen, die eine durch den Willen des Moments geführt, und die andere im majestätischen, rhythmischen Lauf vorschreitend, aber in jedem Moment unveränderlich, stehen wir in der Ehrfurcht der letzteren und bitten, das Mysterium erklären zu lassen. Wir sehen sofort, dass diese unterbewusste Handlungen die Lebensprozesse unseres physischen Lebens sind und wir die Schlussfolgerung nicht vermeiden können, dass diese äußerst wichtigen Funktionen vom Bereich unseres äußeren Willens mit ihren Schwankungen und Übergängen absichtlich getrennt, und unter der Anweisung einer dauerhaften und zuverlässigen Kraft in uns hinein gelegt wird.

10. Die äußere und veränderliche Kraft wird "bewusster Gedanke" oder auch "objektiver Gedanke" genannt (befasst sich mit äußeren Objekten). Die innere Kraft wird "unterbewusster Gedanke" genannt, ebenso "subjektiver Gedanke", und außer der Arbeit an der geistigen Ebene kontrolliert sie die regelmäßigen Funktionen, die physisches Leben möglich machen.

11. Es ist notwendig, ein klares Verständnis von der betroffenen Funktionen auf der geistigen Ebene, sowie von bestimmten anderen Grundsätzen, zu haben. Die fünf physischen Sinne wahrnehmend und sich ihrer bedienend, befasst sich der bewusste Gedanke mit den Eindrücken und Gegenständen des äußeren Lebens.

12. Das Bewusstsein hat die Fähigkeit des Urteilsvermögens und trägt die Verantwortung der Wahl in sich. Es hat die Kraft des Denkens - ob induktiv oder deduktiv - und diese Kraft kann hochgradig entwickelt werden. Das Bewusstsein ist der Sitz des Willens mit der ganzen Energie, welche daraus fließt.

13. Es kann nicht nur andere Gedanken beeinflussen, sondern es kann auch den unterbewussten Gedanken leiten. Auf diese Weise wird der bewusste Gedanke der verantwortliche Herrscher und Wächter der unterbewussten Gedanken. Es ist diese hohe Funktion, die Gegebenheiten in Ihrem Leben vollkommen ändern kann.

14. Es ist oft wahr, dass Zustände der Angst, Sorge, Armut, Krankheit und sonstige Übel aller Art uns wegen falscher, unbedachter Vorschläge, welche durch den unterbewussten Gedanken angenommen wurden, beherrschen. All das kann der ausgebildete, bewusste Gedanke ausschließlich durch seine wachsame Schutzhandlung verhindern. Er kann als "Wächter am Tor" des großen unterbewussten Bereichs, bezeichnet werden.

15. Ein Schriftsteller hat den Hauptunterschied zwischen den zwei Phasen der Gedanken so ausgedrückt: *"Der bewusste Gedanke urteilt vernünftig. Der unterbewusste Gedanke ist der instinktive Wunsch, das Ergebnis des vorigen Denkens."*

16. Der unterbewusste Gedanke zieht gerade und genaue Schlussfolgerungen von den äußeren Quellen, ausgestattet mit Vorschlägen. Wo der Vorschlag wahr ist, erreicht der unterbewusste Gedanke einen fehlerfreien Beschluss, aber wo der Vorschlag einen Fehler enthält, versagt die ganze Struktur. Der unterbewusste Gedanke beschäftigt sich nicht mit dem Prozess des Beweises. Er verlässt sich auf den bewussten Gedanken, dem "Wächter am Tor", der ihn vor verwechselbaren Eindrücken schützt.

17. Wenn man irgendwelche Vorschläge als wahr empfängt, geht der unterbewusste Gedanke sofort weiter, darauf im Ganzen seines enormen Arbeitsbereichs zu handeln. Der bewusste Gedanke kann entweder Wahrheit oder Fehler vorschlagen. Bei Letzterem ist es der Preis des großen Risikos vom ganzen Wesen.

18. Der bewusste Gedanke sollte während jeder wachen Stunde in Betrieb sein. Wenn der "Wächter" nicht auf dem Posten ist oder sein stilles Urteil unter einer Vielfalt von Verhältnissen aufgehoben wird, dann ist der unterbewusste Gedanke unbewacht und wird zum Vorschlag von allen

Quellen offen gelassen. Während wilder, panischer Aufregung, während des Ausmaßes der Wut, der Impulse der verantwortungslosen Menge oder in jeder anderen Zeit des uneingeschränkten Empfindens sind die Zustände am gefährlichsten. Der unterbewusste Gedanke ist dann gegenüber dem Vorschlag der Angst, des Hasses, der Selbstwertminderung, der Habgier, des Selbstwertverlusts und anderer negativer Kräfte offen und wird auf Umgebungspersonen oder Verhältnisse zurückgeführt. Das Ergebnis ist gewöhnlich extrem ungesund und kann mit langen, quälenden Folgen andauern. Folglich ist es von großer Wichtigkeit, den unterbewussten Gedanken vor falschen Eindrücken zu schützen.

19. Der unterbewusste Gedanke nimmt durch die Intuition wahr. Folglich sind seine Prozesse schnell. Er wartet nicht auf die langsamen Methoden des bewussten Denkens. Tatsächlich kann er sie auch gar nicht verwenden.

20. Der unterbewusste Gedanke schläft niemals, ruht sich niemals aus, ebenso wenig wie Ihr Herz oder Ihr Blut. Es ist bewiesen worden, dass bei einfachen Aussagen zum unterbewussten Gedanken bestimmter spezifischer Dinge, die erreicht werden sollen, Kräfte in dem Vorgang freigesetzt werden, die zum gewünschten Ergebnis führen. Hier ist eine Quelle der Kraft, die uns in die Berührung mit dem Allmächtigem stellt. Darin ist ein tiefer Grundsatz, der unserer aufrichtigsten Studie würdig ist.

21. Der Ablauf dieses Gesetzes ist interessant. Diejenigen, die es in Betrieb setzen, stellen fest, dass, wenn sie ausgehen, um die Person zu treffen, mit der sie ein schwieriges Interview erwarten, etwas dort vor ihnen gewesen ist und die befürchteten Unstimmigkeiten aufgelöst hat: Alles wurde verändert, alles ist harmonisch. Sie stellen fest, dass wenn sich ein schwieriges Geschäftsproblem darstellt, sie sich eine Verzögerung leisten können, und Etwas die Lösung vorschlägt; alles wird korrekt eingeordnet. Tatsächlich erkennen diejenigen, die gelernt haben, dem Unterbewussten zu vertrauen, dass sie damit unendliche Ressourcen unter Kontrolle haben.

22. Der unterbewusste Gedanke ist der Sitz unserer Grundsätze und unseres Ehrgeizes. Er ist die Schriftart unserer künstlerischen und selbstlosen Ideale. Diese Instinkte können nur durch einen wohl durchdachten und allmählichen Prozess gestürzt werden, welche die fehlerhaften Grundsätze beseitigen.

23. Der unterbewusste Gedanke kann nicht widersprüchlich streiten. Wenn er falsche Vorschläge angenommen hat, ist die sichere Methode, diese zu überwinden, folglich die, einen starken Gegenvorschlag zu gebrauchen - oft wiederholt, - den der Verstand akzeptieren muss. So werden schließlich

neue und gesunde Gewohnheiten des Verstandes und Lebens gebildet, weil der unterbewusste Verstand der Sitz der Gewohnheit ist. Das, was wir immer wieder tun, wird mechanisch; wir denken nicht mehr länger darüber nach, es hat aber seine tiefen Spuren in den unterbewussten Verstand getragen. Das ist für uns günstig, wenn die Gewohnheit gesund und richtig ist. Wenn sie schädlich und falsch sein sollte, liegt die Lösung darin, das Allmächtige des unterbewussten Verstandes anzuerkennen und gegenwärtige Freiheit vorzuschlagen. Das unterbewusste Wesen ist kreativ und EINS mit unserer Gottesquelle. Es wird sofort die vorgeschlagene Freiheit schaffen.

24. Zusammenfassung: Die normalen Funktionen des Unterbewussten sind auf der *physischen* Seite mit den regelmäßigen und lebenswichtigen Prozessen, mit dem Schutz des Lebens und der Wiederherstellung der Gesundheit, verbunden; mit der Sorge des Nachwuchses, welche den instinktiven Wunsch einschließt, das ganze Leben zu bewahren und allgemein zu verbessern.

25. Auf der *geistigen* Seite funktioniert das Unterbewusste als ein Lagerhaus des Gedächtnisses. Es beherbergt die wunderbaren Gedankenboten, die ungehindert von Zeit oder Raum arbeiten. Das Unterbewusste ist der Brunnen der praktischen Initiative und konstruktiven Kräfte des Lebens: Es ist Sitz der Gewohnheit.

26. Auf der *spirituellen* Seite ist das Unterbewusste die Quelle der Ideale, des Strebens und der Vorstellungskraft; es ist auch der Kanal, durch den wir unsere Gottesquelle anerkennen. Im Verhältnis dazu, wie wir diese Gottheit anerkennen, verstehen wir immer mehr die Quelle der Kraft.

27. Jemand wird fragen: *„Wie kann das Unterbewusste die Zustände verändern?"* Die Antwort lautet: Weil das Unterbewusste ein Teil des Universalen Geistes ist und ein Teil dasselbe in Art und Qualität wie das GANZE sein muss. Der einzige Unterschied ist der des Grades. Das GANZE, wie wir wissen, ist schöpferisch tätig, tatsächlich ist es der einzige Schöpfer, den es gibt. Deswegen erkennen wir, dass der Verstand schöpferisch ist. Da das Denken die einzige Tätigkeit des Verstandes ist, muss auch zwangsläufig der Gedanke schöpferisch sein.

28. Aber wir werden feststellen, dass es einen riesengroßen Unterschied zwischen dem einfachen Denken und den lenkenden Gedanken, die wir bewusst, systematisch und konstruktiv führen, gibt. Wenn wir bewusst, systematisch und konstruktiv denken, bringen wir unseren Verstand in Harmonie mit dem Universalen Geist, wir kommen in die Melodie zu dem

Unendlichen, wir setzen in diesem Verfahren die mächtigste Kraft frei, die existiert, nämlich die kreative Energie des Universalen Geistes. Das, wie auch alles andere, wird nach dem natürlichen Gesetz beherrscht, und dieses Gesetz ist „*Das Gesetz der Anziehung.*" Es ist die kreative Energie und wird automatisch mit ihrer Absicht in Beziehung zum Gedanken gestellt, um die Manifestation zu vollbringen.

29. Letzte Woche gab ich Ihnen eine Übung mit der Absicht, die Kontrolle des physischen Körpers sich anzueignen. Wenn Sie dies beherrschen, sind Sie bereit, weiter zu gehen. Dieses Mal werden Sie beginnen, Ihren Gedanken zu kontrollieren. Nehmen Sie, wenn möglich, dasselbe Zimmer, denselben Stuhl und immer dieselbe Position ein. In einigen Fällen ist es nicht möglich, dasselbe Zimmer zu nehmen, in diesem Fall benutzen Sie die nächstmöglichen Gegebenheiten, die zur Verfügung stehen. Seien Sie jetzt vollkommen regungslos wie zuvor, aber diesmal blockieren Sie JEDEN Gedanken. Das wird Ihnen Kontrolle über alle Gedanken an Kummer, Sorge und Furcht geben und Ihnen ermöglichen, nur die Art von Gedanken in Betracht zu ziehen, die Sie wünschen. Setzen Sie diese Übung fort, bis Sie diese beherrschen.

30. Sie werden nicht im Stande sein, das für mehr als ein paar Momente ohne Unterbrechung zu tun, aber diese Übung ist wertvoll, weil sie eine sehr praktische Demonstration der großen Anzahl von Gedanken sein wird, die ständig versuchen, Zugang zu Ihrer geistigen Welt zu gewinnen.

31. Nächste Woche werden Sie Instruktionen für eine Übung erhalten, die ein wenig interessanter sein mag, aber es ist notwendig, dass Sie diese hier zuerst meistern.

Teil 02
Lernfragen mit Antworten

11. Welche sind die zwei Arten der geistigen Tätigkeit? – Es sind die bewusste und die unbewusste Art.

12. Wovon hängen Bequemlichkeit und Vollkommenheit ab? – Bequemlichkeit und Vollkommenheit hängen völlig von dem Grad ab, in dem wir aufhören, von dem bewussten Gedanken abzuhängen.

13. Wie hoch ist der Wert des Unterbewussten? – Er ist enorm; er führt uns, warnt uns, kontrolliert die Lebensprozesse und ist Sitz der Gewohnheiten.

14. Was sind einige Funktionen des bewussten Gedankens? – Er hat die Fähigkeit des Urteilsvermögens und die Kraft des Denkens, er ist der Sitz des Willens und kann das Unterbewusstsein beeinflussen.

15. Wie wird der Unterschied zwischen dem Bewussten und Unterbewussten erklärt? – Der bewusste Gedanke urteilt vernünftig, der unterbewusste Gedanke ist instinktiver Wunsch, das Ergebnis des vorigen Denkens.

16. Welche Methode ist notwendig, um das Unterbewusste zu lenken? – Der geistige Zustand, von dem, was gewollt wird.

17. Was wird das Resultat davon sein? – Wenn der Wunsch in Harmonie mit der Bewegung des großen GANZEN steht, werden Kräfte in Bewegung gesetzt, welche das Ergebnis erzielen werden.

18. Was ist das Ergebnis der Anwendung dieses Gesetzes? – Unsere Umgebung reflektiert die Zustände entsprechend der vorherrschenden geistigen Einstellung, die wir in Betracht ziehen.

19. Wie heißt dieses Gesetz? – Dieses Gesetz heißt *„Das Gesetz der Anziehung"*

20. Wie wird das Gesetz festgelegt? – Es ist die schöpferische Energie und wird automatisch mit ihrer Absicht in die Beziehung zum Gedanken gestellt, um die Manifestation zu vollbringen.

Der dritte Teil

Bewusstsein und Unterbewusstsein

Einleitung (Teil 03)

Sie haben festgestellt, dass die Person dem Universalen folgen kann und dass das Ergebnis dieser Handlung und Beeinflussung, Ursache und Wirkung ist. Gedanke ist deshalb die Ursache, und die Erfahrungen, denen Sie im Leben begegnen, sind die Wirkung.

Beseitigen Sie deshalb jede mögliche Gewohnheit, sich über Bedingungen oder Zustände zu beklagen, welche es gab oder welche es gibt, weil es von Ihnen abhängt, diese Bedingungen zu ändern und sie zu dem zu machen, wie Sie sie haben möchten.

Leiten Sie Ihre Anstrengung immer unter Ihrer Kontrolle zu einer Erkenntnis der geistigen Ressourcen, aus dem die ganze, wahre und anhaltende Kraft kommt.

Verharren Sie bei dieser Praxis, bis Sie zu der Erkenntnis der Tatsache kommen, dass es keinen Misserfolg in der Ausführung jedes Ziels im Leben geben kann. Sie werden dann Ihre Kraft verstehen und auf Ihr Ziel beharren, weil die Kräfte der Gedanken immer bereit sind, sich einem entschlossenen Willen zu fügen, in dem Bestreben, den Gedanken zu kristallisieren, und in dem Wunsch, Handlungen, Ereignisse und Gegebenheiten zu erfüllen.

Wohingegen am Anfang jeder Funktion des Lebens und jeder Handlung das Ergebnis des bewussten Gedankens steht, verlaufen die gewohnheitsmäßigen Handlungen automatisch, und der Gedanke, der sie kontrolliert, befindet sich im Bereich des Unterbewussten. Dennoch ist der Gedanke ebenso intelligent wie zuvor. Es ist notwendig, dass er automatisch oder unterbewusst verläuft, damit sich der bewusste Geist um andere Dinge kümmern kann. Die neuen Handlungen jedoch werden zunächst gewohnheitsmäßig, dann automatisch, dann unterbewusst werden, damit der Geist wieder von diesem Detail befreit werden und sich anderen Tätigkeiten widmen kann.

Wenn Sie das begreifen, werden Sie eine Quelle der Kraft finden, die es Ihnen ermöglichen wird, sich an jede Situation im Leben, die sich entwickeln kann, anzupassen.

Teil 03 –
Bewusstsein und Unterbewusstsein

01. Die notwendige Beeinflussung der bewussten und unterbewussten Gedanken erfordert eine ähnliche Beeinflussung zwischen den entsprechenden Nervensystemen. Richter Troward zeigt eine sehr schöne Methode an, in der diese Beeinflussung bewirkt wird. Er sagt: *„Das Hirn-Rückgratsystem ist das Organ des Bewusstseins, und das Mitfühlende System ist das Organ des Unterbewusstseins."* Das Hirn-Rückgrat ist der Kanal, durch den wir mit den physischen Sinnen die bewusste Wahrnehmung empfangen und Kontrolle über die Bewegungen des Körpers ausüben. Dieses Nervensystem hat sein Zentrum im Gehirn.

02. Das Mitfühlende System hat sein Zentrum an der Rückseite vom Magen, bekannt als die Magengrube, und ist der Kanal dieser geistigen Handlung, welche unbewusst die Lebensfunktionen des Körpers unterstützt.

03. Die Verbindung zwischen den zwei Systemen wird durch den Vagus-Nerv zusammengeführt, der aus dem Gehirngebiet als ein Teil des Systems genau zur Brust geht, Zweige zum Herzen und zu den Lungen verbreitet und schließlich durch das Diaphragma verläuft. Er verliert seinen Außenbezug und wird als Nerv des Mitfühlenden Systems identifiziert. Er formt so ein Bindeglied zwischen den zwei Systemen und stellt eine „einzelne Einheit" dar.

04. Wir haben gesehen, dass jeder Gedanke durch das Gehirn, welches das Organ des Bewussten ist, empfangen wird. Wenn der objektive Verstand der Meinung ist, dass der Gedanke richtig ist, wird dieser zur Magengrube oder dem Gehirn des subjektiven Verstandes gesandt, um in der Welt als Realität hervorgebracht zu werden. Dann ist er für keine Auseinandersetzung mehr empfänglich. Der unterbewusste Verstand kann nicht streiten, er handelt nur. Er akzeptiert die Beschlüsse des objektiven Verstandes als endgültig.

05. Die Magengrube ist mit der Sonne des Körpers verglichen worden, weil sie der Mittelpunkt für die Energieverteilung ist, welche der Körper ständig erzeugt. Diese Energie ist echte Energie und diese Sonne ist eine echte

Sonne. Sie wird durch die Nerven zu allen Bereichen des Körpers transportiert und in die Atmosphäre geleitet, die den Körper umgibt.

06. Wenn diese Ausstrahlung stark genug ist, wird die Person anziehend genannt. Man kann auch sagen: „Er oder Sie strahlt das gewisse Etwas aus." Solch eine Person kann für immer eine riesige Kraft ausüben. Schon ihre Anwesenheit kann bei gewichtigen Meinungsverschiedenheiten mehrerer Personen, mit denen sie in Kontakt kommt, eine friedliche Einigung bewirken.

07. Wenn die Magengrube aktiv ist und Leben, Energie und Lebenskraft in jeden Körperteil ausstrahlt, sind die Empfindungen angenehm, der Körper wird mit Gesundheit gefüllt, and alle, mit denen er in Berührung kommt, erfahren eine angenehme Empfindung.

08. Wenn es eine Unterbrechung dieser Ausstrahlung gibt, sind die Empfindungen unangenehm. Zu einigen Teilen des Körpers wird der Fluss des Lebens und der Energie aufgehalten, und genau diese Unterbrechung der Ausstrahlung ist die Ursache jedes Erkrankens des menschlichen Geschlechts, körperlich, geistig oder umweltbedingt.

09. Körperlich krank wird man, weil der Körper nicht mehr ausreichend Energie bekommt, um bestimmte Teile des Körpers zu beleben; geistig, weil der bewusste Verstand von dem unterbewussten Verstand abhängig ist. Für die Lebenskraft ist es notwendig, den unterbewussten Verstand zu unterstützen. Eine umweltbedingte Erkrankung liegt vor, weil die Verbindung zwischen dem unterbewussten Verstand und dem Universalen Geist unterbrochen ist.

10. Die Magengrube ist der Punkt, an dem sich ein Teil mit dem GANZEN trifft, wo das Begrenzte unendlich wird, wo das Nicht-Kreative zum Kreativen wird, das Universale individualisiert wird und das Unsichtbare sichtbar wird. Sie ist der Punkt, an dem Leben erscheint, und es gibt keine Grenze im Wert des Lebens, die eine Person durch sein Sonnen-Zentrum erzeugen kann.

11. Dieses Zentrum der Energie ist allmächtig, weil es der Punkt des Kontakts mit dem vollständigen Leben und der umfassenden Intelligenz ist. Unsere Magengrube kann deshalb das vollbringen, wozu auch immer wir es leiten, und darin liegt die Kraft des bewussten Denkens. Alles ist Möglich. Das Unterbewusste kann und wird solche Pläne und Ideen ausführen, wie diese von dem bewussten Verstand vorgeschlagen worden sind.

12. Der bewusste Gedanke ist daher der Meister dieses Sonnen-Zentrums, von welchem das Leben und die Energie des kompletten Körpers ausströmen. Die Qualität der Gedanken, welche wir in Erwägung ziehen, bestimmt die Qualität der Gedanken, die diese Sonne ausstrahlen wird. Die Eigenschaft der Gedanken, welche unser bewusster Geist inne hat, wird die Eigenschaft der Gedanken bestimmen, welche diese Sonne ausstrahlen wird. Die Art der Gedanken, welche unser bewusster Geist in Erwägung zieht, wird die Art der Gedanken bestimmen, die diese Sonne ausstrahlen wird, und somit wird es die Art der Erfahrung bestimmen, die sich daraus resultieren wird.

13. Deshalb ist es sehr offensichtlich, dass alles, was wir tun müssen, darin besteht, unser Licht scheinen zu lassen. Je mehr Energie wir ausstrahlen können, desto schneller wird es uns ermöglicht werden, unerwünschte Bedingungen in Quellen des Vergnügens und Gewinn umzuwandeln. Die wichtige Frage ist deshalb, wie man dieses Licht scheinen lässt, wie man diese Energie erzeugt.

14. Ein nicht widerstandsfähiger Gedanke dehnt die Magengrube aus, ein widerstandsfähiger Gedanke schließt sie. Angenehme Gedanken erweitern sie aus, unangenehme schließen sie. Gedanken an Mut, Kraft, Vertrauen und Hoffnung erzeugen alle einen entsprechenden Zustand, aber es gibt einen Erzfeind des Sonnengeflechtes, der unbedingt zerstört werden muss, bevor es eine Möglichkeit gibt, irgendein Licht scheinen zu lassen: Das ist die Angst. Dieser Feind muss völlig zerstört werden; er muss beseitigt und für immer vertrieben werden; er ist die Wolke, die die Sonne verbirgt, ein Feind, welcher eine fortwährende Dunkelheit verursacht.

15. Er ist ein persönlicher Teufel, der die Menschen die Vergangenheit, die Gegenwart und die Zukunft fürchten lässt. Sie fürchten sich selbst, ihre Freunde und ihre Feinde, alles und jeden. Wenn Angst völlig zerstört ist, wird Ihr Licht erscheinen, die Wolken werden sich verziehen, und Sie werden die Quelle der Kraft, der Energie und des Lebens gefunden haben.

16. Wenn Sie erkennen, dass Sie wirklich EINS mit der unendlichen Kraft sind, und wenn Sie diese Kraft durch eine praktische Demonstration Ihrer Fähigkeit bewusst begreifen, jeden nachteiligen Zustand durch die Kraft Ihres Gedankens zu überwinden, werden Sie nichts haben, um sich zu fürchten. Die Angst wird zerstört sein, und Sie werden in den Besitz Ihres Geburtsrechtes eintreten.

17. Es ist unsere Einstellung der Gedanken zum Leben, welche die Erfahrungen bestimmen, auf die wir treffen sollen. Wenn wir nichts erwarten, sollen wir nichts bekommen. Wenn wir viel fordern, sollen wir

den größeren Teil erhalten. Die Welt ist nur hart, wenn wir daran scheitern, uns zu behaupten. Die Kritik der Welt ist nur für denjenigen bitter, der keinen Raum für seine Ideen erzwingen kann. Es ist die Angst vor dieser Kritik, die verursacht, dass viele Ideen scheitern, das Licht der Welt zu erblicken.

18. Aber der Mensch, der weiß, dass er eine Magengrube hat, wird Kritik oder irgendetwas anderes nicht fürchten. Er wird zu beschäftigt sein, Mut, Vertrauen und Kraft auszustrahlen. Erfolg wird er durch seine geistige Einstellung erwarten. Er wird Barrieren auseinander brechen und über den Abgrund des Zweifelns und Zögerns springen, welche die Angst ihm auf seinem Weg platziert hat.

19. Das Wissen über unsere Fähigkeit, bewusst Gesundheit, Kraft und Harmonie auszustrahlen, wird uns zu der Erkenntnis bringen, dass es nichts gibt, vor dem man sich fürchten muss, weil wir mit der Unendlichen Kraft in Verbindung stehen.

20. Dieses Wissen kann nur durch praktische Anwendung dieser Information gewonnen werden. Wir lernen, indem wir handeln. Durch die Praxis wird der Wettkämpfer stark.

21. Weil die folgende Erklärung von beträchtlicher Wichtigkeit ist, werde ich diese auf mehrere Weisen aufstellen, so dass Sie nicht scheitern können, ihre volle Bedeutung zu verstehen. Wenn Sie eine Neigung zum Religiösen haben, würde ich sagen: „Sie können Ihr Licht scheinen lassen." Wenn Sie eine Neigung zur körperlichen Wissenschaft haben, würde ich sagen: „Sie können die Magengrube aufwecken." Oder, wenn Sie die ausschließlich wissenschaftliche Interpretation bevorzugen, sage ich: „Sie können Ihren unterbewussten Geist anregen."

22. Ich habe Ihnen bereits gesagt, was das Ergebnis dieses Eindrucks sein wird. Es ist die Methode, für die Sie sich jetzt interessieren. Sie haben bereits gelernt, dass das Unterbewusste intelligent, und kreativ ist und dass es auf den Willen der bewussten Gedanken reagiert. Was ist dann der natürlichste Weg, den gewünschten Eindruck zu erzielen? Er liegt darin, sich geistig auf das Ziel Ihres Wunsches zu konzentrieren. Wenn Sie sich konzentrieren, beeinflussen Sie das Unterbewusstsein.

23. Das ist nicht der einzige Weg, aber es ist der einfachste, wirksamste und der direkteste Weg, und deshalb ist es der Weg, auf dem die besten Ergebnisse gesichert werden. Es ist die Methode, die solche

außergewöhnlichen Ergebnisse erzeugt, und viele denken, dass Wunder vollbracht werden.

24. Es ist die Methode, durch welche jedem großen Erfinder, jedem großen Finanzmann, jedem großen Staatsmann ermöglicht worden ist, die feine und unsichtbare Kraft des Wunsches, Glaubens und Vertrauens in wirkliche, greifbare, konkrete Tatsachen der objektiven Welt umzuwandeln.

25. Der unterbewusste Gedanke ist ein Teil des universalen Geistes. Das Universale ist der schöpferische Grundsatz des Universums, ein Teil muss dasselbe in der Art und Qualität wie das GANZE sein. Das bedeutet, dass diese schöpferische Kraft absolut unbegrenzt ist. Sie wird durch den Präzedenzfall keiner Art gebunden und hat deshalb kein vorheriges, vorhandenes Muster, das durch einen konstruktiven Grundsatz angewendet wird.

26. Wir haben erkannt, dass der unterbewusste Gedanke zu unserm bewussten Willen Zugang hat, was bedeutet, dass die unbegrenzte schöpferische Kraft des universalen Geistes sich innerhalb der Kontrolle des bewussten Verstandes der Person befindet.

27. Wenn Sie eine praktische Anwendung dieses Grundsatzes durchführen, in Übereinstimmung mit den gegebenen Übungen in den nachfolgenden Lehren, ist es gut sich zu erinnern, dass es nicht notwendig ist, die Methode zu entwerfen, durch die das Unterbewusste die Ergebnisse erzeugen wird, die Sie wünschen. Das Begrenzte kann nicht das Unendliche informieren. Sie sollen einfach nur sagen, was Sie wünschen, nicht wie Sie es erhalten sollen.

28. Sie sind der Kanal, durch den das Unklare zur Klarheit wird, und diese Klarheit wird durch die Aneignung erreicht. Erforderlich ist dabei nur die Erkenntnis, die Ursachen in Bewegung zu bringen, welche die Ergebnisse in Übereinstimmung mit Ihrem Wunsch erzielen wird. Das wird vollbracht, weil das Universale nur durch die Person, und die Person nur durch das Universale handeln kann. Die beiden sind EINS.

29. Für Ihre Übung in dieser Woche werde ich Sie bitten, einen Schritt weiter zu gehen. Ich will, dass Sie nicht nur vollkommen regungslos sitzen und alle Gedanken soweit wie möglich blockieren, sondern sich auch noch entspannen. Lassen Sie los, lassen Sie die Muskeln ihren üblichen Zustand annehmen! Das wird den ganzen Druck von den Nerven nehmen, und so die Spannung beseitigen, die so oft körperliche Erschöpfung erzeugt.

30. Körperliche Entspannung ist eine vorsätzliche Übung des Willens, und die Übung wird als von großer Wichtigkeit empfunden, da sie dem Blut ermöglicht, frei vom Gehirn zum Körper zu zirkulieren.

31. Spannungen führen zu geistiger Unruhe und anomaler Geistestätigkeit des Verstandes. Sie erzeugen Ärger, Sorge, Angst und Beunruhigung. Entspannung ist deshalb eine absolute Notwendigkeit, um dem Denkvermögen zu erlauben, die größte Freiheit auszuüben.

32. Machen Sie diese Übung ebenso gründlich, und vollenden Sie diese so gut wie möglich, bestimmen Sie geistig, dass Sie jeden Muskel und Nerv entspannen werden, bis Sie sich ruhig und erholsam und im Frieden mit sich selbst und der Welt fühlen!

33. Die Magengrube wird dann bereit sein zu fungieren, und Sie werden vom Ergebnis überrascht sein.

„Ursache und Wirkung sind ebenso absolut und unbeirrbar im verborgenen Reich der Gedanken wie in der Welt von sichtbaren und materiellen Dingen. Geist ist der Meister-Weber, sowohl des inneren Gewandes des Charakters als auch des äußeren Gewandes des Umstands."

James Allen

Teil 03
Lernfragen mit Antworten

21. Welches Nervensystem ist das Organ des bewussten Verstandes? – Das Gehirn

22. Welches Nervensystem ist das Organ des unterbewussten Verstandes? – Das mitfühlende System (Magengrube).

23. Was ist der Mittelpunkt für die Energieverteilung? – Die Magengrube.

24. Wie kann diese Verteilung unterbrochen werden? – Durch widerstandsfähige, kritische, nicht miteinander harmonierende Gedanken, aber hauptsächlich durch die Angst.

25. Was ist die Folge einer solchen Unterbrechung? – Jede Erkrankung, mit der der Mensch gequält wird.

26. Wie kann diese Energie kontrolliert und geleitet werden? – Durch den bewussten Gedanken.

27. Wie kann Angst völlig beseitigt werden? – Durch das Verstehen und die Anerkennung der wahren Quelle der ganzen Kraft.

28. Was bestimmt die Erfahrungen, mit denen wir uns im Leben auseinandersetzen? – Unsere vorherrschende geistige Einstellung.

29. Wie können wir die Magengrube aufwecken? – Indem wir uns geistig auf den Zustand konzentrieren, den wir in unserem Leben manifestiert zu sehen wünschen.

30. Was ist der kreative Grundsatz des Universums? – Der universale Geist.

Der vierte Teil

Das wahre „Ich"

Einleitung (Teil 04)

Hiermit überreiche ich Ihnen Teil Vier dieser Lehre. Dieser Teil wird Ihnen das WIESO folgender Aussage erklären: *„Das, was du denkst, tust oder fühlst, das bist du auch."*

Gedanke ist Energie, und Energie ist Kraft. Es ist so, dass alle Religionen, Wissenschaften und Philosophien, mit denen die Welt vertraut gewesen ist, auf die Manifestation dieser Energie statt der Energie selbst beruhten, dass die Welt auf Wirkungen (Äußeres) beschränkt worden ist, während Ursachen (Inneres) ignoriert oder missverstanden worden sind.

Aus diesem Grund haben wir Gott und den Teufel in der Religion, das Positive und Negative in der Wissenschaft und das Gute und Schlechte in der Philosophie.

Das „Master Key System" kehrt den Prozess um. Es interessiert sich nur für die Ursache, und die von Schülern erhaltenen Briefe erzählen eine erstaunliche Geschichte. Sie zeigen abschließend, dass Schüler die Ursache finden, durch die sie für sich selbst Gesundheit, Harmonie und Überfluss sichern können, und was sonst noch für ihr Wohlbefinden und Glück notwendig sein kann.

Leben ist ausdrucksvoll, und es ist unsere Aufgabe, sich harmonisch und konstruktiv zu äußern. Kummer, Elend, Sorge, Krankheit und Armut sind keine Notwendigkeiten, und wir beseitigen sie ständig.

Aber dieser Prozess des Beseitigens besteht im Überschreiten über und hinter die Grenze jeder Art. Derjenige, der gestärkt ist und seinen Gedanken gereinigt hat, braucht sich nicht mit Parasiten zu beschäftigen, und derjenige, der das Verstehen des „Gesetzes des Überflusses" erlangt hat, wird sofort zur Quelle der Versorgung gehen.

Es ist so, dass Vorsehung, Glück und Schicksal ebenso bereitwillig kontrolliert werden, wie ein Kapitän sein Schiff oder ein Schaffner seinen Zug kontrolliert.

Teil 04 –
Das wahre „Ich"

01. Das „Ich" von Ihnen ist nicht der physische Körper: Es ist nur ein Instrument, welches das „Ich" benutzt, um seine Absichten auszuführen. „Ich" kann nicht der Verstand sein, weil der Verstand nur ein anderes Instrument ist, welches „Ich" braucht, um damit zu denken, zu schlussfolgern und zu planen.

02. Das „Ich" muss etwas sein, was kontrolliert und sowohl den Körper als auch den Verstand leitet. Das „Ich" ist etwas, was bestimmt, was Körper und Verstand tun und wie sie handeln sollen. Wenn Sie in eine Erkenntnis der wahren Natur des „Ich" eintreten, werden Sie ein Gefühl der Kraft genießen, das Sie niemals vorher gekannt haben.

03. Ihre Persönlichkeit wird aus unzähligen individuellen Eigenschaften, Besonderheiten und Gewohnheiten des Charakters zusammengesetzt. Diese sind das Ergebnis Ihrer vorigen Methode zu denken, aber solche Methoden haben nichts mit dem wirklichen „Ich" zu tun.

04. Wenn Sie sagen „Ich denke", dann sagt das „Ich" dem Verstand, was es denken soll. Wenn Sie sagen „Ich gehe", dann sagt das „Ich" dem physischen Körper, wohin er gehen soll. Die echte Natur des „Ichs" ist spirituell, und es ist die Quelle der wirklichen Kraft, die zu Männern und Frauen kommt, wenn sie die Erkenntnis ihrer wahren Natur erlangen.

05. Die größte und erstaunlichste Kraft, die dem „Ich" gegeben worden ist, ist die Kraft zu denken, aber wenige Menschen wissen, wie man konstruktiv oder richtig denkt, deshalb erreichen sie nur gleichgültige Ergebnisse. Die meisten Menschen erlauben ihren Gedanken, auf selbstsüchtige Absichten, welche unvermeidlichen Ergebnissen eines kindlichen Verstandes nahe kommen, einzugehen. Wenn ein Verstand reif wird, versteht er, dass der Keim des Misserfolgs in jedem selbstsüchtigen Gedanken liegt.

06. Der ausgebildete Verstand weiß, dass jeder Vorgang jeder Person nützen muss, die mit dem Vorgang zu tun hat. Und jeder Versuch, sich einen Vorteil durch die Schwäche, Unerfahrenheit oder Notwendigkeit eines

anderen zu dessen Nachteil zunutze zu machen, führt unvermeidlich zum eigenen Nachteil.

07. Es ist so, weil die Person ein Teil des Universalen ist. Ein Teil kann gegen keinen anderen Teil ankämpfen. Auf der anderen Seite hängt das Gemeinwohl jedes Teils von einer Anerkennung im Interesse des GANZEN ab.

08. Diejenigen, die diesen Grundsatz erkennen, haben einen großen Vorteil in den Angelegenheiten des Lebens. Sie nutzen sich nicht ab. Sie können wandernde Gedanken mit Leichtigkeit beseitigen. Sie können sich zum höchstmöglichen Grad auf jedes Thema bereitwillig konzentrieren. Sie vergeuden weder Zeit noch Geld für Sachen, die für Sie von keinem möglichen Nutzen sind.

09. Wenn Sie diese Sachen nicht erleben können, ist es, weil Sie bis jetzt nicht den notwendigen Versuch unternommen haben. Jetzt ist die Zeit, um sich anzustrengen. Das Ergebnis wird genau im Verhältnis zur Investition stehen. Eine der stärksten Affirmationen, die Sie zur Absicht benutzen können, den Willen zu stärken und Ihre Kraft zu begreifen, ist die Erkenntnis: *„Ich kann das sein, was ich sein möchte."*

10. Jedes Mal, wenn Sie es wiederholen, versuchen sie zu verstehen, wer und was dieses „Ich" ist. Versuchen Sie, in ein gründliches Verständnis von der wahren Natur des „Ichs" einzutreten. Wenn Sie es tun, werden Sie unbesiegbar, vorausgesetzt, Ihre Ziele und Absichten sind konstruktiv und aufgrund dessen in der Harmonie mit dem kreativen Grundsatz des Universums.

11. Wenn Sie von dieser Affirmation Gebrauch machen, dann machen sie es dauernd, in der Nacht und am Morgen und ebenso häufig während des Tages, wenn Sie denken. Setzen Sie es fort, tun Sie es, bis es ein Teil von Ihnen wird, Pflegen Sie es wie eine neue Gewohnheit.

12. Wenn Sie das nicht tun, dann fangen Sie besser überhaupt nicht an, denn moderne Psychologie sagt uns, dass wenn wir etwas anfangen und es nicht vollenden oder einen Entschluss fassen und ihn nicht beibehalten, wir die Gewohnheit des Misserfolgs herausbilden: absoluten, schändlichen Misserfolg. Wenn Sie nicht vorhaben, eine Sache zu machen, fangen Sie diese nicht an! Wenn Sie sie aber wirklich anfangen, ziehen Sie sie durch, selbst wenn der Himmel einfällt. Wenn Sie Ihren Entschluss fassen, etwas zu tun, dann tun Sie es! Lassen Sie nichts und niemanden sich einmischen.

Das „Ich" in Ihnen hat es bestimmt, die Sache ist entschieden. Die Würfel sind gefallen, es gibt kein Zurück mehr.

13. Wenn Sie diese Idee ausführen, beginnend mit kleinen Dingen, von denen Sie wissen, dass Sie diese kontrollieren und allmählich die Bemühung vergrößern können, werden Sie erkennen, dass Sie sich schließlich beherrschen können. Erlauben Sie aber niemals unter irgendwelchen Umständen, dass Ihr „Ich" überstimmt wird! Leider haben viele Männer und Frauen zu ihrem Bedauern erkannt, dass es leichter ist, ein Königreich zu regieren, als sich selbst zu beherrschen.

14. Aber wenn Sie gelernt haben, sich zu beherrschen, werden Sie die „innere Welt" gefunden haben, welche die äußere kontrolliert. Sie werden unwiderstehlich sein. Menschen und Dinge werden auf jeden Ihren Wunsch ohne eine sichtbare Anstrengung ihrerseits antworten.

15. Das ist nicht so sonderbar oder unmöglich, wie es scheinen mag, wenn Sie sich erinnern, dass die „innere Welt" durch „Ich" kontrolliert wird, und dass das „Ich" ein Teil oder EINS mit dem unendlichen „Ich" ist, welcher die Universale Energie oder, wie gewöhnlich genannt, Geist Gottes ist.

16. Das ist nicht eine bloße Behauptung oder zum Zweck bestimmte Theorie, um eine Idee zu gründen, sondern es ist eine Tatsache, die durch den besten religiösen sowie den besten wissenschaftlichen Gedanken angenommen worden ist.

17. Herbert Spender sagte: *„Mitten in allen Mysterien, die uns umgeben, ist nichts sicherer, als dass wir immer in Anwesenheit von einer Unendlichen und Ewigen Energie umgeben sind, von der alle Dinge entspringen."*

18. Lyman Abbott schrieb einen Brief an ein Theologisches Priesterseminar: *„Wir kommen, um an Gott zu denken, an den Gott, der im Menschen lebt, aber nicht an den Gott, der die Menschen bedient."*

19. Wissenschaft legt nur eine kurze Strecke bei ihrer Suche zurück. Sie findet die immer-gegenwärtige, ewige Energie, aber die Religion findet die Kraft hinter dieser Energie und legt sie innerhalb des Menschen. Aber das ist keineswegs eine neue Entdeckung. Die Bibel sagt genau dasselbe, und die Sprache ist ebenso die Ebene wie die Überzeugung: *„Wissen Sie nicht, dass Sie der Tempel des lebendigen Gottes sind?"* Hierin also liegt das Geheimnis der wunderbaren kreativen Kraft der „Inneren Welt."

20. Hier befindet sich das Geheimnis der Kraft, der Beherrschung. Sich zu überwinden, bedeutet nicht, ohne äußerliche Dinge auszukommen. Selbstverleugnung ist kein Erfolg. Wir können nicht geben, außer wir haben es, wir können nicht helfen, außer wenn wir stark sind. Das Unendliche ist nicht bankrott, und wir, die wir die unendliche Kraft repräsentieren, sollten auch nicht bankrott sein. Wenn wir anderen von Nutzen sein wollen, müssen wir die Kraft dazu haben, aber um sie zu bekommen, müssen wir sie geben. Wir müssen von Nutzen sein.

21. Je mehr wir geben, desto mehr werden wir bekommen. Wir müssen zu einem Kanal werden, durch den das Universale die Tätigkeit ausdrücken kann. Das Universale bemüht sich ständig, sich selbst auszudrücken, um von Nutzen zu sein. Und es sucht den Kanal, durch den es die größte Tätigkeit finden kann, wo es das Beste tun kann, wo es der Menschheit von größtem Nutzen sein kann.

22. Das Universale kann sich nicht durch Sie ausdrücken, solange Sie mit Ihren eigenen Plänen und Absichten beschäftigt sind: Beruhigen Sie die Sinne, suchen Sie Inspiration, konzentrieren Sie sich auf die geistigen Aktivitäten der „Inneren Welt", verweilen Sie im Bewusstsein Ihrer Einigkeit mit dem Allmächtigen. „Stille Wasser sind tief." Nutzen Sie die zahlreichen Gelegenheiten, in denen Sie geistigen Zugang durch das Allgegenwärtige der Kraft haben.

23. Visualisieren Sie sich die Ereignisse, Verhältnisse und Bedingungen, denen diese geistigen Verbindungen beim Manifestieren helfen können. Begreifen Sie die Tatsache, dass Wesen und Seele aller Dinge geistig sind, und dass das Geistige das Wahre ist, weil es das Leben von allem ist, was existiert. Wenn der Geist weg ist, ist das Leben weg, es ist tot, es hat aufgehört zu existieren.

24. Diese geistige Tätigkeit gehört zu der „inneren Welt", zu der Welt der Ursachen. Die Zustände und Verhältnisse, die daraus folgen, sind die Wirkungen. Es ist so, dass Sie zu einem Schöpfer werden. Das ist wichtige Arbeit, und je höher, großmütiger, großartiger und prächtiger die Ideale, die Sie sich ausdenken können, desto wichtiger wird das Werk sein.

25. Arbeitsüberlastung, Übertreibung oder die überkörperliche Tätigkeit jeder Art erzeugt Zustände der geistigen Teilnahms- und Handlungslosigkeit, die es unmöglich machen, die wichtigere Arbeit zu erledigen, welche auf eine Verwirklichung der bewussten Kraft hinausläuft. Wir sollten deshalb oft die Stille suchen. Die Kraft kommt aus Erholung. Sie liegt in der Stille, in

der wir ruhig sein können, und wenn wir ruhig sind, können wir denken, und der Gedanke ist das Geheimnis aller Errungenschaft.

26. Gedanke ist eine Art der Bewegung und wird nach dem „Gesetz der Schwingung", demselben wie Licht oder Elektrizität, getragen. Er gibt durch die Gefühle und das „Gesetz der Liebe" Lebenskraft. Er nimmt Form und Ausdruck nach dem „Gesetz des Wachstums" an. Er ist ein Produkt des geistigen „Ich", folglich ist er göttlicher, geistiger und kreativer Natur.

27. Deswegen ist es offensichtlich, dass, um Kraft, Überfluss oder jeden anderen konstruktiven Zweck auszudrücken, die Emotionen aufgefordert werden müssen, dem Gedanken Gefühl zu geben, so dass er Form annehmen wird. Wie kann diese Absicht erreicht werden? Das ist der Kernpunkt. Wie können wir den Glauben, den Mut, das Gefühl entwickeln, welches auf die Ausführung hinauslaufen wird?

28. Die Antwort lautet: Durch die Übung. Geistige Kraft wird auf genau dieselbe Art gesichert, wie körperliche Kraft durch Training aufgebaut wird. Wir denken etwas, das erste Mal vielleicht noch mit Schwierigkeit. Wir denken dasselbe nochmals, und dieses Mal wird es leichter. Wir denken es immer wieder, und es wird dann zu einer geistigen Gewohnheit. Wir setzen es fort, dasselbe zu denken, und schließlich geschieht es automatisch. Wir können dem Denken dieser Sache nicht mehr helfen, wir sind jetzt in Harmonie mit dem, was wir denken. Es gibt keinen Zweifel mehr darüber. Wir sind davon überzeugt. Wir wissen, dass es so ist.

29. Letzte Woche bat ich, dass Sie sich entspannen, um körperlich loszulassen. In dieser Woche werde ich Sie bitten, dass Sie geistig loslassen. Wenn Sie die letzte Woche gegebene Übung fünfzehn oder zwanzig Minuten pro Tag in Übereinstimmung mit den Instruktionen geübt haben, können Sie sich zweifellos körperlich entspannen. Und derjenige, der das nicht schnell bewusst tun kann, ist noch kein Meister über sich selbst. Er hat die Freiheit noch nicht erlangt. Er ist immer noch ein Sklave der Zustände. Aber ich werde annehmen, dass Sie die Übung gemeistert haben und bereit sind, den folgenden Schritt zu gehen, welcher die geistige Freiheit bedeutet.

30. In dieser Woche, nach Einnahme Ihrer üblichen Position, entfernen Sie die ganze Spannung, indem Sie sich völlig entspannen. Lassen Sie geistig von allen nachteiligen Zuständen wie Hass, Wut, Sorge, Neid, Kummer, Schwierigkeiten oder Enttäuschung jeder Art los.

31. Sie mögen vielleicht sagen, dass Sie diese Dinge nicht „loslassen können", aber Sie können es! Sie können es mit geistiger Entscheidung tun, mit vorsätzlicher Absicht und Ausdauer.

32. Der Grund, warum es einige nicht schaffen, ist, weil diese Menschen sich von den Emotionen leiten lassen und nicht von ihrem Intellekt. Aber diejenigen, die ihren Intellekt einsetzen, werden den Sieg davon tragen. Sie werden das erste Mal nicht erfolgreich sein, wenn Sie es versuchen, aber „Übung macht den Meister", darin, wie in allem anderen, und Sie müssen es schaffen, um diese negativen und zerstörerischen Gedanken zu beseitigen und völlig zu entfernen. Denn diese Gedanken sind die Samen, welche sich ständig in unangenehme Zustände jeder denkbaren Art und Beschreibung hineinpflanzen.

„Nichts als die Wahrheit beschreibt die Tatsache, dass die Qualität des Gedankens, die wir in Erwägung ziehen, einer bestimmten Äußerlichkeit in der Außenwelt entspricht. Das ist das Gesetz, vor dem es kein Entfliehen gibt. Und es ist dieses Gesetz, welches dem Ziel des Gedankens entspricht und das seit uralten Zeiten die Leute dazu gebracht hat, an die besondere Vorsehung zu glauben."

Wilmans

Teil 04
Lernfragen mit Antworten

31. Was ist ein „Gedanke"? – Gedanke ist spirituelle Energie.

32. Womit wird er ausgeführt? – Mit dem „Gesetz der Schwingung."

33. Wie gibt er die Lebenskraft? – Durch das „Gesetz der Liebe."

34. Wie nimmt er Gestalt an? – Durch das „Gesetz des Wachstums."

35. Was ist das Geheimnis seiner kreativen Kraft? – Es ist ein spiritueller Vorgang.

36. Wie können wir Glauben, Mut, und Begeisterung entwickeln, die uns in die Vollendung hinein führen? – Mit der Erkenntnis unserer spiritueller Natur.

37. Was ist das Geheimnis der Kraft? – Dienst (von Nutzen sein).

38. Warum ist es so? – Weil wir das bekommen, was wir geben.

39. Was ist Ruhe? – Körperliche Stille.

40. Welchen Wert hat sie? – Es ist der erste Schritt zur Selbstkontrolle, d.h. zur Selbstbeherrschung.

Der fuenfte Teil

Der Verstand in Aktion

Einleitung (Teil 05)

Hiermit bekommen Sie den fünften Teil. Nach dem sorgfältigen Studieren dieses Teils werden Sie sehen, dass jede denkbare Kraft oder Tatsache, sowie jedes Ziel das Ergebnis des Verstandes in der Aktion ist.

Der Verstand in der Aktion ist „Gedanke", und „Gedanke" ist schöpferisch. Menschen denken jetzt, wie sie niemals zuvor gedacht haben.

Deshalb ist das ein kreatives Zeitalter, und die Welt widmet den Denkern ihre reichsten Prämien. Ein Problem ist kraftlos, passiv und träge. Der Gedanke ist Kraft, Energie und Macht. Ein Gedanke formt sich und kontrolliert das Problem. Jede Form, die das Problem einnimmt, ist nur der Ausdruck von einem vorher existierenden Gedanken.

Aber der Gedanke arbeitet nicht mit magischen Umsetzungen, er gehorcht natürlichen Gesetzen, er setzt natürliche Kräfte in Bewegung, er setzt natürliche Energie frei. Er manifestiert sich in Ihrem Verhalten und Ihren Handlungen, und diese wirken sich auf Ihre Freunde und Bekanntschaften und schließlich auf Ihre ganze Umgebung aus. Sie können Gedanken beherrschen, und da Gedanken schöpferisch sind, können Sie für sich selbst die Dinge schaffen, die Sie wünschen.

Teil 05 -
Der Verstand in Aktion

01. Mindestens neunzig Prozent unseres geistigen Lebens verlaufen unterbewusst, so dass diejenigen, die scheitern, von dieser geistigen Kraft Gebrauch zu machen, ein sehr begrenztes Leben führen.

02. Das Unterbewusste kann und wird jedes Problem für uns beheben, wenn wir wissen, wie man es leitet. Die unterbewussten Prozesse sind immer in Betrieb. Die einzige Frage lautet: Sollen wir schlicht passive Empfänger dieser Tätigkeit sein, oder sollen wir die Arbeit bewusst leiten? Sollen wir eine Vision der Bestimmung, die zu erreichen ist und die Gefahren vermeidet, haben, oder sollen wir uns einfach nur treiben lassen?

03. Wir haben herausgefunden, dass der Geist jeden Teil des physischen Körpers durchdringt und immer dazu fähig ist, von der Autorität geleitet oder beeindruckt zu werden.

04. Der Geist, der den Körper durchdringt, ist größtenteils die Folge der Vererbung, die wiederum nur das Ergebnis aller Umgebungen und aller vorigen Erziehung und Bildung ist. Das Verstehen dieser Tatsache wird uns ermöglichen, unsere Autorität zu verwenden, wenn wir eine unerwünschte Eigenschaft des Charakters finden.

05. Wir können alle wünschenswerten Eigenschaften bewusst annehmen, mit denen wir ausgestattet worden sind, und wir können die unerwünschten Eigenschaften unterdrücken und zurückweisen.

06. Noch einmal: Dieser Geist, der unseren physischen Körper durchdringt, ist nicht nur die Folge erblicher Tendenzen, sondern ist das Ergebnis des Häuslichen, der sozialen und geschäftlichen Umgebung, wo Tausende von Eindrücken, Ideen, Vorurteilen und ähnlichen Gedanken empfangen worden sind. Vieles davon ist durch andere Menschen empfangen worden: das Ergebnis von Meinungen als Vorschlägen oder Behauptungen. Vieles davon ist die Folge unseres eigenen Denkens, aber das meiste ist mit geringer oder gar ohne Überprüfung oder Rücksicht akzeptiert worden.

07. Die Idee schien uns damals plausibel, das Bewusste empfing sie, gab sie dem Unterbewussten weiter, wo sie durch das mitfühlende System aufgenommen wurde und in unseren physischen Körper überging, um dort eingebaut zu werden. „Das Wort ist zu Fleisch geworden."

08. Das ist die Art, auf die wir uns ständig kreieren und wiedererschaffen. Wir sind heute das Ergebnis unseres vorigen Denkens, und wir werden sein, was wir heute denken. Das Gesetz der Anziehung verschafft uns nicht Dinge, die wir mögen sollen, oder Dinge, die wir wünschen, oder Dinge, die jemand sonst noch hat, sondern es verhilft uns zu "unserem Eigenen", zu Dingen, die wir durch unsere Gedankenprozesse, entweder bewusst oder unbewusst, geschaffen haben. Leider schaffen viele von uns diese Dinge unbewusst.

09. Wenn jeder von uns ein Haus für sich selbst baute, wie sorgfältig wäre er hinsichtlich der Pläne, wie würde er jedes Detail studieren, wie das Material beobachten und schließlich nur das Beste von allem auswählen. Wie nachlässig sind wir jedoch, wenn es um das Bauen unseres geistigen Hauses geht, was umso bedeutsamer ist als jedes wirkliche Haus. Wie alles andere, das vielleicht in unser Leben eintreten kann, hängt hierbei auch alles von der Eigenschaft des Materials ab, welches bei der Errichtung unseres geistigen Hauses verwendet wird.

10. Welche Eigenschaft ist wichtig? Wir haben gesehen, dass es das Ergebnis von den Eindrücken ist, die wir in der Vergangenheit angesammelt und in unserer unterbewussten Mentalität gespeichert haben. Wenn diese Eindrücke von Angst, Sorge und Kummer geprägt waren, wenn sie mutlos, negativ und zweifelnd waren, dann wird die Materialtextur, welche wir heute flechten, aus demselben negativen Material bestehen. Anstatt von irgendeiner Wichtigkeit zu sein, wird sie brandig und verdorben sein und uns nur noch mehr Mühe, Sorge und Angst bereiten. Wir werden für immer damit beschäftigt sein, sie zu flicken und wenigstens vornehm erscheinen zu lassen.

11. Aber wenn wir nichts anderes als mutige Gedanken gespeichert haben, wenn wir optimistisch und positiv waren und jegliche Art des negativen Gedankens sofort verworfen haben, wir uns stets weigerten, irgendetwas damit zu tun zu haben, damit zu verkehren, bleibt die Frage nach dem Ergebnis. Unser geistiges Material ist in diesem Fall bestens. Wir können jede von uns gewollte Art des Materials flechten, wir können jede gewünschte Farbe verwenden, wir wissen, dass die Textur stabil, das Material massiv ist, dass es nicht verfärben wird. Daher haben wir keine

Angst vor der Zukunft; wir sorgen uns nicht. Es gibt nichts zu bedecken, es gibt keine Flecken zu vertuschen, die man verbergen will.

12. Dieses sind psychologische Tatsachen. Es gibt weder eine Theorie oder Spekulation über diese Gedankenprozesse, noch gibt es Geheimes über sie. Tatsächlich sind sie so einfach, dass jeder sie verstehen kann. Wichtig ist, einen geistigen Hausputz zu haben, täglich, und das Haus so sauber zu halten. Geistige, moralische und körperliche Reinheit ist absolut unentbehrlich, wenn wir Fortschritte jeglicher Art erleben wollen.

13. Wenn dieser geistige Hausputz-Prozess vollendet ist, wird das übrig gebliebene Material für die Bildung von Idealen oder geistigen Ideen, die wir zu realisieren wünschen, brauchbar.

14. Es gibt ein feines Besitztum, für den, der es bestrebt. Sein breiter Acker, mit reichlichen Ernten, fliesendem Wasser und feinem Bauholz streckt sich aus, so weit das Auge reicht. Es gibt eine Villa, geräumig und hell, mit seltenen Bildern, einer gut bestückten Bibliothek, breiten Tapeten, jeder Bequemlichkeit und höchstem Luxus. Das ganze Erbe muss sich seiner Erbschaft behaupten und das Eigentum in Besitz nehmen. Es muss angenommen werden und darf nicht verfallen gelassen werden. Es zu vernachlässigen, hieße, Besitz zu verlieren.

15. Im Bereich des Verstandes, des Geistes und der praktischen Kraft ist solch ein Besitztum Ihrer. Sie sind der Erbe! Sie können Ihre Erbschaft behaupten und besitzen und dieses reiche Erbe annehmen und verwenden. Die Macht über die Umstände ist eine der Früchte, Gesundheit, Harmonie und Wohlstand sind das Vermögen dieses Erbes. Es bietet Ihnen Gelassenheit und Frieden an. Es kostet Sie nur die Arbeit des Studierens und des Erntens. Es fordert kein Opfer, außer den Verlust Ihrer Beschränkungen, Ihrer Knechtschaft und Ihrer Schwäche. Es kleidet Sie mit der Selbstehre und legt ein Zepter in Ihre Hände.

16. Um diesen Besitztum zu gewinnen, ist ein Prozess in drei Schritten notwendig: 1. Sie müssen es aufrichtig wünschen. 2. Sie müssen Ihren Anspruch behaupten. 3. Sie müssen Ihr Eigentum in Besitz nehmen. Sie geben zu, dass dies keine lästigen Bedingungen sind.

17. Sie sind mit dem Thema der Vererbung vertraut. Darwin, Huxley, Haeckel und andere physische Wissenschaftler haben unzählige Beweise vorgelegt, dass Vererbung ein Gesetz ist, das von einer progressiven Entwicklung begleitet wird. Es ist diese progressive Vererbung, die den Menschen ihre aufrechte Stellung, die Bewegungskraft, Verdauungsorgane, Blutkreislauf,

Nerven- sowie Muskelkraft, Knochenstruktur und andere körperliche Eigenschaften verleiht. Es gibt noch eindrucksvollere Tatsachen bezüglich der Vererbung der Verstandeskraft. Alle diese Tatsachen zusammen bilden das, was menschliche Vererbung genannt wird.

18. Aber es gibt eine Vererbung, die die physischen Wissenschaftler nicht erreicht haben. Sie liegt außerhalb all ihrer Forschungen. An diesem Punkt angekommen, verzweifeln sie und sagen, dass sie nicht beschreiben können, was sie sehen: eine Gottesvererbung der vollkommenen Macht.

19. Es handelt sich um die gütige Kraft, die über eine ursprüngliche Entwicklung verfügt. Sie läuft durch das Göttliche und gelangt direkt in jedes geschaffene Wesen. Sie bringt Leben hervor, welches der physische Wissenschaftler nicht gebracht hat und niemals können wird. Sie erscheint unter allen Kräften höchst unzugänglich. Keine menschliche Vererbung kann sich ihr nähern; keine menschliche Vererbung ist ihr gleichgestellt.

20. Dieses unendliche Leben fließt durch Sie; das sind Sie. Dessen Türen sind nur die Fähigkeiten, die Ihr Bewusstsein umfassen. Diese Türen offen zu halten, ist das Geheimnis der Kraft. Ist es nicht der Mühe wert, sich anzustrengen?

21. Die große Wahrheit ist, dass die Quelle des ganzen Lebens und der ganzen Kraft in der „inneren Welt" liegt. Personen, Umstände und Ereignisse können Bedürfnisse und Gelegenheiten ergeben, aber um die Bedürfnisse der Scharfsinnigkeit, Kraft und Macht zu wecken, muss man in der „inneren Welt" suchen.

22. Vermeiden Sie Fälschungen! Legen Sie für Ihr Bewusstsein der Kräfte feste Fundamente. Diese Kräfte fließen direkt von der unendlichen Quelle, dem universalen Geist, dem Sie Ebenbild und Gleichheit sind.

23. Diejenigen, die in Besitz dieses Erbes geraten, sind nie mehr wieder ganz dieselben. Sie sind nun im Besitz einer Sinneskraft, von der sie bisher nicht einmal geträumt haben. Nie wieder können sie furchtsam, schwach, schwankend oder ängstlich sein. Sie sind mit dem Allmächtigen unauslöschlich verbunden. Etwas in ihnen ist aufgeweckt worden, sie haben plötzlich entdeckt, dass sie eine enorme, gewaltige Fähigkeit besitzen, deren sie sich bisher nicht bewusst waren.

24. Diese Kraft ist aus der „inneren Welt", aber wir können sie nicht erhalten, es sei denn, wir nutzen sie. Gebrauch ist die Bedingung, dieses Erbe zu bekommen. Jeder von uns ist ein Kanal, durch den die Allmächtige Kraft in

die Form umgewandelt wird. Bis zu dem Zeitpunkt, zu dem wir die Kraft geben, bleibt der Kanal geschlossen, und solange können wir die Kraft nicht empfangen. Das ist auf jeder Ebene der Existenz und in jedem Feld der Bemühung und allen Etappen des Lebens wahr. Je mehr wir geben, desto mehr bekommen wir. Der Athlet, der stark werden mag, muss von der Kraft, die er hat, Gebrauch machen, und je mehr er gibt, desto mehr wird er bekommen. Der Finanzmann, der zu Geld kommen will, muss vom Geld, das er hat, Gebrauch machen und nur deshalb, weil er es verwendet, kann er mehr bekommen.

25. Der Großhändler, der seine Waren nicht verkauft, wird bald kein Einkommen haben. Eine Firma, die scheitert, effiziente Dienstleistungen zu bieten, wird bald an Kundenmangel leiden. Der Rechtsanwalt, der scheitert, Ergebnisse zu bekommen, wird bald an Kundenmangel leiden, und so ist es überall. Kraft ist von ihrem richtigen Gebrauch, die wir bereits besitzen, abhängig. Was in jedem Bereich der Bemühung, in jeder Lebenserfahrung wahr ist, trifft auf die Kraft zu, von der jede andere unter Menschen bekannte Kraft erzeugt wird – die geistige Kraft. Wenn Sie den Geist wegnehmen, was bleibt dann übrig? Nichts.

26. Wenn dann der Geist alles ist, was es gibt, muss die Anerkennung dieser Tatsache auf der Fähigkeit beruhen, die ganze Kraft, ob körperlich, mental oder geistig, zu demonstrieren.

27. Der ganze Besitz ist das Ergebnis der Einstellung des Geistes oder des Geldbewusstseins. Das ist der Zauberstab, der Ihnen ermöglichen wird, die Idee zu empfangen und für Sie die Pläne zu formulieren. Sie werden viel Vergnügen in der Ausführung wie bei der Realisierung und der Errungenschaft selbst finden.

28. Gehen Sie jetzt in Ihr Zimmer, nehmen Sie denselben Platz ein, dieselbe Position wie immer, und wählen Sie im Geiste einen Ort aus, der eine angenehme Umgebung hat. Machen Sie sich ein vollständiges geistiges Bild von diesem Ort, sehen Sie die Gebäude, den Boden, die Bäume, die Freunde, die Kollegen. Zuerst werden Sie sich und alles unter der Sonne finden, außer dem Ideal, auf das Sie sich zu konzentrieren wünschen. Aber lassen Sie sich nicht entmutigen! Beharrlichkeit wird siegen, aber Beharrlichkeit erfordert, dass Sie diese Übungen jeden Tag machen, ohne zu scheitern.

Teil 05
Lernfragen mit Antworten

41. Wie viel Prozent unseres geistigen Lebens sind unterbewusst? – Mindestens neunzig Prozent.

42. Wird dieser riesengroße geistige Platz allgemein genutzt? – Nein!

43. Warum nicht? – Wenige verstehen oder schätzen die Tatsache, dass es um eine Tätigkeit geht, die sie bewusst leiten können.

44. Wo hat der bewusste Geist seine leitenden Neigungen erhalten? – Von der Vererbung - was bedeutet, dass es das Ergebnis der vergangenen Erziehung und Bildung ist.

45. Was bringt uns das Gesetz der Anziehung? – „Unser Eigenes", das, was wir denken.

46. Was ist „unser Eigenes"? – Was wir von Natur aus sind, sowie das Ergebnis unseres vorigen Denkens, sowohl bewusst als auch unbewusst.

47. Was ist das Material, mit dem wir unser geistiges, zusammengesetztes Haus bauen? – Die Gedanken, die wir in Erwägung ziehen.

48. Was ist das Geheimnis der Kraft? – Eine Anerkennung der Allgegenwart des Allmächtigen.

49. Wo entsteht diese Kraft? – Alles Leben und die ganze Kraft entspringen der „inneren Welt".

50. Wovon ist der Besitz der Kraft abhängig? – Von einem richtigen Gebrauch der Kraft, die bereits in unserem Besitz ist.

Der sechste Teil

Die Kraft der Aufmerksamkeit

Einleitung (Teil 06)

Es ist mir eine Ehre, Ihnen den sechsten Teil zu übergeben. Dieser Teil wird Ihnen ein ausgezeichnetes Verständnis von dem wunderbarsten Teil eines Mechanismus geben, welcher jemals geschaffen wurde, ein Mechanismus, durch den Sie für sich selbst Gesundheit, Kraft, Erfolg, Wohlstand oder jeden anderen Zustand, den Sie wünschen, schaffen können.

Notwendigkeiten sind Anforderungen, und Anforderungen schaffen Handlung, Handlungen verursachen Ergebnisse. Der Prozess der Evolution baut ständig unser MORGEN aus unserem HEUTE. Individuelle Entwicklung sowie universale Entwicklung müssen mit einer ständigen Kapazität und stufenartigem Volumen steigen.

Das Wissen, dass, wenn wir die Rechte anderer verstoßen, wir zu moralischen Dornen werden und uns andauernd auf dem Weg verwickeln, sollte bedeuten, dass Erfolg von dem höchsten moralischen Ideal abhängig ist: „Das größte Wohlergehen für die Meisten." Ständiger und beharrlich aufrechterhaltener Ehrgeiz, der Wunsch und harmonische Beziehungen werden Ergebnisse vollbringen. Die größten Hindernisse sind falsche, verankerte Ideen.

Um in der Melodie mit der ewigen Wahrheit zu sein, müssen wir Gelassenheit und Harmonie in der „inneren Welt" besitzen. Um Intelligenz zu empfangen, muss der Empfänger in der Harmonie mit dem Sender stehen.

Gedanke ist ein Produkt des Geistes. Geist ist kreativ, aber das bedeutet nicht, dass das Universale seine Vorgehensweise ändern wird, um sich uns oder unseren Ideen anzupassen. Stattdessen bedeutet es, dass wir in eine harmonische Beziehung mit dem Universalen eintreten können. Wenn wir das erreicht haben, können wir um irgendetwas bitten, zu dem wir berechtigt sind, und der Weg wird uns klar zugewiesen werden.

Teil 06 –
Die Kraft der Aufmerksamkeit

01. Der Universale Geist ist so herrlich, dass es schwer fällt, seine nützlichen Kräfte und Möglichkeiten sowie seine unbegrenzten, produzierten Wirkungen zu verstehen.

02. Wir haben herausgefunden, dass dieser Geist nicht nur ALLE Intelligenz, sondern auch ALLE Substanz ist. Wie soll er dann in der Form unterschieden werden? Wie sollen wir die Wirkung sichern, die wir wünschen?

03. Fragen Sie irgendeinen Elektriker, welche Wirkung die Elektrizität erzeugen wird und er wird antworten, dass „Elektrizität eine Form der Bewegung sei und ihre Wirkung von dem Mechanismus abhinge, welchem sie angeschlossen sei." Von diesem Mechanismus wird es abhängen, ob wir Hitze, Licht, Kraft, Musik oder einige der anderen erstaunlichen Demonstrationen der Kraft haben werden, an die diese Lebensenergie angeschlossen worden ist.

04. Welche Wirkung kann durch den Gedanken erzeugt werden? Die Antwort ist: Der Gedanke ist Geist in der Bewegung (genau wie es der Wind ist, der als Luft in der Bewegung ist), und seine Wirkung hängt völlig vom „Mechanismus, an den er angeschlossen ist", ab.

05. Hier ist also das Geheimnis der ganzen geistigen Kraft. Sie hängt völlig vom Mechanismus ab, an den wir sie anschließen.

06. Was ist dieser Mechanismus? Sie wissen etwas über den Mechanismus, welcher von Edison, Bell, Marconi und anderen elektrischen Zauberern erfunden wurde. Aber haben Sie jemals daran gedacht, dass der Mechanismus, der Ihnen gegeben worden ist, um die universale, allgegenwärtige, potenzielle Kraft schöpferisch zu gebrauchen, von einem größeren Erfinder als Edison erfunden wurde?

07. Gewöhnt sind wir an das Überprüfen des Mechanismus der Werkzeuge, die wir für das Erbauen des Bodens verwenden, und wir versuchen, auch den

Mechanismus des Automobils, welches wir fahren, zu verstehen. Aber die meisten von uns sind damit zufrieden, in der absoluten Unkenntnis über den größten Teil des Mechanismus zu verharren, welcher schon immer da war - das Gehirn des Menschen.

08. Lassen Sie uns die Wunder dieses Mechanismus untersuchen. Vielleicht werden wir ein besseres Verständnis der verschiedenen Wirkungen, von denen es die Ursache ist, erhalten.

09. An erster Stelle gibt es die große geistige Welt, in der wir leben, uns bewegen und unser Dasein haben. Diese Welt ist allmächtig, allwissend und allgegenwärtig; Sie wird auf unseren Wunsch hin im direkten Verhältnis zu unserer Absicht und unserem Glauben antworten. Die Absicht muss in Übereinstimmung mit dem Gesetz unseres Wesens sein, d. h. kreativ oder konstruktiv. Unser Glaube muss stark genug sein, um eine ausreichende Strömung der Kraft zu erzeugen, um unsere Absicht zu manifestieren.

10. Die Wirkungen, die in der „äußeren Welt" erzeugt werden, sind das Ergebnis der Aktion und Reaktion der Person auf das Universale. Das ist der Prozess, den wir „das Denken" nennen. Das Gehirn ist das Organ, durch welches dieser Prozess vollzogen wird. Denken Sie an das Wunder von all dem! Lieben Sie Musik, Blumen, Literatur, oder werden Sie durch den Gedanken an ein modernes Genie inspiriert? Merken Sie sich: Jede Schönheit, auf die Sie reagieren, muss zunächst einen entsprechenden Umriss in Ihrem Gehirn haben, bevor Sie sie schätzen können.

11. Es gibt keine einzige Wirkung und keinen Grundsatz in der Natur, den das Gehirn nicht ausdrücken könnte. Das Gehirn verkörpert eine noch nicht ausgereifte Welt, bereit, sich jederzeit zu entwickeln. Wenn Sie das begreifen können, so erkennen Sie, dass es eine wissenschaftliche Wahrheit und eines der wunderbaren Naturgesetze ist. Es wird für Sie leichter sein, das Verstehen des Mechanismus, durch den diese außergewöhnlichen Ergebnisse erreicht werden, zu begreifen.

12. Das Nervensystem ist mit einem elektrischen Stromkreis und dessen Batterien in denen Energie hervorgebracht wird, als Zellen verglichen worden. Diese Energie fließt durch die isolierten Leitungen, die die Strömung der Kraft befördern. Durch diese Kanäle wird jeder Impuls oder Wunsch des Mechanismus durchgeführt.

13. Das Rückenmark ist der große Motor- und Sinnespfad, durch den Daten zum Gehirn und von ihm weg befördert werden. Daneben gibt es den

Blutkreislauf, der die Adern und Arterien durchläuft und aufgrund einer perfekten Struktur die Energie und Kraft stetig erneuert. So ruht sich der komplette physische Körper aus. Die feine und schöne Haut, die den kompletten Mechanismus kleidet, ist ein Mantel der Schönheit.

14. Das ist dann der „Tempel des lebendigen Gottes", und dem Individuum „Ich" wird die Kontrolle gegeben. Von dem Verständnis des Mechanismus, welcher der „inneren Welt" seiner Kontrolle obliegt, werden die Ergebnisse abhängen.

15. Die Gehirnzellen setzen jeden Gedanken in eine Handlung um. Zuerst scheitert die Substanz, auf die der Gedanke gelenkt wird, daran zu antworten, aber wenn der Gedanke geläutert wird und sich auf das Wesentliche konzentriert, gibt die Substanz schließlich nach und drückt sich dementsprechend vollkommen aus.

16. Dieser Einfluss des Geistes kann auf jeden Teil des Körpers, der die Beseitigung jeder unerwünschten Wirkung herbeiführt, angewandt werden.

17. Eine vollkommene Vorstellung und das Verständnis der Gesetze, die in der geistigen Welt regieren, sind von bedeutender Wichtigkeit für den Handlungsablauf, da er die Kraft des Scharfsinns entwickelt und ein klareres Verstehen und die Anerkennung von Tatsachen ermöglicht.

18. Der Mensch, der in die „innere Welt" statt in die „äußere Welt" schaut, kann nicht anders, als von den mächtigen Kräften Gebrauch zu machen, die schließlich seinen Kurs im Leben bestimmen und ihn so in Bewegung mit Allem, was am besten, am stärksten und am wünschenswertesten ist, bringen.

19. Aufmerksamkeit oder Konzentration sind wahrscheinlich das Wichtigste und Erforderlichste in der Entwicklung der Meinungskultur. Die Möglichkeiten der Aufmerksamkeit sind, wenn diese richtig geleitet werden, so erschreckend, dass sie für den Unwissenden kaum glaubwürdig erscheinen würden. Die Kultivierung der Aufmerksamkeit ist die charakteristische Eigenschaft jedes erfolgreichen Menschen. Sie ist die höchste persönliche Bewältigung, die erreicht werden kann.

20. Die Kraft der Aufmerksamkeit kann besser verstanden werden, wenn man sie mit einem Vergrößerungsglas, in dem die Strahlen des Sonnenlichtes gebündelt werden, vergleicht. Diese Strahlen besitzen keine besondere Kraft, solange das Glas umher bewegt wird und sie von einer Stelle zur anderen leitet. Aber hält man das Glas vollkommen still, und lässt man die

Strahlen auf einen Punkt für eine gewisse Zeitdauer gerichtet, wird die Wirkung sofort ersichtlich.

21. So ist es mit der Kraft der Gedanken. Wenn Sie diese zerstreuen und Ihren Gedanken von einem Ziel zum anderen lenken, wird kein Ergebnis sichtbar sein, aber wenn Sie diese Kraft durch die Aufmerksamkeit oder Konzentration auf jede einzelne Absicht für eine Zeit lang einstellen, wird nichts unmöglich sein.

22. „Ein sehr einfaches Heilmittel gegen eine sehr komplizierte Situation", werden einige sagen. Versuchen Sie es, Sie, die keine Erfahrung im Konzentrieren der Gedanken auf eine bestimmte Absicht oder ein bestimmtes Ziel gehabt haben. Wählen Sie jedes beliebige Ziel, und konzentrieren Sie Ihre Aufmerksamkeit zu einem eindeutigen Zweck für nur zehn Minuten darauf. Sie können es nicht tun. Der Geist wird ein dutzend Mal herumwandern, und es wird notwendig sein, ihn in die ursprüngliche Form zurückzubringen. Jedes Mal wird der Effekt verloren und am Ende der zehn Minuten nichts gewonnen sein, weil Sie nicht im Stande gewesen sind, Ihren Gedanken fest auf Ihre Absicht gerichtet zu halten.

23. Wie auch immer - durch die Aufmerksamkeit, mit der Sie schließlich im Stande sein werden, Hindernisse jeder Art zu überwinden, die auf Ihrem Weg vor Ihnen liegen, und durch die Praxis, die die einzige Art ist, diese wunderbare Kraft zu erwerben, wird es wie in jedem anderen Bereich sein: Übung macht den Meister!

24. Um die Kraft der Aufmerksamkeit zu gewinnen, bringen Sie ein Foto von sich mit zu demselben Platz in demselben Zimmer in derselben Position wie immer. Untersuchen Sie Ihr Foto mindestens zehn Minuten lang gut, achten Sie auf den Ausdruck der Augen, die Form der Eigenschaften, der Kleidung, die Art, wie das Haar geordnet ist. Nehmen Sie tatsächlich jedes Detail, welches auf der Fotografie zu sehen ist, für zehn Minuten zur Kenntnis. Bedecken Sie dann das Bild, schließen Sie die Augen, und versuchen Sie, es geistig vor sich zu sehen. Wenn Sie jedes Detail vollkommen sehen können und ein gutes geistiges Bild der Fotographie nachbilden können, kann Ihnen gratuliert werden. Wenn es Ihnen nicht gelingt, wiederholen Sie den Prozess, bis Sie es können.

25. Dieser Schritt dient nur dem Zweck, den Grundboden vorzubereiten. Nächste Woche werden wir bereit sein, den Samen zu säen.

26. Durch solche Übungen werden Sie schließlich dazu im Stande sein, Ihre geistigen Launen, Ihre Einstellung und Ihr Bewusstsein zu kontrollieren.

27. Große Finanzmänner lernen, sich von der Menge immer mehr abzuheben, so dass sie sich mehr Zeit für die Planung, das Denken und Erzeugen der richtigen geistigen Stimmung nehmen.

28. Erfolgreiche Unternehmer demonstrieren ständig die Gegebenheit, dass es sich auszahlt, gedanklich, mit anderen erfolgreichen Unternehmern im Kontakt zu bleiben.

29. Eine einzelne Idee kann Millionen wert sein, und solche Ideen können nur diejenigen erreichen, die für sie empfänglich und bereit sind, und die auch über eine erfolgreiche seelische Verfassung verfügen.

30. Menschen lernen, sich in der Harmonie mit dem Universalen Geist zu bewegen. Sie stoßen auf die Einheit aller Dinge. Sie lernen die grundlegenden Methoden und Fundamente des Denkens, wodurch sich Zustände ändern und Ergebnisse multipliziert werden.

31. Sie erkennen, dass Verhältnisse und Umgebungen dem geistigen und spirituellen Fortschritt folgen, sie stellen fest, dass Wachstum dem Wissen folgt. Handlung folgt der Inspiration, Gelegenheit erst der Wahrnehmung. Zuerst kommt immer das Geistige, dann die Transformation in die unendlichen und unbegrenzten Möglichkeiten der Errungenschaft.

32. Da aber das Individuum der Kanal des Universalen Geistes ist, sind diese Möglichkeiten zwangsläufig unerschöpflich.

33. Der Gedanke ist der Prozess, durch den wir den Geist der Kraft auffangen und das Ergebnis in unserem inneren Bewusstsein halten können, bis es ein Teil unseres gewöhnlichen Bewusstseins wird. Die Methode, dieses Ergebnis durch die beharrliche Praxis von einigen wesentlichen Grundsätzen zu erreichen, ist der Hauptschlüssel, der die Lagerhalle der Universalen Wahrheit aufschließt.

34. Die zwei großen Quellen des menschlichen Leidens sind zurzeit körperliche Krankheit und geistige Angst. Das kann bis zu einem Verstoß gegen ein natürliches Gesetz zurückverfolgt werden. Denn zweifellos besteht die Tatsache, dass bis jetzt das Wissen größtenteils unvollständig blieb, die Wolken der Finsternis aber, die sich über viele Jahre hinweg verdichtet haben, beginnen fortzugehen, mit ihnen jedoch ebenso viel Elend, welches unvollständige Informationen in sich trägt.

Teil 06
Lernfragen mit Antworten

51. Welche sind einige der Wirkungen, die durch die Elektrizität erzeugt werden können? – Hitze, Licht, Energie und Musik.

52. Wovon hängen diese verschiedenen Wirkungen ab? – Von dem Mechanismus, dem die Elektrizität angeschlossen ist.

53. Welches ist das Ergebnis der Handlung und Beeinflussung des individuellen Geistes auf das Universale? – Die Bedingungen und Erfahrungen, auf die wir stoßen und die wir erleben.

54. Wie können diese Bedingungen geändert werden? – Durch eine Mechanismusänderung, durch die das Universale in der Form unterschieden wird.

55. Was ist dieser Mechanismus? – Das Gehirn!

56. Wie kann er geändert werden? – Durch den Prozess, den wir das Denken nennen. Gedanken erzeugen Gehirnzellen, und diese Zellen antworten auf den entsprechenden Gedanken im Universalen.

57. Welchen Wert hat die Kraft der Konzentration? – Sie ist die höchste persönliche Bewältigung, die charakteristische Eigenschaft eines jeden erfolgreichen Menschen, die erreicht werden kann.

58. Wie kann sie erreicht werden? – Durch ständiges Üben dieses Systems.

59. Warum ist das so wichtig? – Weil es uns ermöglichen wird, unsere Gedanken zu kontrollieren, und da Gedanken Ursache sind, müssen Bedingungen Wirkungen sein. Wenn wir die Ursache kontrollieren können, können wir auch die Wirkung kontrollieren.

60. Wer oder was verändert die Zustände und multipliziert die Ergebnisse in der objektiven Welt? – Menschen, die die grundlegenden Methoden des konstruktiven Denkens lernen.

Der siebente Teil

Das Visualisieren

Einleitung (Teil 07)

Alle Jahre hindurch hat der Mensch an eine unsichtbare Kraft geglaubt, durch die und von der alle Dinge geschaffen worden sind und ständig wiedererschaffen werden. Wir können diese Kraft personifizieren und sie Gott nennen, oder wir können darüber als die Essenz oder den Geist denken, der alle Dinge durchdringt, aber in jedem Fall ist die Beschreibung dieselbe.

Soweit sich das Individuum mit dem Objektiven, dem Physischen und dem Sichtbaren beschäftigt, ist es das Persönliche, welches durch die Sinne erkannt werden kann. Es besteht aus Körper, Gehirn und Nerven. Das Subjektive ist das Geistige, das Unsichtbare, das Unpersönliche.

Das Persönliche ist bewusst, weil es ein persönliches Dasein hat. Das Unpersönliche ist von derselben Art und Qualität wie alles andere Dasein, es ist sich selbst nicht bewusst und daher „das Unterbewusste" genannt worden.

Das Persönliche - oder das Bewusstsein - verfügt über die Kraft des Willens und der Entscheidung und kann sich deshalb ein Urteilsvermögen über die Auswahl der Methoden verschaffen, welche zur Lösung der Probleme beitragen.

Das Unpersönliche - oder das Unterbewusste - kann als ein Teil oder EINS mit der Quelle und Ursprung der ganzen Kraft keine solche Wahl treffen, aber im Gegensatz dazu stehen unendliche Ressourcen unter seiner Kontrolle. Das Unterbewusste kann Ergebnisse erzielen und tut dies tatsächlich - Ergebnisse, für die der menschliche oder individuelle Geist keine plausible Vorstellung hat.

Sie werden deshalb sehen, dass es von Vorteil ist, vom menschlichen Willen abzuhängen. Sie können die Potentiale der Unendlichkeit verwerten, indem Sie von dem unterbewussten Geist Gebrauch machen. Hier liegt die wissenschaftliche Erklärung der herrlichen Kraft, die in Ihren Kontrollbereich hineingelegt worden ist, aber nur dann, wenn Sie sie verstehen, schätzen und anerkennen. Die Methode, bewusst diese allmächtige Kraft zu verwerten, wird in Teil Sieben vorgestellt.

Teil 07 –
Das Visualisieren

01. Visualisierung ist der Prozess, geistige Bilder zu produzieren, und das Bild ist dabei die Form oder das Modell, welches als Muster dient und aus dem Ihre Zukunft hervortreten wird.

02. Fertigen Sie das Muster klar, und fertigen Sie es wunderschön! Haben Sie keine Angst! Machen Sie es großartig! Erinnern Sie sich, dass eine Beschränkung nicht durch irgendjemanden, sondern nur durch sie selbst gegeben werden kann. Ihnen können keine Grenzen gesetzt werden, es sei denn, Sie setzen sich diese selbst. Zeichnen Sie nach ihrem Bedarf auf der Unendlichkeit, bauen Sie das Bild in Ihrer Einbildung auf. Es wird dort sein müssen, bevor es jemals irgendwo anders erscheinen wird.

03. Kreieren Sie das Bild klar und verständlich, halten Sie es im Geist fest, und so werden Sie Ihr Ideal allmählich und stetig näher zu sich ziehen. Sie können das sein, was „Sie sein möchten."

04. Das ist eine andere psychologische Tatsache, die zwar sehr bekannt ist, aber leider keine wünschenswerten Resultate hervorbringt, wenn man nur über sie liest. Es wird Ihnen nicht einmal helfen, das geistige Bild zu formen, viel weniger noch, es in die Manifestation zu bringen. Die Anwendung ist notwendig - Anstrengung, harte geistige Arbeit, eine solche Art der Anstrengung, sind nur wenige Menschen bereit zu erbringen.

05. Der erste Schritt ist die Idealisierung. Das ist zudem der wichtigste Schritt, weil sie den Plan enthält, auf dem Sie dabei sind aufzubauen. Und dieser Plan muss massiv sein. Es muss dauerhaft sein. Wenn der Architekt ein 30-stöckiges Gebäude plant, wird er jede Reihe und jedes Detail im Voraus darstellen. Wenn der Ingenieur den Grundboden abmisst, stellt er zuerst die Festigkeit, die von einer Million verschiedenen Sachen abhängt, fest.

06. Die Architekten sehen das Ergebnis, bevor ein einziger Schritt getan wird. So sollen Sie sich das in Ihrem Geist vorstellen, was Sie wollen. Sie säen den Samen, aber vor dem Aussäen jedes Samens sollten Sie bereits wissen, wie die Ernte aussehen wird. Das ist Idealisierung. Wenn Sie sich nicht

sicher sind, kehren Sie täglich zu Ihrem Platz zurück, bis das Bild klar wird. Es wird sich allmählich entfalten. Zuerst wird der allgemeine Plan undeutlich sein, aber er wird Gestalt annehmen, der Umriss wird zunächst Form, dann die Details annehmen. Sie selbst werden allmählich die Kraft entwickeln, die es Ihnen ermöglicht, die Pläne zu entwerfen, die sich schließlich in der objektiven Welt verwirklichen werden. Sie werden zu der Erkenntnis kommen, was die Zukunft für Sie bereithält.

07. Dann kommt der Prozess der Visualisierung. Sie müssen zunehmend das vollendete Bild sehen, aber ebenso auf das Detail achten. Die Details beginnen, Weg und Mittel zu entfalten, um das fertige Bild in die Manifestation zu bringen. Eines wird zum anderen führen: Der Gedanke wird zu Handlung führen, die Handlung wird Maßnahmen entwickeln, die Maßnahmen werden Freunde hervorbringen, und Freunde werden bestimmte Verhältnisse freisetzen. Letztendlich wird der dritte Schritt, d.h. die Materialisierung, vollbracht worden sein.

08. Wir alle wissen, dass das Universum in eine Form gedacht worden sein muss, bevor daraus jemals eine materielle Tatsache geworden sein kann. Wenn wir willig sind, den Linien des großen Architekten des Universums entlang zu folgen, finden wir unsere Gedanken, die, genau wie das Universum, eine konkrete Form annehmen. Es ist derselbe Geist, der in dem Individuum funktioniert. Es gibt keinen Unterschied in Art oder Qualität, der einzige Unterschied besteht im Ausmaß.

09. Der Architekt visualisiert sich sein Gebäude, er sieht es so, wie es nach seinem Willen werden wird. Sein Gedanke wird zu einer plastischen Form, aus der das Gebäude - ein hohes oder ein niedriges, ein schönes oder ein einfaches - schließlich erscheinen wird. Die Vision des Architekten nimmt auf dem Papier Gestalt an, das notwendige Material wird verwertet, und das Gebäude ist fertig.

10. Ein Erfinder visualisiert sich seine Idee auf genau dieselbe Art und Weise, zum Beispiel Nikola Tesla, einer der größten Erfinder aller Zeiten, der einen immensen Intellekt besaß. Der Mann, der immer die erstaunlichsten Gegebenheiten hervorgebracht hat, visualisierte seine Erfindungen unter dem Versuch, diese auszuarbeiten. Er beeilte sich nicht, sie in die Form zu bringen, und verbrachte stattdessen seine Zeit mit der Fehlerkorrektur. Nachdem er die Idee zuerst in seiner Einbildungskraft aufgebaut hatte, hielt er sie dort als geistiges Bild fest, um dies durch seine Gedanken wiederaufzubauen und zu verbessern. „Auf diese Weise", schreibt er im *Electrical Experimenter,* „wird es mir ermöglicht, meine Vorstellung schnell und vollkommen zu entwickeln, ohne irgendetwas zu berühren.

Wenn ich so weit gekommen bin, für die Erfindung jede mögliche Verbesserung aufzunehmen, an die ich denken kann und nirgendwo Fehler sehe, setze ich das Produkt meines Gehirns in eine feste Gestalt um. Unveränderlich arbeite ich daran, es so zu gestalten, wie ich es empfing, wie es sein sollte. In zwanzig Jahren hat es keine einzige Ausnahme gegeben."

11. Wenn Sie diesen Richtungen gewissenhaft folgen können, werden Sie Glauben entwickeln, nämlich die Art von Glauben, der die „Substanz von Dingen, auf die man gehofft und für die man keine Beweise gesehen hat", darstellt. Sie werden Vertrauen entwickeln, das zur Ausdauer und zum Mut führt. Sie werden die Kraft der Konzentration aufbauen, die Ihnen ermöglichen wird, alle Gedanken zu gebrauchen, die sich mit Ihrem Zweck vereinigen lassen.

12. Das Gesetz ist, dass der Gedanke in Form gebracht wird, aber nur der, der weiß, wie man der „Gottesdenker" seiner eigenen Gedanken ist, kann jemals den Platz eines Masters einnehmen und mit Autorität sprechen.

13. Klarheit und Genauigkeit werden nur durch wiederholendes Visualisieren des Bildes im Geiste gewonnen. Jede wiederholte Visualisierung zeichnet das Bild klarer und genauer als das vorherige Bild. Dabei wird die äußere Manifestation im selben Verhältnis zur Klarheit und Genauigkeit des Bildes stehen. Sie müssen es fest und sicher in Ihrer geistigen Welt, der „inneren Welt", einbauen, bevor es in der „äußeren Welt" Gestalt annehmen kann. Sie können nichts von Wert bauen, auch in der geistigen Welt nicht, solange Sie dazu keine richtigen Materialien haben. Wenn Sie das Material haben, können Sie alles bauen, was Sie wünschen, aber seien Sie von Ihrem Material überzeugt. Sie können keinen feinen Wollstoff aus schäbigem Material herstellen.

14. Dieses Material wird von Millionen ruhigen, geistigen Arbeitern bereitgestellt und der Form des Bildes angepasst, das Sie sich zuvor immer wieder visualisiert haben.

15. Denken Sie daran! Sie haben mehr als fünf Millionen dieser geistigen Arbeiter, welche bereit und im aktiven Gebrauch sind. Sie werden Gehirnzellen genannt. Außerdem gibt es eine vorrätige Kraft von mindestens der gleichen Anzahl, dazu bereit, zur Handlung für das kleinste Bedürfnis gerufen zu werden. Ihre Kraft zu denken, ist fast unbegrenzt. Das wiederum bedeutet, dass Ihre Kraft, die notwendige Art an Material für den Bau einer jeden Art der gewünschten Umgebung zu beschaffen praktisch, unbegrenzt ist.

16. Zusätzlich zu diesen Millionen geistigen Arbeitern im Gehirn haben Sie noch Milliarden im Körper, von denen jeder mit ausreichender Intelligenz ausgestattet ist, fähig, nach jeder Anleitung oder nach jedem gemachten Vorschlag zu handeln. Diese Zellen sind alle damit beschäftigt, den Körper zu kreieren und wieder zu erneuern. Aber zusätzlich dazu sind sie mit der psychischen Tätigkeit ausgerüstet, durch welche sie die für die vollkommene Entwicklung notwendige Substanz, selbst zu sich ziehen können.

17. Sie tun das nach demselben Gesetz und auf dieselbe Weise, wie jede Form des Lebens das notwendige Material für das Wachstum selbst zu sich zieht. Die Eiche, die Rose, die Lilie - alle verlangen ein bestimmtes Material für ihren vollkommensten Ausdruck, und den sichern sie durch die ruhige Nachfrage, durch das Gesetz der Anziehung. Dies ist auch der sicherste Weg für Sie, um das zu sichern, was Sie für Ihre größte Entwicklung verlangen.

18. Drücken Sie das geistige Bild klar, vollkommen und verständlich aus. Halten Sie es fest! Die Wege und Mittel werden sich entwickeln; das Angebot wird der Nachfrage folgen. Sie werden dazu gebracht, die richtigen Dinge in der richtigen Zeit und auf die richtige Weise zu tun. Der aufrichtige Wunsch wird eine überzeugte Erwartung verursachen, und das muss der Reihe nach durch die starke Nachfrage gefestigt werden. Diese drei können nicht daran scheitern, die Realisierung zu erreichen, da der aufrichtige Wunsch das Gefühl ist, die überzeugte Erwartung der Gedanke und die feste Nachfrage der Wille. Wie wir gesehen haben, gibt das Gefühl die Lebenskraft an die Gedanken weiter, und der Wille hält den Gedanken fest, bis das Gesetz des Wachstums ihn in die Manifestation bringt.

19. Ist es nicht herrlich, dass ein Mensch über solch eine enorme innerliche Kraft verfügt, über solch übersinnliche Fähigkeiten, von denen er keine Vorstellung hat? Ist es nicht sonderbar, dass wir immer gelehrt worden sind, nach Stärke und Macht in der „äußeren Welt" zu suchen? Wir sind gelehrt worden, überall, nur nicht „innerhalb von uns selbst", zu suchen, und falls diese Kraft in unseren Leben mal erschien, wurde uns stets gesagt, dass sie etwas Übernatürliches wäre.

20. Es gibt viele, die zu der Erkenntnis dieser wunderbaren Kraft gekommen sind und ernsthafte, gewissenhafte Anstrengungen unternehmen, Gesundheit, Kraft und andere Ziele zu erreichen, und dennoch scheinen sie zu versagen. Sie scheinen nicht fähig zu sein, das Gesetz zum Funktionieren zu bringen. Die Schwierigkeit in fast jedem Fall ist, dass diese Personen sich mit dem Äußeren befassen. Sie wollen Geld, Macht,

Gesundheit und Überfluss, scheitern aber an der Erkenntnis, dass diese Dinge Auswirkungen sind und nur dann entstehen können, wenn die Ursache gefunden worden ist.

21. Diejenigen, die der „äußeren Welt" keine Beachtung schenken werden, werden sich bemühen, nur die Wahrheit zu sehen. Sie werden nur nach der Weisheit suchen und erkennen, dass sie die Quelle der ganzen Kraft entfalten, und dass sich diese im Gedanken und der Absicht manifestieren wird. So werden gewünschte äußerliche Bedingungen geschaffen. Diese Wahrheit wird ihren Ausdruck in der edlen Absicht und in der mutigen Handlung finden.

22. Schaffen Sie nur Ideale, verlieren Sie keinen Gedanken über äußerliche Bedingungen, stellen Sie die „innere Welt" schön und reich dar. Die „äußere Welt" wird diesen Zustand manifestieren, den Sie „innerhalb Ihres Seins" haben. Sie werden in die Verwirklichung Ihrer Kraft eintreten, Ideale zu schaffen, und diese Ideale werden wiederum in die Welt des Effekts projiziert.

23. Nehmen wir ein Beispiel: Ein Mensch ist verschuldet. Er wird ständig an die Verschuldung denken, sich darauf konzentrieren und weil die Gedanken Ursachen sind, sieht das Ergebnis so aus, dass er den Schuldenberg selbst nicht nur festigt, sondern tatsächlich noch vergrößert. Er setzt das große Gesetz der Anziehung mit dem üblichen und unvermeidlichen Ergebnis in Betrieb: Verlust führt zu größerem Verlust.

24. Was ist dann der richtige Grundsatz? Konzentrieren Sie sich auf die Dinge, die Sie wollen, nicht auf die Dinge, die Sie nicht wollen. Denken Sie an Überfluss. Idealisieren Sie die Methoden und Pläne, um das Gesetz des Überflusses in Gang zu setzen. Visualisieren Sie die Bedingung, die das Gesetz des Überflusses schafft, denn dies wird auf Manifestation hinauslaufen.

25. Wenn das Gesetz vollkommen funktioniert, um Armut und Mangel sowie jede andere Art der Begrenzung für diejenigen zu schaffen, die ständig an Mangel und Angst denken, funktioniert es mit derselben Gewissheit, die Bedingungen des Überflusses und Wohlstands für diejenigen zu schaffen, deren Gedanken auf Mut und Kraft ausgerichtet sind.

26. Das ist für viele ein großes Problem. Wir sind zu besorgt, wir manifestieren Sorge, Angst und Qual. Wir wollen etwas tun, wir wollen helfen, wir ähneln einem Kind, welches gerade einen Samen gepflanzt hat und alle fünfzehn Minuten hingeht und die Erde aufbricht, um zu sehen, ob der

Samen wächst. Natürlich wird der Samen unter solchen Verhältnissen nie keimen, und doch ist es genau das, was viele von uns in der geistigen Welt tun.

27. Wir müssen den Samen pflanzen und ihn unberührt lassen. Das bedeutet nicht, dass wir uns setzen und keineswegs Nichts tun sollen. Wir werden vielmehr eine bessere Arbeit tun als wir sie jemals zuvor getan haben. Ständig werden neue Kanäle zur Verfügung gestellt und neue Türen werden sich öffnen. Alles, was dazu notwendig ist, ist ein offener Geist und die Bereitschaft zu handeln, wenn die Zeit dazu kommt.

28. Die Kraft der Gedanken ist das stärkste Mittel, um Wissen zu erlangen. Wenn man den Gedanken auf ein bestimmtes Thema konzentriert, wird das Problem behoben. Nichts geht über die Kraft des menschlichen Verstandes hinaus, außer sich die der Gedanken zu Nutze zu machen und sie darum zu bitten, die von Ihnen erbetene Arbeit zu tun.

29. Denken Sie dran, dass Ihr Gedanke das Feuer ist, welches den Dampf verursacht, und dieser Dampf dreht das Rad Ihrer Zukunft, von dem Ihre Erfahrungen abhängen.

30. Stellen Sie sich folgende Fragen, und warten Sie dann ehrfürchtig auf die Antwort: Sind Sie ab und zu Sie selbst? Geben Sie Ihre Antwort selbst, oder die der Mehrheit? Denken Sie daran, dass die Mehrheit immer geleitet wird, aber niemals selbst führt. Es war die Mehrheit, die mit allen Mitteln GEGEN den Dampfmotor, den mechanischen Webstuhl und jeden anderen Fortschritt oder eine andere vorgeschlagene Verbesserung ankämpfte.

31. Ihre Übung in dieser Woche: Visualisieren Sie sich Ihren Freund, sehen Sie ihn genau wie bei der letzten Begegnung, sehen Sie das Zimmer und die Möbel. Erinnern Sie sich an das letzte Gespräch; betrachten Sie jetzt sein Gesicht, sehen Sie es klar, sprechen Sie nun mit ihm über ein Thema von gegenseitigem Interesse. Sehen Sie, wie sich sein Gesichtsausdruck verändert, sehen Sie, wie er lächelt. Können Sie das tun? Ganz recht, Sie können es. Dann wecken Sie sein Interesse, erzählen ihm eine Abenteuergeschichte, und Sie sehen seine Augen mit dem Geist der Freude oder Aufregung aufleuchten. Können Sie all dies tun? Wenn ja, dann ist Ihre Einbildungskraft gut, Sie machen ausgezeichnete Fortschritte!

Teil 07
Lernfragen mit Antworten

61. Was ist Visualisierung? – Der Prozess, geistige Bilder zu produzieren.

62. Was ist das Ergebnis dieser Methode der Gedanken? – Indem wir das Bild im Sinn festhalten, können wir das Objekt allmählich aber sicher näher zu uns ziehen. Wir können das sein, was wir sein möchten.

63. Was ist Idealisierung? – Es ist der Prozess, Pläne zu visualisieren, die sich in unserer objektiven Welt verwirklichen werden.

64. Warum sind Klarheit und Genauigkeit notwendig? – Weil „Sehen" das „Gefühl" und „Gefühl" das „Sein" schafft, zuerst das geistige, dann das emotionale Sein, dann die unbegrenzten Möglichkeiten.

65. Wie werden sie gewonnen? – Jede wiederholte Visualisierung konstruiert das Bild genauer als das vorige.

66. Wie wird das Material für das Errichten Ihres geistigen Bildes gesichert? – Durch Millionen geistiger Arbeiter. Diese werden Gehirnzellen genannt.

67. Was sind die notwendigen Bedingungen, um die Verkörperung Ihrer Ideale in der objektiven Welt zu schaffen? – Es ist das Gesetz der Anziehung, nach dem sich alle Bedingungen richten und aufgrund dessen alle Erfahrungen verursacht werden.

68. Welche drei Schritte sind notwendig, um dieses Gesetz in Gang zu bringen? – Der aufrichtige Wunsch, die überzeugte Erwartung und schließlich die feste Nachfrage.

69. Warum versagen viele? – Weil sie sich auf Verlust, Krankheiten und Katastrophen konzentrieren.

70. Wie sieht die Alternative aus? – Sich auf die Ideale zu konzentrieren, die Sie wünschen, und diese in Ihrem Geiste als manifestiert zu sehen.

Der achte Teil

Durch Vorstellungskraft zur Scharfsinnigkeit

Einleitung (Teil 08)

In diesem Teil werden Sie herausfinden, dass Sie frei wählen können, was Sie denken, das Ergebnis Ihres Denkens aber nach einem unveränderlichen Gesetz geregelt wird! Ist das nicht ein herrlicher Gedanke? Ist es nicht wunderbar zu wissen, dass unser Leben nicht ein vorgegebenes Ergebnis aus der Laune einer größeren Macht heraus ist, dass unser Leben nach dem Gesetz geregelt wird? Diese Stabilität ist unsere Gelegenheit, denn indem wir das Gesetz erfüllen, können wir auch die gewünschte Wirkung mit der unveränderlichen Präzision erzielen.

Es ist das Gesetz, welches dem Universum ein großartiges, triumphierendes Lied der Harmonie spielt. Ohne das Gesetz wäre das Universum ein Chaos statt eines Universums (anderes Wort für Ordnung).

Hier also liegt das Geheimnis des Ursprungs von Gut und Böse. Es enthält alles Gute und Böse, das jemals war oder jemals sein wird.

Lassen Sie es mich erklären. Der Gedanke läuft auf eine Handlung hinaus: Wenn Ihr Gedanke konstruktiv und harmonisch ist, wird das Ergebnis gut, wenn Ihr Gedanke schädlich oder disharmonisch ist, wird das Ergebnis schlecht. Und deshalb gibt es nur ein Gesetz, einen Grundsatz, eine Ursache, eine Quelle der Macht. Gut und Böse sind einfach Wörter, die entstanden sind, um das Ergebnis unserer Handlung bzw. unsere Befolgung oder Nicht-Befolgung dieses Gesetzes anzuzeigen oder anzuerkennen.

Diese Wichtigkeit wird an Emersons und Carlyles Leben gut geschildert. Emerson liebte das Gute, und sein Leben war eine Symphonie des Friedens und der Harmonie. Carlyle hasste das Schlechte, und sein Leben war eine Aufzeichnung fortwährender Uneinigkeit und Unglück.

Hier haben wir zwei großartige Männer, die beide beabsichtigten, dasselbe Ideal zu erreichen. Aber während der eine vom konstruktiven Gedanken Gebrauch machte und deshalb in Harmonie mit dem natürlichen Gesetz lebte, nutzte der andere den zerstörerischen Gedanken und brachte so Unglück jeder Art über sich selbst.

Es ist also offensichtlich, dass wir nichts hassen sollen, nicht einmal das „Schlechte", weil Hass zerstörerisch wirkt. Wir werden bald erkennen, dass wir durch den zerstörerischen Gedanken „Wind" säen und später den „Sturm" ernten werden.

Teil 08 –
Durch Vorstellungskraft zur Scharfsinnigkeit

01. Der Gedanke enthält ein Lebensprinzip, weil er das schöpferische Prinzip des Universums ist und sich durch seine Natur mit anderen ähnlichen Gedanken verbinden wird.

02. Da eine Absicht des Lebens „Wachstum" ist, müssen alle Grundsätze, welche der Existenz unterliegen, dazu beitragen, diesem Gesetz Wirkung zu verleihen. Deshalb nimmt der Gedanke Form an, und das Gesetz des Wachstums bringt ihn schließlich in die Manifestation.

03. Sie können frei wählen, was Sie denken, das Ergebnis Ihrer Gedanken ist jedoch nach einem unveränderlichen Gesetz geregelt. Kein einziger Gedanke wird daran scheitern, sein Ergebnis in der Eigenschaft, Gesundheit und Verhältnissen der Person zu erzeugen. Die Methoden, mit denen wir Gewohnheiten zum konstruktiven Denken gegen solche, welche nur unerwünschte Wirkungen erzeugen, auswechseln können, sind daher von großer Wichtigkeit.

04. Wir alle wissen, dass dies keineswegs leicht ist. Geistige Gewohnheiten lassen sich schwerlich kontrollieren aber durch den sofortigen Beginn, den konstruktiven Gedanken gegen den zerstörerischen Gedanken auszutauschen, ist es möglich. Bilden Sie die Gewohnheit heraus jeden Gedanken zu analysieren, sofern dies notwendig ist. Wenn die Manifestation dieser Gewohnheit als Ziel, nicht nur für sich selbst, sondern für alle, die es in dem Fall betreffen kann, von Vorteil sein wird, behalten Sie diese. Unterschätzen Sie diese Gewohnheit nicht, sie ist von höchster Wichtigkeit und im Einklang mit dem Unendlichen. Sie wird wachsen, sich entwickeln und Früchte tragen. Es wird auch für Sie gut sein, dieses Zitat von George Matthews Adams zu verinnerlichen: *„Lernen Sie, die Tür geschlossen zu halten! Halten Sie Ihrem Geist, Ihrem Büro und Ihrer Welt jedes Element fern, das sich Eintritt verschaffen will, jedoch kein bestimmtes, nützliches Ergebnis mitbringt."*

05. Wenn Ihr Gedanke kritisch oder zerstörend gewesen ist und auf irgendwelche Bedingungen für Uneinigkeit oder Unglück in Ihrer

Umgebung hinausgelaufen ist, kann es nötig sein, dass Sie eine geistige, dem konstruktiven Gedanken hilfreiche Einstellung einnehmen.

06. Die Vorstellungskraft wird dabei als eine große Hilfe empfunden. Die Bildung dieser Vorstellungskraft führt zur Entwicklung von Idealen, aus denen Ihre Zukunft bestehen wird.

07. Die Vorstellungskraft nimmt das Material auf, aus dem der Geist den Stoff webt und mit dem Ihre Zukunft gekleidet werden soll.

08. Die Vorstellungskraft ist das Licht, durch das wir in neue Denk- und Erfahrungshorizonte vorstoßen können.

09. Die Einbildungskraft ist das mächtige Instrument, durch das sich jedem großen Entdecker und Erfinder der Weg vom Präzedenzfall zur Erfahrung eröffnete. Der Präzedenzfall sagt: „Es kann nicht getan werden." Die Erfahrung entgegnet: „Es ist getan."

10. Die Vorstellungskraft ist eine plastische Kraft, welche die Dinge in neue Formen und Ideale gießt.

11. Die Vorstellungskraft ist die konstruktive Form des Gedankens, die jeder konstruktiven Handlung vorangehen muss.

12. Ein Baumeister kann kein Gerüst, egal welcher Art, verwirklichen, bis er nicht die Pläne des Architekten erhalten hat, der wiederum sie selbst von seiner Vorstellungskraft entnehmen musste.

13. Der Leiter einer Industrie kann keine riesige Gesellschaft aufbauen, die Hunderte von kleineren Gesellschaften und Tausende von Angestellten koordiniert sowie Millionenbeträge des Kapitals verwertet, bis er nicht die vollständige Arbeit in seiner Vorstellungskraft geschaffen hat. Ziele in der materiellen Welt sind wie der Ton in der Hand des Töpfers. Es ist der höchste Geist, welcher die wirklichen Dinge erschafft. Durch den Gebrauch der Vorstellungskraft, geschieht diese Arbeit. Um die Vorstellungskraft auszubilden, muss sie praktiziert werden. Außer dieser Übung ist die Bildung von geistigen sowie auch von physischen Muskeln notwendig. Der Muskel muss ernährt werden, sonst kann er nicht wachsen.

14. Verwechseln Sie die Vorstellungskraft nicht mit Fantasie oder einer Form der Träumerei, welcher sich einige Menschen hingeben mögen. Denn die Träumerei verkörpert eine Form der geistigen Verschwendung, was zu einer geistigen Katastrophe führen kann.

15. Konstruktive Vorstellungskraft bedeutet geistige Arbeit und durch mancherlei Betrachtungen scheint diese die schwerste Art der Arbeit zu sein. Aber selbst wenn es so ist, trägt sie den größten Erfolg mit sich, für alle großen Dinge im Leben von Männern und Frauen, welche die Kapazität haben, zu denken, es sich vorzustellen und ihre Träume wahr werden zu lassen.

16. Wenn Sie sich der Tatsache bewusst geworden sind, dass der Geist der einzige kreative Grundsatz ist, dass er allmächtig, allwissend und allgegenwärtig ist und dass, Sie selbst durch Ihre Gedankenkraft bewusst in die Harmonie mit dieser Allmacht eintreten können, dann werden Sie einen großen Schritt in die richtige Richtung gemacht haben.

17. Der nächste Schritt ist, sich in Position zu begeben, diese Kraft zu empfangen. Da sie allgegenwärtig ist, muss sie innerhalb von Ihnen sein. Wir wissen, dass es so ist, weil wir wissen, dass die ganze Kraft in der „inneren Welt" liegt aber entwickelt, entfaltet und gebildet werden muss. Um das tun zu können, müssen wir empfänglich sein. Diese Empfänglichkeit wird ebenso wie die physische Kraft, durch Übung erworben und gewonnen.

18. Das Gesetz der Anziehung wird Ihnen zweifellos die Bedingungen, Umgebungen und Erfahrungen im Leben - entsprechend Ihrer gewohnheitsmäßigen, charakteristischen, geistig vorherrschenden Einstellung - nahe bringen. Nicht das, was Sie hin und wieder mal denken, wenn Sie in der Kirche sind oder gerade ein gutes Buch gelesen haben, zählt, SONDERN Ihre geistig vorherrschende Einstellung.

19. Sie können sich nicht täglich zehn Stunden lang mit schwachen, schädlichen und negativen Gedanken beschäftigen und dabei erwarten, mit einem hingegen nur zehn minütigen starken, positiven und kreativen Denken Bedingungen verursachen zu können, die schön, stark und harmonisch ausfallen.

20. Wahre Kraft kommt aus dem Inneren. Alle Kraft, die von jedem jederzeit benutzbar ist, befindet sich innerhalb des Menschen. Sie wartet nur darauf, als solche erkannt zu werden und in dessen Bewusstsein eingearbeitet zu werden, so dass der Mensch EINS mit ihr wird.

21. Manche Leute sagen, dass sie sich ein erfülltes Leben wünschen, und verhalten sich auch so. Aber so viele konkretisieren ihre Absicht indem sie ihre Muskeln trainieren, ihren Atem kontrollieren, bestimmte Nahrungsmittel auf bestimmte Weise essen oder täglich eine feste Anzahl

von Gläsern mit Wasser einer bestimmten Temperatur trinken. Auf diese Weise wollen sie das erfüllte Leben erreichen, welches sie sich wünschen. Das Ergebnis solcher Methoden ist jedoch belanglos. Wenn ein Mensch hingegen zur Wahrheit erwacht und seine Individualität mit dem GANZEN zustimmt, realisiert er, dass er ein klares Auge und einen angenehmen Gang bekommt und er jugendliche Energie annimmt. Somit findet er heraus, dass er die Quelle aller Kraft entdeckt hat.

22. Alle Fehler sind nur Fehler der Unerfahrenheit. Die Gewinnung an Wissen und konsequenter Kraft ist das, was man Wachstum und Evolution nennt. Kraft wird durch Anerkennung und Demonstration von Wissen dargestellt, und es ist geistige Kraft. Diese geistige Kraft liegt im Herzen aller Dinge, sie ist die Seele des Universums.

23. Dieses Wissen resultiert aus der Fähigkeit des Menschen zu denken. Daher gilt der Gedanke als Keim der bewussten Evolution des Menschen. Wenn der Mensch aufhört, in seinen Gedanken und Idealen voranzugehen, beginnen seine Kräfte sofort, sich aufzulösen. Seine Haltung registriert diese sich ändernden Verhältnisse nach und nach.

24. Erfolgreiche Menschen machen es sich zu ihrem Geschäft, Ideale von Bedingungen vorzugeben, die sie erreichen möchten. Immer wieder halten sie sich den nächsten, notwendigen Schritt für das angestrebte Ideal vor Augen. Die Gedanken sind dabei die Materialien, mit denen sie bauen: die Vorstellungskraft ist ihre geistige Werkstatt. Der Geist ist die sich jederzeit bewegende Kraft, mit der diese Menschen notwendige Personen und Umstände zu sich ziehen, um ihre Erfolgsstruktur aufzubauen. Die Vorstellungskraft gleicht einer Matrix, in der alle großen Dinge geformt werden.

25. Wenn Sie Ihrem Ideal treu geblieben sind, werden Sie den Ruf hören, wenn die Verhältnisse zur Verwirklichung Ihrer Pläne bereit sind. Die Ergebnisse werden im genauen Verhältnis mit Ihrer Treue zu Ihrem Ideal stehen. Das fest gehaltene Ideal ist das, was zu seiner Erfüllung die notwendigen Bedingungen anzieht, die vorher bestimmt wurden.

26. Es ist tatsächlich so, dass Sie ein „Kleidungsstück" des Geistes und der Kraft ins Netz Ihrer ganzen Existenz weben können. Sie können ein bezauberndes Leben führen und für immer vor allem Schaden geschützt werden. Auch Sie selbst können zu einer positiven Kraft werden, durch die Sie Zustände des Wohlstands und der Harmonie anziehen werden.

27. Es ist der negative Gedanke, der das allgemeine Bewusstsein allmählich durchdringt und für die Bedingungen der Unruhe größtenteils verantwortlich ist.

28. Im letzten Teil schufen Sie ein geistiges Bild, Sie transformierten es vom Unsichtbaren ins Sichtbare. In dieser Woche möchte ich, dass Sie sich einen Gegenstand nehmen und ihn bis zu seinen Anfängen zurückverfolgen. Sehen Sie, aus was er wirklich besteht. Wenn Sie dies tun, entwickeln Sie Ihre Vorstellungskraft und Scharfsinnigkeit, Ihre Wahrnehmung und Weisheit. Diese entspringen nicht der oberflächlichen Beobachtung, wie die Mehrheit sie vornimmt, sondern einer scharfen analytischen Betrachtung, die unter die Oberfläche sieht.

29. Es sind wenige, die wissen; dass die Dinge, die sie sehen, nur Auswirkungen sind, und nur wenige, die die Ursachen verstehen, durch die diese Wirkungen existieren.

30. Nehmen Sie dieselbe Position wie immer ein, und stellen Sie sich ein Kriegsschiff vor. Sehen Sie das riesige Schiff auf der Oberfläche des Wassers schwimmen. Es scheint nirgendwo in Sichtweite Leben zu geben, alles ist still. Sie wissen, dass sich der bei weitem größte Teil des Schiffes im Wasser befindet, und damit außer Sicht ist. Sie wissen, dass es ebenso groß und ebenso schwer ist wie ein Wolkenkratzer mit 20 Stockwerken. Hunderte von Männern wären sofort bereit, sich für die ihnen zugeteilten Aufgaben einzusetzen. Sie wissen, dass jede Abteilung selbst für fähige, ausgebildete und erfahrene Männer verantwortlich ist. Obwohl das Schiff anscheinend nichts wahrnehmen kann, wissen die Arbeiter, dass es „Augen" hat, die im Umkreis von vielen Meilen alles sehen und deren wachsamem Blick nichts entgehen wird. Den Männern ist bewusst, dass das Schiff zwar ruhig, gehorsam und harmlos erscheint, es aber bereit ist, auf einen meilenweit entfernten Feind, eine tausend Pfund schwere Stahlkugel zu schleudern. Dieses und vieles andere mehr können Sie sich problemlos vorstellen. Wie aber kam es dazu, dass das Kriegsschiff existiert? Wie entstand es? All dies wollen Sie wissen, wenn Sie ein sorgfältiger Beobachter sind.

31. Verfolgen Sie im Geist die großen Stahlplatten in den Gießereien, sehen Sie Tausende von Männern, die diese Produktion durchführen. Gehen Sie noch weiter zurück, und beobachten Sie das Erz, wie es aus der Miene herauskommt, sowie dessen Verladung auf Lastwagen oder Autos; sehen Sie wie es schmilzt und in die richtige Form weiter verarbeitet wird. Gehen Sie noch weiter zurück! Schauen Sie den Architekten und Ingenieuren bei der Planung des Schiffes zu. Verfolgen Sie diesen Gedanken noch weiter

zurück, um herauszufinden, warum sie das Schiff planten. Sie werden sehen, dass Sie mit dem Gedanken jetzt so weit zurück liegen, dass das Schiff nichts Greifbares ist. Es existiert nicht mehr, nur noch im Gedanken, der im Gehirn des Architekten besteht. Aber wie entstand die Reihenfolge der Ereignisse, um das Schiff zu planen? Wahrscheinlich durch das Verteidigungsministerium. Aber wahrscheinlich wurde dieses Schiff lange vor dem Krieg geplant, bevor dieser Kongress einen Gesetzentwurf durchführen musste, welcher das Geld bewilligte. Vielleicht gab es Gegenstimmen, und Reden gegen den Gesetzentwurf. Wen stellen diese Kongressabgeordneten dar? Sie repräsentieren Sie und mich, so dass unser Gedankenfaden mit dem Kriegsschiff beginnt und mit uns selbst endet. In der letzten Analyse finden wir heraus, dass unser eigener Gedanke und viele andere Dinge, an die wir selten denken, dafür verantwortlich sind. Mit ein wenig mehr Nachdenkvermögen können wir die wichtigste Tatsache von allen enthüllen: Wenn jemand das Gesetz nicht entdeckt hätte, nach dem diese enorme Masse von Stahl und Eisen hergestellt werden konnte - auf dem Wasser zu schwimmen, anstatt auf den Grund zu sinken - könnte das Kriegsschiff überhaupt nicht entstanden sein.

32. Das Gesetz ist folgendes: „Das spezifische Gewicht eines Köpers ist das Verhältnis seiner Gewichtskraft zu seinem Volumen." Die Entdeckung dieses Gesetzes revolutionierte jede Art von Reisen über den Ozean, von Handel und Krieg. Die Existenz des Kriegsschiffs, der Flugzeugträger und Schiffe wurde daher für die Reisen möglich.

33. Sie werden Übungen dieser Art unschätzbar finden. Wenn der Gedanke, unter die Oberfläche zu schauen, ausgebildet worden ist, nimmt alles einen anderen Anschein an: Das Unbedeutende wird bedeutend, das Langweilige wird interessant. Wie man sieht, scheinen die Dinge, die wir für unwichtig hielten, die einzig wirklich lebenswichtigen Dinge im Leben zu sein.

Teil 08
Lernfragen mit Antworten

71. Was bedeutet Vorstellungskraft? – Eine Form des konstruktiven Denkens. Das Licht, durch das wir in neue Gedankenwelten und Erfahrungen vorstoßen. Das mächtige Instrument, durch das sich jedem großen Erfinder oder Entdecker der Weg vom Präzedenzfall zur Erfahrung eröffnete.

72. Was ist das Ergebnis der Vorstellungskraft? – Die Bildung der Vorstellungskraft führt zur Entwicklung des Idealen, aus denen Ihre Zukunft bestehen wird.

73. Wie kann sie gebildet werden? – Durch Übung.

74. Wie unterscheidet sich die Vorstellungskraft vom Träumen? – Tagträumen ist eine Form der geistigen Verschwendung, während Vorstellungskraft eine Form des konstruktiven Gedankens ist, welcher jeder konstruktiven Handlung vorausgehen muss.

75. Was ist der Fehler? – Die Unerfahrenheit.

76. Was ist Wissen? – Das Ergebnis der menschlichen Fähigkeit zu denken.

77. Welches ist die Kraft, mit der erfolgreiche Menschen bauen? – Der Geist ist die sich jederzeit bewegende Kraft, mit der diese Menschen notwendige Personen und Umstände zu sich ziehen.

78. Wodurch wird das Ergebnis festgelegt? – Das fest gehaltene Ideal ist das, welches die notwendigen Bedingungen für dessen Erfüllung anzieht und bestimmt.

79. Welches ist das Ergebnis einer scharfen analytischen Beobachtung? – Die Entwicklung der Vorstellungskraft, des Scharfsinns sowie der Wahrnehmung und der Weisheit.

80. Wohin führen diese? – Zu Wohlstand und Harmonie.

Der neunte Teil

Die Affirmation

Einleitung (Teil 09)

In diesem Teil können Sie lernen, die Werkzeuge zu erzeugen, mit denen Sie für sich selbst jede gewünschte Bedingung erschaffen können. Wenn Sie Bedingungen ändern möchten, müssen Sie sich ändern. Ihre Stimmungen, Wünsche, Vorstellungen und Ihr Ehrgeiz können jedes Mal durchkreuzt werden (von Zeit zu Zeit können es andere Wünsche, Vorstellungen etc. sein.) Aber Ihre innersten Gedanken werden sich ebenso sicher verwirklichen, wie die Pflanze aus dem Samen entspringt.

Nehmen wir an, wir möchten Bedingungen ändern. Wie können wir das bewerkstelligen? Die Antwort ist einfach: mit dem Gesetz des Wachstums. Ursache und Wirkung liegen ebenso absolut und unbeirrbar in der gedanklichen wie in der materiellen Welt verborgen.

Behalten Sie die gewünschte Bedingung im Sinn, bejahen Sie sie als eine bereits bestehende Tatsache! Das zeigt den Wert einer starken **Autosuggestion** (Affirmation) an. Durch die ständige Wiederholung wird sie ein Teil von uns selbst. Wir ändern uns tatsächlich, machen uns selbst zu dem, was wir sein möchten.

Charakter ist keine Sache der Möglichkeit, sondern das Ergebnis des dauerhaften Aufwands. Wenn Sie schüchtern, überängstlich, schwankend und befangen durch Gedanken an Angst oder Bedrohung mitgenommen sind, erinnern Sie sich daran, dass „zwei Dinge an demselben Platz, zur gleichen Zeit, nicht bestehen können."

Genau dieselbe Wahrheit liegt in der geistigen und spirituellen Welt vor, so dass Ihr Heilmittel darin besteht, Gedanken der Angst, des Mangels und der Beschränkung einfach gegen Gedanken an Mut, Kraft, Selbstvertrauen und Zuversicht auszutauschen.

Der leichteste und natürlichste Weg, das zu tun, besteht darin eine Affirmation auszuwählen, die zu Ihrem besonderen Fall passt.

Der positive Gedanke wird den negativen so sicher zerstören, wie Licht die Finsternis zerstört. Die Ergebnisse werden ebenfalls wirksam sein.

Handeln ist die Blüte des Gedankens, und Bedingungen sind das Ergebnis dieser Handlung. Dadurch haben Sie ständig die Werkzeuge, durch die Sie sich sicher und unvermeidlich selbst zu Besserem oder Schlechterem formen, in Ihrem Besitz. Heiterkeit oder das Leiden wird die Belohnung sein.

Teil 09 - Die Affirmation

01. Es gibt nur drei Dinge, die in der „äußeren Welt" gewünscht werden können und die jedes einzeln in der „inneren Welt" gefunden werden kann. Das Geheimnis des Findens dieser drei Dinge ist einfach den richtigen „Mechanismus" zur allmächtigen Kraft anzuschließen, zu der jede Person Zugriff hat.

02. Bei den drei Dingen, die sich die gesamte Menschheit wünscht und die für ihren höchsten Ausdruck sowie ihre vollendete Entwicklung notwendig sind, handelt es sich um Gesundheit, Wohlstand und Liebe. Alle werden zugeben, dass Gesundheit absolut notwendig ist. Keiner kann glücklich sein, wenn der physische Körper Schmerzen erleidet. Hingegen wird keiner so bereitwillig zugeben, dass Wohlstand notwendig ist, jedoch muss jeder akzeptieren, dass ein bestimmtes Mindestmaß an Versorgung notwendig ist. Was der eine als genügend betrachtet, sieht ein anderer als absoluten Mangel an. Da die Natur nicht nur eine ausreichende, sondern eine überreiche und großzügige Versorgung zur Verfügung gestellt hat, erkennen wird, dass jeder Mangel oder jede Beschränkung nur die Grenzen zieht, die wir uns selbst erschaffen.

03. Jeder wird wahrscheinlich zugeben, dass die Liebe das Dritte ist. Vielleicht werden einige sagen: „Das erste, im Wesentlichen Notwendigste, ist das Glück der Menschheit." Diejenigen, die alle drei Dinge - Gesundheit, Wohlstand, und Liebe - besitzen, können nichts weiteres finden, was noch zu ihrem vollkommenen Glück hinzugefügt werden könnte.

04. Wir haben herausgefunden, dass die universale Substanz die „Ganze Gesundheit", das „Ganze Wohl" sowie die „Ganze Liebe" ist, und dass der Mechanismus, mit dem wir uns bewusst dieser unendlichen Versorgung anschließen können, unsere Methode zu denken ist. Richtig zu denken, ist deshalb der Eintritt zu dem „Geheimen Platz des Allerhöchsten."

05. Was sollen wir also denken? Wenn wir das wissen, werden wir den richtigen Mechanismus gefunden haben, welcher uns mit Dingen verbinden wird, „welche auch immer wir wünschen." Dieser Mechanismus kann sehr

einfach erscheinen, wenn ich ihn Ihnen hier erläutere, aber lesen Sie weiter. Sie werden erkennen, dass er in Wirklichkeit der „Hauptschlüssel", die „Wunderlampe" ist. Sie werden erkennen, dass er die Basis, die dringend benötigte Bedingung, das absolute Gesetz des Wohlstands ist, welches Reichtum bedeutet.

06. Um richtig, akkurat zu denken, müssen wir die „Wahrheit" kennen. Diese ist dann das einer jeden sozialen oder geschäftlichen Beziehung zu Grunde liegende Prinzip. Als eine Bedingung geht es jeder richtigen Handlung voran. Die Wahrheit zu wissen, sicher und überzeugt zu sein, schafft eine Zufriedenheit, die mit überhaupt keiner anderen vergleichbar ist. Dies ist der einzig feste Boden in einer Welt voller Zweifel, Konflikte und Gefahren.

07. Die Wahrheit zu kennen, bedeutet in der Harmonie mit der unendlichen und allmächtigen Kraft zu leben. Es bedeutet deshalb auch, sich mit einer Kraft zu verbinden, die unwiderstehlich ist und die jede Art von Angst, Missklang, Zweifel oder sonstiger Fehler beseitigen wird, weil die „Wahrheit mächtig ist und sich durchsetzen wird".

08. Die geringste Intelligenz kann das Ergebnis jeder Handlung sofort voraussagen, wenn sie weiß, dass es auf der Wahrheit beruht; aber die mächtigste Intelligenz, der tiefste und eindringendste Verstand, geht hoffnungslos verloren und kann keine Vorstellung der Ergebnisse hervorbringen, wenn ihre Hoffnungen auf einer wissentlich falschen Voraussetzung gegründet sind..

09. Jede Handlung, die nicht in Harmonie mit der Wahrheit steht, ob durch Unerfahrenheit oder eigene Ansicht, wird auf Missklang und schließlich zum Nachteil hinauslaufen.

10. Auf welche Weise sollen wir die Wahrheit anerkennen, um diesen Mechanismus, welcher uns mit dem Unendlichen verbinden wird, hier dazuzufügen?

11. Wir können keinen Fehler machen, wenn wir begreifen, dass die Wahrheit der Lebensgrundsatz des Universalen Geistes und damit auch allgegenwärtig ist. Wenn Sie zum Beispiel jemandem Gesundheit wünschen, wird Ihnen die Erkenntnis der Tatsache, *(dass das „Ich" in Ihnen geistig ist und dass alles Geistige EINS ist, so dass, wo auch immer ein Teil ist, muss dort auch das GANZE sein,)* die Bedingung für Gesundheit schaffen, weil jede Zelle im Körper die Wahrheit manifestieren muss, sobald Sie die Wahrheit sehen. Wenn Sie Krankheit sehen, werden

sie Krankheit manifestieren, wenn Sie die Vollkommenheit sehen, müssen sie Vollkommenheit manifestieren. Die Affirmation, „Ich bin perfekt, vollkommen, stark, mächtig, harmonisch und glücklich", wird harmonische Bedingungen hervorrufen. Der Grund dafür besteht in der Affirmation und in ihrer strikten Übereinstimmung mit der Wahrheit. Denn wenn Wahrheit erscheint, muss jede fehlerhafte oder missgebildete Form zwangsläufig verschwinden.

12. Sie haben herausgefunden, dass das „Ich" geistig ist. Deshalb kann es nie weniger als perfekt zu dieser Affirmation stehen. *„Ich bin perfekt, vollkommen, stark, mächtig, harmonisch und glücklich!"* ist daher eine wissenschaftlich exakte Aussage.

13. Der Gedanke ist eine geistige Tätigkeit, und der Geist ist schöpferisch. Das Ergebnis dieser Gedanken im Sinn zu behalten, muss dementsprechend unbedingt die Bedingungen für eine Harmonie mit dem Gedanken beinhalten.

14. Wenn Sie sich Reichtum wünschen, wird Ihnen die tatsächliche Erkenntnis, dass das „Ich" in Ihnen mit dem Universalen Geist EINS ist, welches die gesamte Substanz umfasst und allmächtig ist, helfen, das Gesetz der Anziehung in „Betrieb" zu nehmen. Dieses Gesetz wird Sie in die Schwingung mit jenen Kräften versetzen, die den Erfolg fördern und die Voraussetzungen zu Kraft und Fülle - im direkten Verhältnis mit der Eigenschaft und der Absicht Ihrer Affirmation - verschaffen.

15. Visualisierung ist der Mechanismus, den Sie brauchen. Visualisierung ist ein ganz anderer Prozess als das Sehen. Das Sehen ist physisch, und daher mit der objektiven Welt, der „äußeren Welt" verwandt. Aber Visualisierung ist ein Produkt der Einbildungskraft und deshalb ein Produkt des subjektiven Geistes, der „inneren Welt". Es besitzt darum Lebenskraft und wird wachsen. Das visualisierende Ziel wird sich in der Form manifestieren. Der Mechanismus ist vollkommen, er wurde vom „Meister-Architekten" geschaffen, der „Alle Dinge gut macht". Doch leider ist manchmal derjenige, der die Maschinen bedient, unerfahren oder untüchtig, aber Praxis und Entschlossenheit werden diesen Defekt wettmachen.

16. Wenn Sie sich Liebe wünschen, versuchen Sie Folgendes zu begreifen: Der einzige Weg, Liebe zu erlangen, besteht darin, sie zu geben, und je mehr Sie sie weitergeben, desto mehr erhalten Sie sie selbst. Der einzige Weg, Liebe geben zu können, ist der, sich selbst mit Liebe zu füllen, bis Sie zu

einem Magnet werden. Die Methode wurde in einer anderen Lektion erklärt.

17. Derjenige, der gelernt hat, die größten geistigen Wahrheiten in Berührung mit den so genannten kleineren Dingen des Lebens zu bringen, hat das Geheimnis der Lösung seines Problems entdeckt. Dadurch, dass die Methode großen Ideen, großen Ereignissen großen Zielen und großen Menschen nahe steht, werden Menschen immer nachdenklicher. Wie man sagt, hat Lincoln in allen Menschen, die in seine Nähe kamen, das Gefühl geweckt, dass sie sich einem Berg nähern. Dieses Gefühl bestätigt sich am schärfsten, wenn einer beginnt zu begreifen, dass Lincoln sich auf Dinge gestützt hat, die ewig sind (die Macht der Wahrheit).

18. Manchmal ist es eine Inspiration, wenn man von jemandem hört, der diese Grundsätze tatsächlich schon auf die Probe gestellt und sie in seinem eigenen Leben demonstriert hat. Ein Brief von Frederick Andrews bietet die folgende Erkenntnis:

19. Ich war ungefähr dreizehn Jahre alt, als Dr T. W. Marsee, noch vor seinem Tod, zu meiner Mutter sagte: „Es gibt keine Möglichkeit, Frau Andrews. Ich verlor meinen kleinen Jungen auf dieselbe Weise, nach dem ich alles für ihn getan hatte, was möglich war. Ich habe eine spezielle Studie dieser Fälle durchgeführt, und ich weiß, dass es keine Chance für ihn gibt, dass es ihm besser geht."

20. Sie drehte sich zu ihm und sagte: „Doktor, was würden Sie tun, wenn er Ihr Junge wäre?" Er antwortete: „Ich würde kämpfen, kämpfen, solange es einen Hauch von Leben gibt, um den es zu kämpfen gilt."

21. Das war der Anfang eines lang andauernden Kampfes, der vielfach auf und ab verlief. Alle Ärzte waren sich einig, dass es keine Hoffnung auf ein Heilmittel gab. Trotzdem ermutigten sie uns, wie sie nur konnten.

22. Aber schließlich kam der Sieg. Von einem kleinen, gekrümmten, verdrehten, verkrüppelten Mann wuchs ich zu einem starken, gerade, gut geformten heran.

23. Jetzt weiß ich, dass auch Sie die Formel wollen; ich werde sie Ihnen so kurz und prägnant geben, wie ich kann.

24. Ich erschuf eine Affirmation für mich selbst, mit den Qualitäten, die für mich selbst am wichtigsten waren. Diese habe ich für mich selbst immer wieder angewendet. *„Ich bin perfekt, vollkommen, stark, mächtig,*

harmonisch und glücklich." Ich behielt diese Affirmation, bejahte sie immer wieder ohne Veränderung, bis ich einmal in der Nacht aufwachte und mich dabei erwischte, die Aussage unbewusst zu wiederholen. „Ich bin perfekt, vollkommen, stark, mächtig, harmonisch und glücklich." Es war das Letzte in der Nacht und das Erste am Morgen, was auf meinen Lippen lag.

25. Nicht nur bejahte ich es für mich selbst, sondern auch für andere, von denen ich wusste, dass sie es brauchten. Ich will diesen Punkt betonen. Denn was Sie für sich selbst wünschen, affirmieren Sie auch für andere, und es wird Ihnen beiden helfen. Wir ernten, was wir säen. Wenn wir Gedanken an Liebe und Gesundheit verbreiten, kehren sie zu uns im Überfluss zurück, aber wenn wir Gedanken, die Angst, Sorge, Neid, Wut, Hass usw. beinhalten, weitergeben, ernten wir auch davon die Folgen in unserem eigenen Leben.

26. Es heißt, dass ein Mensch alle sieben Jahre einen völlig neuen Körper erhält. Einige Wissenschaftler erklärten aber jetzt, dass wir uns ausnahmslos alle elf Monate erneuern, was bedeutet, dass wir wirklich nur elf Monate alt sind. Wenn wir die Fehler in unserem Körper Jahr für Jahr neu einbauen, haben wir keinen, den wir dafür zur Verantwortung ziehen können, außer uns selbst.

27. Der Mensch als Ganzes ist die totale Summe seiner eigenen Gedanken. Daher lautet die Frage: Wie können wir lernen, nur die guten Gedanken in Erwägung zu ziehen und die schlechten zurückzuweisen? Am Anfang können wir die schlechten Gedanken nicht davon abhalten, in unseren Kopf einzudringen, aber wir können lernen, diese nicht mal in Betracht zu ziehen. Der einzige Weg, so zu handeln, ist sie zu vergessen - was bedeutet, diese zu ersetzen. Das ist, wo die fertige Affirmation ins Spiel kommt.

28. Wenn ein Gedanke an Wut, Neid, Angst oder Sorge eindringt, beginnen Sie einfach mit Ihrer Affirmation. Die Finsternis wird mit Licht bekämpft, die Kälte mit der Hitze - der Weg, das Böse zu überwinden, liegt im Guten. Für mich selbst konnte ich niemals eine Hilfe bei Leugnungen finden. *„Affirmieren Sie das Gute, und das Schlechte wird verschwinden."* (Frederick Elias Andrews)

29. Wenn es irgendetwas gibt, was Sie sich wünschen, wäre es gut für Sie von dieser Affirmation Gebrauch zu machen; sie kann nicht übertroffen werden. Verwenden Sie sie, so wie sie ist! Bringen Sie die Aussage in Harmonie zu sich selbst, bis sie in Ihr Unterbewusstsein sinkt und überall,

d.h. in Ihrem Auto, im Büro oder Zuhause, angewandt werden kann. Darin liegt der Vorteil geistiger Methoden, sie sind immer verfügbar. Der Geist ist allgegenwärtig und immer bereit. Alles, was erforderlich ist, ist die entsprechende Anerkennung seiner Allmacht sowie die Bereitwilligkeit oder der Wunsch, der Empfänger seiner gütigen Wirkungen zu werden.

30. Wenn unsere vorherrschende geistige Einstellung eine von Kraft, Mut, Freundlichkeit und Zuneigung ist, erkennen wir, dass unsere Umgebung die Bedingungen in Ähnlichkeit mit diesen Eigenschaften, reflektieren wird. Wenn aber unsere geistige Einstellung schwach, kritisch, neidisch und zerstörend ist, sehen wir unsere Umgebung, die die Bedingungen dieses Gedanken entsprechend widerspiegelt.

31. Gedanken sind Ursachen, Bedingungen sind Wirkungen. Hierin liegt die Erklärung des Ursprungs von Gut und Böse. Der Gedanke ist kreativ und wird seinem Ziel automatisch entsprechen. Das ist ein kosmologisches Gesetz (ein universales Gesetz), das Gesetz der Anziehung und das von Ursache und Wirkung. Die Anerkennung und Anwendung dieses Gesetzes werden sowohl den Anfang als auch das Ende bestimmen. Es ist das Gesetz, nach dem in allen Jahren und in allen Zeiten die Leute da hin geführt wurden, an die Macht des Gebets zu glauben. „Nach deinem Glaube wird dir geschehen" ist nur eine andere, kurze und bessere Weise, dies zu erklären.

32. In dieser Woche visualisieren Sie eine Pflanze. Nehmen Sie die Blume, die Sie am meisten bewundern, bringen Sie sie vom Unsichtbaren ins Sichtbare, pflanzen Sie den winzigen Samen und bewässern Sie ihn. Sorgen Sie für die Blume! Stellen Sie sie dort ab, wo sie die direkten Strahlen der Morgensonne bekommen wird; sehen Sie, wie der Samen keimt. Er ist jetzt ein Wesen, etwas, das lebendig ist und dabei noch nach den Mitteln der Existenz sucht. Sehen Sie, die Wurzeln in die Erde eindringen. Bemerken Sie, dass sie in alle Richtungen hervorsprießen. Erinnern Sie sich daran, dass es lebende Zellen sind, es bald Millionen von Zellen werden, jede einzelne intelligent ist und weiß, was sie will und auch weiß, wie sie es bekommt. Sehen Sie, wie der Stamm emporwächst, wie er durch die Oberfläche der Erde wächst. Beobachten Sie, wie er sich teilt und Zweige wirft. Sehen Sie, die vollkommene und symmetrische Bildung jedes Zweiges. Sehen Sie, wie sich die Blätter zu formen beginnen, ebenso die winzigen Stiele, von denen jeder am oberen Ende eine Knospe besitzt. So lange Sie hinschauen, sehen Sie, dass auch die Knospen sich zu entfalten beginnen und nun Ihre Lieblingsblume deutlich sichtbar wird. Und wenn Sie sich jetzt wie versessen darauf konzentrieren, werden Sie sich eines Duftes bewusst werden, es ist Blumenduft. Währenddessen

bewegt eine leichte Briese die schöne Schöpfung, die Sie sich vorgestellt haben.

33. Wenn es Ihnen möglich ist, Ihre Vision klar und vollständig zu gestalten, besteht für Sie die Möglichkeit, in den Geist eines Gegenstands hineinzugelangen. Das wird für Sie sehr real sein. Sie werden lernen, sich zu konzentrieren. Der Prozess ist stets derselbe, ob Sie sich nun auf Gesundheit, die Lieblingsblume, ein Ideal, einen komplizierten Geschäftsvorschlag oder irgendein anderes Problem im Leben konzentrieren.

34. Jeder Erfolg, der vollbracht worden ist, wurde durch die beharrliche Konzentration auf das visualisierte Ziel erreicht.

„Blicken Sie auf diesen Tag, er ist das Leben, das wirkliche Leben. In dessen kurzem Lauf liegen alle Wahrheit und Wirklichkeit seiner Existenz: die Seligkeit des Wachstums, der Ruhm der Handlung, die Pracht der Schönheit. Zwar bleibt das Gestern nur ein Traum und das Morgen nur eine Vision, aber Heute gut gelebt zu haben macht jedes Gestern zu einem Traum des Glücks und jedes Morgen zu einer Vision der Hoffnung. Schauen Sie deshalb auf diesen Tag!"

Aus dem Sanskrit

Teil 09
Lernfragen mit Antworten

81. Welches ist die dringend notwendige Voraussetzung des ganzen Wohlergehens? – Das Gesetz des Gut-tuns.

82. Welches ist die Bedingung zu einer jeder richtigen Handlung? – Richtiges Denken.

83. Was ist für die grundlegende Bedingung, in geschäftlicher oder sozialer Beziehung, notwendig? – Die Kenntnis der Wahrheit.

84. Wie sieht das Ergebnis über die Kenntnis der Wahrheit aus? – Wir können das Ergebnis für jede Handlung sofort voraussagen, Wenn sie auf einer wahren Voraussetzung beruht.

85. Was ist das Ergebnis einer Handlung, die auf der falschen Voraussetzung beruht? – Wir können uns keine klare Vorstellung von den nachfolgenden Ergebnissen machen.

86. Wie können wir die Wahrheit kennen? – Durch die Erkenntnis der Tatsache, dass Wahrheit den Lebensgrundsatz des Universums darstellt und aus diesem Grund allgegenwärtig ist.

87. Wie ist die Natur der Wahrheit? – Sie ist spirituell.

88. Welches ist das Geheimnis einer jeden Problemlösung? – Die geistige Wahrheit anzuwenden.

89. Was ist der Vorteil von geistigen Methoden? – Sie sind immer verfügbar.

90. Welches sind die notwendigen Voraussetzungen? – Die Anerkennung der Allmacht der geistigen Kraft sowie der Wunsch, der Empfänger seiner gütigen Wirkungen zu werden.

Der zehnte Teil

Das Gesetz von Ursache und Wirkung

Einleitung (Teil 10)

Wenn Sie in dem 10. Teil ein sorgfältiges Verstehen des Gedankens erlangen, werden Sie gelernt haben, dass nichts ohne einen bestimmten Grund geschieht. Sie werden Ihre Pläne in Übereinstimmung mit genauen Kenntnissen formulieren können. Sie werden wissen, wie man jede Situation kontrolliert, um entsprechende Ursachen ins Spiel zu bringen. Wenn Sie siegen, und das werden Sie, werden Sie genau wissen warum es sich so verhält.

Der durchschnittliche Mensch, der keine bestimmten Kenntnisse von Ursache und Wirkung hat, wird von seinen Gefühlen oder Emotionen kontrolliert.

Er denkt hauptsächlich, um seine Handlung zu rechtfertigen. Wenn er als ein Unternehmer versagt, behauptet er, kein Glück zu haben. Wenn er Musik nicht mag, sagt er, dies sei nur ein teurer Luxus. Wenn er ein armer Büromensch ist, meint er, dass er im Außendienst erfolgreicher sein könnte. Wenn er wenige Freunde hat, sagt er, dass seine Individualität zu fein sei, um geschätzt zu werden.

Er denkt über sein Problem niemals bis zum Ende nach. Kurz gesagt, er weiß nicht, dass jede Wirkung das Ergebnis einer bestimmten Ursache ist, aber er bemüht sich, sich mit eigenen Erklärungen und Entschuldigungen zu trösten. Dabei verteidigt er sich stets selbst.

Andersherum denkt der verständige Mensch, dass es keine Wirkung ohne eine entsprechende Ursache gibt, unpersönlich. Er nähert sich grundlegenden Tatsachen ohne auf die Folgen zu achten. Er ist frei, dem Weg und der Wahrheit zu folgen, wohin auch immer sie führen mag. Bis zum Schluss sieht er die Angelegenheit klar. Er tritt den Anforderungen ehrlich gegenüber. Das Ergebnis ist, dass die Welt ihm alles gibt, was sie zu geben bereithält - in Freundschaft, Ehre, Liebe und Zustimmung.

Teil 10 -
Das Gesetz von Ursache und Wirkung

01. Überfluss ist ein natürliches Gesetz des Universums. Die Beweise dieses Gesetzes sind kräftig, wir sehen sie überall. Überall ist die Natur großzügig, verschwenderisch und extravagant. Nirgendwo sieht man eine Einsparung. In allem wird Überfluss manifestiert. Die Millionen Bäume, Blumen, Pflanzen und Tiere sowie das ausgedehnte Fortpflanzungsschema, in dem der Prozess des Erschaffens und Wiedererschaffens für immer weitergeht, zeigen alle die Großzügigkeit, die die Natur für den Menschen bereitgestellt hat. Dass es für jeden einen Überfluss gibt, ist offensichtlich aber dass viele scheitern, an diesem Überfluss teilzunehmen, ist ebenso offensichtlich. Denn sie sind noch nicht zu der Erkenntnis gekommen, dass die Allgemeinheit die Substanz von ALLEM und dieser Geist der aktive Grundsatz ist, durch den wir mit Dingen verbunden sind, welche wir wünschen.

02. Aller Reichtum ist das Ergebnis der Kraft. Besitz ist nur dann von Bedeutung, wenn er Kraft weitergibt. Ereignisse sind nur bedeutend, wenn sie die Kraft bewegen. Alle Dinge repräsentieren bestimmte Formen und Ausmaße der Kraft.

03. Wie gezeigt wurde, ermöglicht das Wissen über Ursache und Wirkung den Menschen, nach den Gesetzen der Elektrizität, der chemischen Sympathie und Schwerkraft mutig zu planen und dieses furchtlos durchzuführen. Diese Gesetze werden natürliche Gesetze genannt, weil sie in der physischen Welt regieren. Aber nicht alle Kraft ist physisch, es gibt auch geistige, moralische und spirituelle Kräfte.

04. Geistige Kraft ist besser, weil sie auf einer höheren Ebene existiert. Sie hat Menschen ermöglicht, das Gesetz zu entdecken, mit dem sich diese herrlichen Naturkräfte zu Nutzen gemacht werden konnten, um die Arbeit Hunderter und Tausender Männern zu tun. Sie hat Menschen ermöglicht, Gesetze zu entdecken, mit denen Zeit und Raum aufgehoben worden sind und das Gesetz der Schwerkraft überwunden werden konnte. Der Vorgang dieses Gesetzes ist von dem geistigen Kontakt abhängig. Henry Drummond sagt dazu Folgendes:

05. „In der physischen Welt besteht, wie wir es kennen, das Organische und Anorganische. Das Anorganische ist von der materiellen Welt der Pflanzen- oder Tierwelt absolut abgeschnitten. Ihr Durchgang wird fest verschlossen. Noch niemals sind diese Barrieren durchquert worden. Keine Änderung der Substanz, keine Modifizierung der Umwelt, keine Chemie, keine Elektrizität, keine Energieform und keine Evolution jeder Art kann jemals ein einziges Atom der materiellen Welt mit dem Attribut des Lebens verbinden."

06. „Nur durch den Eintritt einer lebenden Form, in diese tote Welt kann den toten Atomen die Lebenskraft mit all ihren Eigenschaften eingehaucht werden. Ohne diesen Kontakt zum Leben bleiben sie für immer fest im anorganischen Zustand. Huxley erklärt, dass die Lehre der Biogenese (d.h. Leben entsteht nur vom Leben) über ihre ganze Linie erfolgreich ist. Tyndall sagt dazu: ‚Ich versichere, dass kein einziges glaubwürdiges Anzeichen existiert, um zu beweisen, dass das Leben jemals unabhängig von dem vorhergehenden Leben bestanden hat. Nicht einmal ein einziger Tag war vom Tag davor unabhängig.'"

07. „Physische Gesetze können das anorganische erklären. Biologie erklärt und ist für die Entwicklung des Organischen verantwortlich, wobei die Wissenschaft am Punkt des Zusammentreffens der beiden selbst unwissend ist. Ein ähnlicher Übergang besteht zwischen der natürlichen und der spirituellen Welt. Dieser Übergang wird auf der natürlichen Seite fest verschlossen. Die Tür ist zu. Kein Mensch kann sie öffnen, kein Organismus sie ändern; keine mentale Energie, keine moralische Anstrengung und kein Vorgang irgendeiner Art kann einem Menschen ermöglichen, die spirituelle Welt zu betreten."

08. Aber wie die Pflanze bis zu der Mineralwelt durchdringt und sie mit dem Mysterium des Lebens berührt, so dringt der universale Geist in den menschlichen ein und stattet ihn mit neuen, fremden, herrlichen und sogar erstaunlichen Qualitäten aus. Alle Männer oder Frauen, die jemals irgendetwas in der Welt der Industrie, des Handels oder der Kunst vollendet haben, vollbrachten dies wegen genau dieses Prozesses.

09. Der Gedanke ist das Bindeglied zwischen der Unendlichkeit und der Begrenzung, zwischen dem Universum und dem Individuum. Wir haben gesehen, dass es eine unpassierbare Barriere zwischen dem Organischen und dem Anorganischen gibt, und dass die einzige Art, wie sich Materie entfalten kann, darin besteht, sich mit dem Leben zu sättigen. Sobald ein Samen die materielle Welt erreicht und sich zu entfalten und auszustrecken beginnt, beginnt das tote Ding zu leben. Eintausend unsichtbare Finger

fangen damit an, eine passende Umgebung dafür herzurichten. Wenn die Wirkung des Wachstumsgesetzes einsetzt, sehen wir den Prozess soweit voranschreiten, bis die Lilie schließlich in ihrer Schönheit erscheint. Selbst „Solomon in all seiner Pracht wurde nicht so schön gekleidet."

10. Wenn ein Gedanke in die unsichtbare Substanz des universalen Geistes - die Substanz, aus der alle Dinge geschaffen wurden - vorstößt und er Wurzeln schlägt, beginnt das Gesetz des Wachstums zu wirken. Wir realisieren, dass die Bedingungen und Umgebungen nur die objektive Form unserer Gedanken sind.

11. Das Gesetz besagt, dass der Gedanke eine aktive Lebensform der dynamischen Energie ist. Diese besitzt die Kraft dem gedanklichen Ziel zu entsprechen und es aus der unsichtbaren Substanz herauszubringen. Von ihr werden alle Dinge für die sichtbare (d.h. die wahrnehmbare) oder objektive Welt geschaffen. Das ist das Gesetz, nach dem und durch das alle Dinge in Manifestation gelangen. Es ist der Hauptschlüssel, durch den Sie an den geheimen Platz des Höchsten zugelassen werden und mit dem Ihnen „die Herrschaft über alle Dinge" gegeben wird. Wenn Sie dieses Gesetz verstehen, können Sie eine Sache „bestimmen, und sie soll für Sie erschaffen werden."

12. Das kann nicht anders sein. Wenn die Seele des Weltalls, wie wir wissen, der universale Geist ist, dann stellt das Universum einfach die Bedingung dar, die der universale Geist für sich selbst gemacht hat. Wir sind nur ein individualisierter Geist und schaffen die Bedingungen für unser Wachstum auf genau dieselbe Weise.

13. Diese schöpferische Kraft hängt von unserer Anerkennung der potenziellen spirituellen oder geistigen Kraft ab und darf nicht mit der Evolution verwechselt werden. Die Schöpfung bedeutet, in die Existenz dessen gerufen zu werden, was in der objektiven Welt nicht besteht. Evolution ist nur das Entfalten von Möglichkeiten in beteiligten Dingen, die bereits existieren.

14. Beim Ausnutzen der wunderbaren Möglichkeiten, die durch die Funktion dieses Gesetzes bis zu uns gekommen sind, müssen wir uns daran erinnern, dass wir selbst nichts zu deren Wirkung beitragen. Auch ein Großer Lehrer sagte: „Es ist nicht so, dass Ich die Arbeiten mache, sondern der Vater, der in mir wohnt, Er macht die Arbeit". Wir müssen genau dieselbe Position einnehmen. Wir können nichts tun, um bei der Manifestation zu helfen. Wir passen uns schlicht dem Gesetz an, und der alles-schaffende Geist wird die Handlung vollziehen und zu einem Ergebnis bringen.

15. Der große Fehler des gegenwärtigen Tages ist die Überzeugung, dass der Mensch die Intelligenz hervorbringen muss, damit das Unendliche eingreifen kann, um eine spezifische Absicht oder Ergebnis zu verursachen. Nichts davon ist notwendig. Der universale Geist kann davon abhängen, Wege und Mittel zu finden, um jede notwendige Manifestation zu begründen. Wir müssen jedoch das Ideal dazu schaffen, und dieses Ideal sollte vollkommen sein.

16. Wir wissen, dass die Gesetze der Elektrizität so formuliert worden sind, dass diese unsichtbare Kraft kontrolliert und zu unserem Vorteil und unserer Bequemlichkeit auf tausenderlei Weisen verwendet werden kann. Wenn wir bewusst oder unwissend dieses Gesetz verletzen, indem wir eine Strom führende Leitung berühren, die nicht richtig isoliert ist, wissen wir, dass das Ergebnis unangenehm und vielleicht unheilbringend sein wird. Ein mangelvolles Verständnis der Gesetze, die in der unsichtbaren Welt regieren, hat dieselbe Folge. Viele Menschen erleiden ununterbrochen die Folgen.

17. Es wurde erklärt, dass das Gesetz der Ursache von der Gegenseitigkeit, der Polarität abhängt. Hier muss eine Verbindung geschaffen werden. Diese Verbindung kann erst zustande kommen, wenn wir im Einklang mit dem Gesetz funktionieren. Wie aber sollen wir mit dem Gesetz harmonieren, wenn wir nicht wissen, was das Gesetz ist? Wie sollen wir wissen, was das Gesetz ist? Möglich ist dies durch das studieren und beobachten.

18. Überall sehen wir das Gesetz. Die gesamte Natur beweist seinen Vorgang im stillen, ständigen Entfalten ihrer selbst durch das Gesetz des Wachstums. Wo es Wachstum gibt, muss es Leben geben; wo es Leben gibt, muss es Harmonie geben, so dass alles, was Leben hat, stets selbst die notwendigen Bedingungen und die Versorgung anzieht.

19. Wenn Ihr Gedanke in Harmonie mit dem kreativen Grundsatz der Natur steht, klingt er in der Melodie mit dem unendlichen Geist. Der Gedanke wird die Verbindung bilden und für Sie keine Leere zurücklassen. Aber Ihnen ist es möglich, Gedanken zu denken, die nicht im Gleichklang mit dem Unendlichen sind. Wenn keine Gegenseitigkeit besteht, wird auch die Verbindung nicht entstehen. Was ist dann die Folge? Wie sieht das Ergebnis aus, wenn ein Dynamo Elektrizität erzeugt, der Stromkreis abgeschnitten wird und es keinen Abfluss gibt? Der Dynamo stoppt.

20. Auf Sie trifft dasselbe zu, wenn Sie Gedanken in Erwägung ziehen, die mit dem Unendlichen nicht übereinstimmen. Deshalb können diese Gedanken keine Gegenseitigkeit aufbauen. Es gibt keine Verbindung, Sie werden

isoliert und die Gedanken halten sich an Ihnen fest, schikanieren Sie, beunruhigen Sie und verursachen schließlich Krankheit und vielleicht Tod. Der Mediziner kann in diesem Fall nichts Genaues diagnostizieren. Er kann der Krankheit einen Fantasienamen geben, der für die verschiedenen Erkrankungen, die allesamt das Ergebnis falschen Denkens sind, bestimmt wurde, aber die Ursache bleibt dennoch dieselbe.

21. Der konstruktive Gedanke muss zwangsläufig schöpferisch sein, aber ein schöpferischer Gedanke muss ebenso harmonisch sein, und das beseitigt den gesamten zerstörenden oder konkurrenzfähigen Gedanken.

22. Weisheit, Kraft, Mut und alle weiteren harmonischen Bedingungen sind das Ergebnis von Kraft. Wir haben gesehen, dass die umfassende Kraft aus dem Inneren kommt. Ebenfalls ist jeder Mangel, jede Beschränkung oder jeder nachteilige Umstand das Ergebnis von Schwäche, und Schwäche bedeutet schlicht Abwesenheit der Kraft. Die Kraft kommt aus dem Nichts, sie ist Nichts - das Heilmittel ist umso einfacher: die Kraft entwickeln. Dies wird auf genau dieselbe Weise erreicht, wie die vollständige Kraft durch Übung trainiert wird.

23. Diese Übung besteht in der Anwendung Ihrer Kenntnisse. Kenntnisse wenden sich nicht von alleine an. Sie müssen dies selbst tun. Überfluss wird Ihnen weder vom Himmel zufallen, noch in Ihren Schoss gelegt werden. Aber eine bewusste Erkenntnis des Gesetzes der Anziehung, die Absicht, es für einen bestimmten, eindeutigen und spezifischen Zweck in Betrieb zu Nehmen und der Wille, diese Absicht auszuführen, werden die Verkörperung Ihres Wunsches nach einem natürlichen Gesetz der Übertragung vollziehen. Wenn Sie das Gesetz anwenden, so entwickelt es sich entlang an regelmäßigen Kanälen. Vielleicht werden neue oder ungewöhnliche Kanäle geöffnet. Wenn das Gesetz vollständig funktionieren wird, werden Sie erkennen, dass die Dinge, die Sie suchen, nach Ihnen suchen.

24. In dieser Woche wählen Sie sich einen leeren Platz an der Wand oder einem anderen Ort aus, wo Sie gewöhnlich nicht sitzen. Zeichnen Sie im Geiste eine schwarze horizontale, ungefähr fünfzehn Zentimeter lange Linie. Versuchen Sie, die Linie einfach zu sehen, als ob sie auf die Wand gemalt worden wäre. Zeichnen Sie dann im Geiste zwei vertikale Linien, die mit dieser horizontalen Linie an jedem Ende in Verbindung stehen. Danach zeichnen Sie eine andere horizontale Linie, die mit den zwei vertikalen Linien in Verbindung steht. Jetzt haben Sie ein Quadrat. Versuchen Sie, das Quadrat vollkommen zu sehen. Wenn Sie es können, dann versuchen Sie, einen Kreis innerhalb des Quadrats zu zeichnen.

Legen Sie jetzt einen Punkt ins Zentrum des Kreises und ziehen Sie ihn zu sich, ungefähr 25 Zentimeter. Nun haben Sie auf der Quadratfläche einen Kegel, der mit der Spitze zu Ihnen schaut. Sie werden sich erinnern, dass Ihre ganze Arbeit in schwarz war. Ändern Sie sie in weiß, in rot und gelb.

25. Wenn Sie das tun können, machen Sie ausgezeichnete Fortschritte und werden bald lernen, sich auf jedes Problem zu konzentrieren, welches Sie im Sinn haben können.

„Wenn jedes Ziel oder jede Absicht in Gedanken klar gehalten wird, ist es bloß eine Frage der Zeit dies in der greifbaren und sichtbaren Form zu erreichen. Die Vision geht immer voran und bestimmt selbst die Verwirklichung."

Lillian Whiting

Teil 10
Lernfragen mit Antworten

91. Was ist Reichtum? – Reichtum ist das Ergebnis von Kraft.

92. Welchen Wert hat Besitz? – Besitz ist nur dann wichtig, wenn er Kraft weitergibt.

93. Welchen Wert haben die Kenntnisse von Ursache und Wirkung? – Sie ermöglichen Menschen, mutig zu planen und dies furchtlos durchzuführen.

94. Wie entsteht Leben in der anorganischen Welt? – Nur durch Einfügung einer lebenden Form. Es gibt keinen anderen Weg.

95. Welches ist das Bindeglied zwischen dem Begrenzten und dem Unendlichen? – Der Gedanke ist das Bindeglied.

96. Warum ist das so? – Weil das Universale sich nur durch die Person manifestieren kann.

97. Von was hängt die Ursache ab? – Von der Gegenseitigkeit, der Polarität. Eine Verbindung muss gebildet werden: Das Universale ist dabei die positive Seite der Batterie des Lebens, die Person die negative, und Gedanken stellen die Verbindung her.

98. Warum scheitern viele bei der Manifestation harmonischer Bedingungen? – Weil sie das Gesetz nicht verstehen, es keine Polarität gibt und sie keine Verbindung aufgebaut haben.

99. Was ist das Gegenmittel? – Die bewusste Anerkennung des Gesetzes der Anziehung mit der Absicht, es in die Existenz zu einem bestimmten Zweck hineinzubringen.

100. Was wird das Ergebnis sein? – Der Gedanke wird seinem Ziel entsprechen und ihn in die Manifestation bringen, weil der Gedanke ein Produkt des geistigen Menschen ist. Der Geist aber ist der kreative Grundsatz des Universums.

Der elfte Teil

Das induktive Denken

Einleitung (Teil 11)

Ihr Leben wird nach dem Gesetz geregelt - durch wirkliche Grundsätze, die sich niemals ändern. Das Gesetz ist zu jeder Zeit in Aktion, überall. Verankerte Gesetze unterliegen allen menschlichen Handlungen. Daher wurde es Menschen, die riesige Industrien kontrollieren, ermöglicht, mit der absoluten Präzision bestimmen zu können, welcher Prozentsatz aller einhunderttausend Menschen wie auf eine bestimmte gegebene Bedingung reagieren wird.

Es ist jedoch gut, sich zu erinnern, dass wenn jede Wirkung das Ergebnis einer Ursache ist, diese Wirkung wiederum zu einer Ursache wird, die andere Wirkungen schafft, die wiederum andere Ursachen schaffen. Das heißt, wenn Sie das Gesetz der Anziehung zum Laufen bringen, müssen Sie sich erinnern, dass Sie für immer einen „Zug der Verursachung" starten, oder anders gesagt, starten Sie einen Zug, welcher endlose Möglichkeiten haben kann.

Wir hören oft, dass gesagt wird: „Eine sehr beunruhigende Situation trat in mein Leben ein, welche nicht das Ergebnis meiner Gedanken gewesen sein kann. Sicher habe ich niemals einen Gedanken in Erwägung gezogen, der solche Folgen haben könnte." Wir scheitern daran, uns zu erinnern, dass das Gesetz hauptsächlich seines gleichen in der geistigen Welt anzieht, und dass der Gedanke, den wir in Erwägung ziehen, bestimmte Freundschaften oder Gemeinschaften einer besonderer Art mit sich bringt. Auch bedenken wir nicht, dass diese der Reihe nach Bedingung und Umgebung stellen, welche dann wiederum für die Bedingungen verantwortlich sind, über die wir uns beklagen.

Teil 11 -
Das induktive Denken

01. Das induktive Denken ist der Prozess des objektiven Verstandes, durch den wir mehrere unterschiedliche Beispiele miteinander vergleichen, bis wir den allgemeinen Faktor sehen, der sie alle verursacht.

02. Induktion besteht aus dem Vergleichen der Tatsachen. Es ist genau diese Methode, die auf die Entdeckung einer Herrschaft des Gesetzes hinausgelaufen ist, welches eine Epoche im menschlichen Fortschritt gekennzeichnet hat.

03. Es ist die Trennungslinie zwischen dem Aberglauben und der Intelligenz, es hat die Elemente der Unklarheit und Inkonsequenz von menschlichem Leben beseitigt und Gesetz, Ursache und Gewissheit eingesetzt.

04. Es ist der „Wächter am Tor" (erwähnt in einer vorausgehenden Lehre.)

05. Wenn, auf Grund von diesem Grundsatz, die Welt, an welche die Sinne gewöhnt waren, revolutioniert worden war, - *als die Sonne in ihrem Lauf angehalten worden war, war die anscheinend flache Erde in eine Kugel geformt und hat angefangen, sich um die Sonne zu drehen; als die inaktive Materie in aktive Elemente aufgelöst worden war und sich das Universum voller Kraft, Bewegung und Leben vorstellte, wo auch immer wir Fernrohr und Mikroskop hinsteuerten* - werden wir gezwungen uns zu fragen, welche wahren Möglichkeiten bestehen noch, die wir für das halten, was sie nicht sind.

06. Wie die Pole sich selbst abstoßen oder aneinander festhalten, scheint im Allgemeinen diese Erscheinung in einem richtigen Verhältnis zu den Sternen, Menschen und Kräften zu stehen. Wie die Menschen aus verschiedenen Vorteilen in die Partnerschaft eintreten, so ziehen sich entgegengesetzte Pole einander an. Verbindungen wie Säuren und Gase, die keine Gemeinsamkeiten haben, halten sich in der Bevorzugung fest, und ein allgemeiner Austausch wird zwischen dem Überschuss und dem Mangel aufrechterhalten.

07. Wie das Auge die Befriedigung der ergänzenden Farben, die gegeben werden, sucht und empfängt, so wird die Handlung vom Bedürfnis und Wille beeinflusst, geführt und bestimmt.

08. Es ist unser Privileg, sich der Übereinstimmung des Grundsatzes und der Tat bewusst zu werden. Georges Cuvier sieht einen Zahn, der einer ausgestorbenen Rasse von Tieren angehört. Dieser Zahn will einen Körper für die Leistung seiner Funktion, und er definiert den eigentlichen Körper, er braucht den Körper mit solcher Präzision, dass Cuvier im Stande ist, das Gerüst dieses Tieres wiederaufzubauen.

09. Unruhen werden in der Bewegung des Uranus beobachtet. Joseph Le Verrier braucht einen anderen Stern an einer bestimmten Stelle, um das Sonnensystem in Ordnung zu halten, und Neptun erscheint zu berechneter Zeit an seinem Platz.

10. Die instinktiven Bedürfnisse vom Tier und die intellektuellen Bedürfnisse von Cuvier, die Bedürfnisse der Natur und des Geistes von Le Verrier, waren ähnlich und entsprechend auch die Folgen. Hier die Gedanken an einer Existenz, dort eine Existenz. Ein bestimmtes, gesetzliches Bedürfnis stattet deshalb den Verstand für die komplizierten Abläufe der Natur aus.

11. Die richtig aufgenommenen Antworten von der Natur, und durch das Erweitern unserer Sinne mit den Erkenntnissen der wachsenden Wissenschaft über ihre Offenbarung, werden wir uns solch einen nahen, veränderten und tiefen Kontakt mit der „äußeren Welt" bewusst, welcher Wille, Absichten mit dem Leben, Freiheit, und dem Glück identifiziert.

12. Wie die Interessen der Person durch die Macht des Staates geschützt werden und die Bedürfnisse im Grad abhängen können und so allgemein und zuverlässig erfüllt werden, auf genau dieselbe Art und Weise schützt uns die Natur vor den Belästigungen durch die Verbindung der höheren Kräfte.

13. Die Induktion hat die Menschen gelehrt, Schritte dazu zu machen und hat sie mit Vorteilen umgeben, die gleichzeitig Belohnung für die Treue und Antrieb für die fleißigere Hingabe sind.

14. Das ist auch eine Hilfe, die uns zu unfehlbaren Lösungen für individuelle, sowie allgemeinen Problemen verhilft. Es ist die Hilfe zur Konzentration und zur Stärkung unserer Fähigkeiten für den restlichen Teil, durch die bloßen Anwendungen des Geistes in der reinsten Form.

15. Hier finden wir eine Methode, deren Geist es ist, zu glauben, das, was gesucht wird, schon vollbracht worden ist. Eine Methode, die uns Plato hinterlassen hat, der außerhalb dieser Methode, niemals herausfinden konnte, wie die Ideen und Ziele Wirklichkeit wurden.

16. Diese Vorstellung wird auch durch Swedenborg in seiner „Lehre von den Entsprechungen" sorgfältig ausgearbeitet. Ein noch größerer Lehrer hat gesagt, „Welche Dinge Sie auch immer wünschen, wenn Sie beten, glauben Sie, dass Sie diese erhalten." Der Unterschied der Zeiten in diesem Durchlauf ist bemerkenswert.

17. Wir müssen erst glauben, dass unsere Begierde bereits erfüllt worden ist, die Ausführung wird dann folgen. Das ist eine kurze Richtung, um von der kreativen Kraft des Gedankens Gebrauch zu machen, um auf den universalen, subjektiven Geist Eindruck zu hinterlassen: Eine besondere Sache, die wir als eine bereits vorhandene Tatsache zu sehen wünschen.

18. Wir denken so auf der Ebene des Absoluten und beseitigen jegliche Rücksichten auf Bedingungen oder Beschränkungen und pflanzen einen Samen, der, wenn wir ihn unberührt lassen, schließlich in der äußerlichen Verwirklichung aufgehen wird.

19. Zum Überblick: Das induktive Denken ist der Prozess des objektiven Geistes, durch den wir mehrere getrennte Beispiele miteinander vergleichen, bis wir den allgemeinen verursachenden Faktor sehen. Wir sehen Leute in jedem zivilisierten Land auf der Erdkugel, die die Ergebnisse durch ein Verfahren bestreben, welches sie scheinbar selbst nicht verstehen und dem sie gewöhnlich mehr oder weniger Mysteriöses beifügen. Unser Grund wird uns zur Absicht gegeben, das Gesetz festzustellen, nach dem diese Ergebnisse vollbracht werden.

20. Der Ablauf dieses gedanklichen Prozesses wird in jener glücklichen Natur beobachtet, die alles besitzt, was andere durch die Mühe erwerben müssen. Aber es gibt auch ganz andere, die niemals einen Kampf mit dem Gewissen haben, weil sie immer richtig handeln und sich niemals leiten lassen außer mit dem Taktgefühl, alles leicht zu lernen, alles mit einer glücklichen Fertigkeit zu vollenden, was sie anfangen. Sie leben in der ewigen Harmonie mit sich selbst, ohne jemals Schwierigkeiten oder Mühe zu erfahren wenn Sie irgendetwas tun.

21. Die Frucht dieses Gedankens ist, wie es auch war, ein Geschenk der Götter, aber ein Geschenk, das nur wenige bis jetzt begreifen, schätzen oder verstehen. Die Anerkennung der erstaunlichen Kraft, die durch den Geist

die richtigen Bedingungen schafft und die Tatsache, dass diese Kraft verwertet, geleitet und für die Lösung jedes menschlichen Problems benutzt werden kann, ist von übersinnlicher Wichtigkeit.

22. Die ganze Wahrheit ist dieselbe, ob in modernen wissenschaftlichen Erklärungen oder in der Sprache von apostolischen Zeiten. Es gibt befangene Seelen, die daran scheitern zu begreifen, dass die wirkliche Vollständigkeit der Wahrheit verschiedene Erklärungen erfordert - in der keine menschliche Formel irgend eine Seite davon zeigen wird.

23. Änderungen, neue Sprachen, neuartige Interpretationen, unbekannte Perspektiven, sind nicht, wie einige denken, Zeichen der Abwendung der Wahrheit, sondern Beweise, dass die Wahrheit in neuen Beziehungen zu menschlichen Bedürfnissen mehr begriffen und allgemein mehr verstanden werden kann.

24. Die Wahrheit muss zu jeder Generation und allen Leuten in neuen und verschiedenen Worten erzählt werden, so dass, wenn der Große Lehrer sagt : „Glaube, dass Sie es erhalten und Sie sollen es erhalten" oder wenn Paul sagt : „Vertrauen, ist die Substanz von Dingen, auf die man hofft, weil die Beweise von diesen Dingen nicht gesehen wurden" oder wenn moderne Wissenschaft sagt: „Das Gesetz der Anziehung ist das Gesetz, nach dem der Gedanke seinem Ziel entspricht". Jede Behauptung, wenn sie der Analyse unterworfen wird, enthält genau dieselbe Wahrheit. Der einzige Unterschied liegt in der Form der Darstellung.

25. Wir stehen an der Schwelle eines neuen Zeitalters. Die Zeit ist gekommen, dass der Mensch die Geheimnisse der Beherrschung lernt, dann wird sich der Weg zu einer neuen Gesellschaftsordnung zeigen, herrlicher als irgendjemand etwas jemals geträumt hat. Der Konflikt der modernen Wissenschaft mit der Theologie, die Studie von vergleichenden Religionen, die gewaltige Kraft von neuen sozialen Bewegungen, all diese Geschehnisse räumen nur den Weg für die neue Ordnung frei. Sie können vielleicht traditionelle Formen, die veralten und unfähig geworden sind, zerstört haben, aber sie haben dadurch nichts an Wert verloren.

26. Ein neuer Glaube ist geboren, ein Glaube der eine neue Form des Ausdrucks fordert, und dieser Glaube nimmt Gestalt in einem tiefen Bewusstsein der Kraft an, die in der gegenwärtigen geistigen Tätigkeit manifestiert wird.

27. Der Geist, der in der Materie schläft, in der Pflanze atmet, sich in dem Tier bewegt und in dem Mensch seine höchste Entwicklung erreicht, ist der

Universale Geist. Es ist unsere Aufgabe uns so weit wie möglich durch das Tun und Anwenden, von dem, was uns gegeben wurde, zu entwickeln.

28. Bei weitem ist die größte Entdeckung aller Jahrhunderte die Kraft der Gedanken. Die Bedeutung dieser Entdeckung ist allmählich im Erreichen des allgemeinen Bewusstseins angekommen, und bereits in jedem Forschungsgebiet wird die Wichtigkeit von dieser größten aller großen Entdeckungen demonstriert.

29. Sie fragen, woraus die schöpferische Kraft des Gedankens besteht? Sie besteht im Schaffen von Ideen, und diese objektivieren sich wiederum selbst im Verwenden, Erfinden, Beobachten, Wahrnehmen, Entdecken, Analysieren, Herrschen, Regieren, Kombinieren und im Anwenden von Materie und Kraft. Sie kann das tun, weil sie eine intelligente kreative Kraft ist.

30. Der Gedanke erreicht seine höchste Tätigkeit, wenn er in seine eigene mysteriöse Tiefe getaucht wird, wenn er den schmalen Kompass seines Selbst durchbricht und von der Wahrheit zur Wahrheit des ewigen Lichtes durchläuft, wo alles, was ist, war oder jemals sein wird, in eine großartige Harmonie verschmelzen wird.

31. Von diesem Prozess der Selbstbetrachtung kommt Inspiration, welche die kreative Intelligenz ist und die jedem Element, jeder Kraft oder jedem Naturgesetz unbestreitbarer Vorgesetzter ist, weil sie sie verstehen, modifizieren, regieren und auf ihre eigenen Schlüsse und Zwecke anwenden kann.

32. Weisheit beginnt mit dem Anfang des Grundes, und Grund ist nur ein Verständnis der Kenntnisse und der Grundsätze, durch die wir die wahre Bedeutung von Dingen kennen können. Weisheit beleuchtet dann den Grund, und diese Weisheit führt zu Bescheidenheit, denn Bescheidenheit ein großer Teil der Weisheit ist.

33. Wir alle kennen viele Menschen, die das scheinbar Unmögliche erreicht haben, die lebenslange Träume begriffen haben, die alles, einschließlich sich selbst geändert haben. Wir haben uns manchmal über die Demonstration einer anscheinend unwiderstehlichen Macht gewundert, die immer gerade dann verfügbar zu sein schien, wenn sie am meisten erforderlich war, aber das alles ist jetzt verständlich. Alles, was erforderlich ist, ist ein Verstehen von bestimmten, eindeutigen, wesentlichen Grundsätzen und ihrer richtigen Anwendung.

34. Für Ihre Übung in dieser Woche, konzentrieren Sie sich auf das Bibelzitat: *„Alles, was ihr im Gebet erbittet, wird euch zuteil werden!"* Bemerken Sie, dass es dabei keine Beschränkung gibt, „Alles, was ihr im Gebet erbittet" ist sehr klar und deutet an, dass die einzige Beschränkung, die wir haben, unsere Fähigkeit zu denken ist, der Gelegenheit gleich zu sein, sich im Notfall zu erheben und sich zu erinnern, dass Glaube nicht ein Schatten, sondern eine Substanz ist, „die Substanz von Dingen, auf die man hofft, weil die Beweise von diesen Dingen nicht gesehen wurden."

„Tod ist nur ein natürlicher Prozess, wodurch alle materiellen Formen in das Feuer, für die Reproduktion in der frischen Ungleichheit geworfen werden."

Teil 11
Lernfragen mit Antworten

101. Was ist das induktive Denken? – Der Prozess des objektiven Geistes, durch den wir mehrere verschiedene Beispiele miteinander vergleichen, bis wir den allgemeinen verursachenden Faktor sehen.

102. Was hat diese Methode erreicht? – Sie ist auf die Entdeckung einer Herrschaft des Gesetzes hinausgelaufen, das ein Zeitalter im menschlichen Fortschritt gekennzeichnet hat.

103. Was ist es, was die Handlung führt und bestimmt? – Es ist das Bedürfnis, der Wille und der Wunsch, welche im größten Sinn führen, bestimmen und zu der Handlung veranlassen.

104. Was ist die Formel für die unfehlbare Lösung jedes individuellen Problems? – Wir sollen daran glauben, dass unser Wunsch bereits erfüllt worden ist, seine Ausführung wird dann folgen.

105. Welche Lehrer haben es befürwortet? – Jesus, Plato, Swedenborg.

106. Was ist das Ergebnis dieses Gedankenprozesses? – Wir denken auf der Ebene des Absoluten und pflanzen einen Samen, der, wenn wir ihn unberührt lassen, in die Verwirklichung keimen wird.

107. Warum ist das wissenschaftlich korrekt? – Weil es ein natürliches Gesetz ist.

108. Was ist Vertrauen? – „Vertrauen, ist die Substanz von Dingen, auf die man hofft, weil die Beweise von diesen Dingen nicht gesehen wurden."

109. Was ist das Gesetz der Anziehung? – Das Gesetz, nach dem das Vertrauen in die Manifestation gebracht wird.

110. Welche Wichtigkeit fügen Sie dem Erkennen dieses Gesetzes bei? – Es hat die Elemente der Unklarheit und Inkonsequenz von Leben beseitigt und Gesetz, Basis und Gewissheit eingesetzt.

Der zwoelfte Teil

Ihr Ideal

Einleitung (Teil 12)

Hiermit wird Ihnen der Teil Zwölf beigefügt. Im vierten Abschnitt werden Sie die folgende Erklärung finden: „Erstens, müssen Sie die Kenntnisse Ihrer Kraft haben; zweitens, den Mut sich zu trauen; drittens, das Vertrauen, um es zu tun." Wenn Sie sich auf die gegebenen Gedanken konzentrieren, wenn Sie ihnen Ihre komplette Aufmerksamkeit schenken, finden Sie eine Welt der Bedeutung in jedem Satz, und ziehen zu sich selbst ähnliche Gedanken in der Harmonie mit ihnen an. Sie werden bald die volle Bedeutung der Lebenskenntnisse begreifen, auf die Sie sich konzentrieren.

Wissen und Kenntnisse kommen nicht von alleine zu uns. Wir als Personen müssen es uns antrainieren, und die Übung besteht im Befruchten des Gedankens mit einer besonderen Absicht.

Die Zeit und der Gedanke, welcher der größte Teil der Menschen im ziellosen Versuch verschwenden, könnten, wenn richtig angewendet, mit einem besonderen Ziel, Wunder vollbringen. Um das zu tun, ist es notwendig, Ihre geistige Kraft auf einen spezifischen Gedanken in den Mittelpunkt zu stellen und es dort mit Ablehnung aller anderen Gedanken zu halten. Wenn Sie jemals durch den Bildsucher einer Kamera durchgeschaut haben, erkennen Sie, dass das Ziel am Anfang nicht scharf war, der Eindruck undeutlich und vielleicht trübe, aber als der richtige Blick eingestellt war, wurde das Bild rein und klar. Das illustriert die Kraft der Konzentration. Wenn Sie sich nicht auf das Ziel konzentrieren können, welches Sie in Sicht haben, werden Sie nur einen unklaren, ungleichen, unbestimmten, undeutlichen und trüben Umriss Ihres Ideales haben, und die Ergebnisse werden in Übereinstimmung mit Ihrem geistigen, unklaren Bild sein.

Teil 12 – Ihr Ideal

01. Es gibt kein Ziel im Leben, das nicht vollbracht werden kann. Und am besten geht es durch ein wissenschaftliches Verstehen der schöpferischen Kraft des Gedankens.

02. Diese Kraft zu denken ist für alle bekannt. Man ist das, was man denkt. Die Kraft des Menschen zu denken ist unendlich, deshalb ist seine kreative Kraft unbegrenzt.

03. Wir wissen, dass das Denken uns die Dinge näher bringt. Doch fällt es uns schwer Angst, Sorge oder Niedergeschlagenheit zu verbannen, all das sind starke Gedankenkräfte, die ständig die Dinge, die wir wünschen, von uns abhalten. Und so ist es häufig: man tritt einen Schritt vor und zwei Schritte zurück.

04. Die einzige Möglichkeit, sich zu hindern zurück zu gehen, ist nicht aufhören, nach vorn zu gehen. Ewige Wachsamkeit ist der Preis des Erfolgs. Es gibt drei Schritte und jeder ist absolut notwendig: Erstens, müssen Sie die Kenntnisse Ihrer Kraft haben; zweitens, den Mut sich zu trauen; drittens, das Vertrauen, um es zu tun.

05. Damit können Sie ein ideales Geschäft, ein ideales Haus, ideale Freunde, und eine ideale Umgebung als eine Basis aufbauen, sie werden betreffs der Mittel oder Kosten nicht eingeschränkt. Der Gedanke ist allmächtig und hat die Kraft, sich auf die unendlichen Ufer der primären Substanz für alles zu stützen, was es verlangt. Unendliche Mittel liegen deshalb in Ihrer Hand.

06. Aber Ihr Ideal muss deutlich, klar und eindeutig sein. Ein Ideal heute zu haben, ein anderes morgen und ein drittes nächste Woche, bedeutet, dass Sie Ihre Kräfte streuen und so nichts erreichen. Ihr Ergebnis wird eine sinnlose und chaotische Kombination des vergeudeten Materials sein.

07. Leider ist genau dies das Ergebnis, das viele erhalten, und die Gründe hierfür sind selbstverständlich. Wenn ein Bildhauer mit einem Stück Marmor und einem Meißel aufbricht und sein Ideal alle fünfzehn Minuten

ändert, welches Ergebnis kann er erwarten? Und warum sollten Sie irgendein anderes Ergebnis erwarten beim Formen des tollsten und größten aller formbaren Substanzen, der einzigen echten Substanz?

08. Das Ergebnis dieser Unentschlossenheit und negativer Gedanken wird häufig im Verlust des materiellen Reichtums gefunden. Angenommen die Unabhängigkeit, die viele Jahre der Mühe und Anstrengung erforderte, verschwindet plötzlich, dann stellt man häufig fest, dass Geld und Besitz überhaupt keine Unabhängigkeit bieten. Im Gegenteil, die einzige Unabhängigkeit wird in praktischen, ausreichenden Kenntnissen der kreativen Kraft des Gedankens gefunden.

09. Diese praktische Arbeitsmethode kann nicht zu Ihnen kommen, bis Sie lernen, dass die einzige Kraft, die Sie haben können, die Kraft ist, sich an die göttliche und unveränderliche Grundsätze anzupassen. Sie können das Unendliche nicht ändern, aber Sie können in das Verstehen von natürlichen Gesetzen eintreten. Die Belohnung dieses Verstehens ist eine bewusste Verwirklichung Ihrer Fähigkeit, Ihre gedanklichen Fähigkeiten dem universalen Gedanken, welcher allgegenwärtig ist, anzupassen. Ihre Fähigkeit, mit dieser Omnipotenz zusammenzuarbeiten, wird den Grad des Erfolgs, mit dem Sie sich treffen, anzeigen.

10. Die Kraft des Gedankens hat viele Fälschungen, die mehr oder weniger faszinierend sind, aber deren Ergebnisse schädlich sind.

11. Natürlich produzieren Sorge, Angst und alle negativen Gedanken eine Ernte nach ihrer Art. Diejenigen, welche die Gedanken dieser Art denken, müssen unvermeidlich ernten, was sie gesät haben.

12. Nochmals, es gibt die Phänomen-Sucher, die sich auf die so genannten Beweise und Demonstrationen stützen. Sie öffnen ihre geistigen Türen und versenken sich in die giftigsten Ströme, welche je in der psychischen Welt gefunden werden können. Sie scheinen nicht zu verstehen, dass es der Weg ist, negativ empfänglich und passiv zu werden und folglich ihre ganze Lebenskraft zu verlieren, die ihnen ermöglicht, diese schwingungsfähigen gedanklichen Formen zu verursachen.

13. Es gibt auch hinduistische Anbeter, die in den verwirklichenden Phänomenen, die von den so genannten Meistern durchgeführt werden, eine Quelle der Kraft sehen. Sie vergessen, oder haben scheinbar nie begriffen, dass sobald der Wille zurückgezogen wird, die Formen austrocknen und die schwingungsfähigen Kräfte verschwinden.

14. Telepathie oder Gedankenübertragung hat beträchtliche Aufmerksamkeit erhalten, aber wenn es einen negativen geistigen Zustand seitens des Empfängers erfordert, ist die Praxis schädlich.

15. In vielen Beispielen ist Hypnose für den Betreffenden sowie für den Anwender gefährlich. Keiner, der mit den Gesetzen, die in der geistigen Welt regieren, vertraut ist, würde versuchen, den Willen eines anderen zu beherrschen, weil, wenn er das tut, er allmählich (aber sicher) sich seiner eigenen Kraft beraubt.

16. Alle diese Verdrehungen haben ihre vorläufige Befriedigung und für einige eine scharfe Faszination, aber es gibt eine ungeheuer größere Faszination in einem wahren Verstehen der Welt, der Kraft in uns selbst, eine Kraft, die mit dem Gebrauch zunimmt. Sie ist dauerhaft statt abnehmend. Diese Kraft ist nicht nur eine starke, heilende Kraft, um das Heilmittel gegen die vergangenen Fehler oder Ergebnisse des falschen Denkens zu finden, sondern es ist auch eine vorbeugende Kraft, die uns vor aller Art und Form der Gefahr schützt und schließlich eine wirkliche schöpferische Kraft ist, mit der wir neue Bedingungen und neue Umgebung aufbauen können.

17. Das Gesetz ist, dass der Gedanke seinem Ziel entsprechen und sich in der materiellen Welt manifestieren wird. Wir nehmen dann die absolute Wichtigkeit wahr, dass jeder Gedanke einen innewohnenden Keim der Wahrheit hat, damit das Gesetz des Wachstums Gutes in die Manifestation bringt, für Gutes jedoch kann nur dauerhafte Kraft sorgen.

18. Der Grundsatz, der dem Gedanken die dynamische Kraft verleiht, seinem Ziel zu entsprechen und deshalb jede nachteilige menschliche Erfahrung zu meistern, ist das Gesetz der Anziehung, das ein anderer Name für die Liebe ist. Das ist ein ewiger und grundsätzlicher Grundsatz, innewohnend in allen Dingen, jedem System der Philosophie, in jeder Religion und in jeder Wissenschaft. Es gibt kein Entkommen von dem Gesetz der Liebe. Es ist das Gefühl, das dem Gedanken Lebenskraft verleiht. Gefühl ist Wunsch und Wunsch ist Liebe. Gedanke, gesättigt mit der Liebe, wird unbesiegbar.

19. Wir finden, dass diese Wahrheit betont, wo auch immer die Kraft des Gedankens verstanden wird, dass der Universale Geist nicht nur Intelligenz ist, sondern auch eine Substanz. Diese Substanz ist die anziehende Kraft, die Elektronen nach dem Gesetz der Anziehung zusammenbringt, so dass sie Atome bilden. Die Atome wiederum formen Moleküle nach demselben Gesetz. Moleküle nehmen objektive Formen an und so erkennen wir, dass das Gesetz der Liebe die schöpferische Kraft hinter jeder Manifestation steht. Es manifestiert nicht nur Atome, sondern Welten des Universums,

Welten von allem, was die Vorstellungskraft je in ein Konzept formen kann.

20. Es ist die Ausführung dieses erstaunlichen Gesetzes der Anziehung, der die Menschen in jedem Alter und allen Zeiten veranlasst hat zu glauben, dass es ein Persönliches Wesen geben muss, das auf ihre Bitten und Wünsche antwortet und Ereignisse ändert, um ihre Voraussetzungen zu erfüllen.

21. Es ist die Kombination des Gedankens und der Liebe, welche die unwiderstehliche Kraft (genannt das Gesetz der Anziehungskraft) bildet. Alle natürlichen Gesetze, das Gesetz der Schwerkraft oder Elektrizität oder jedes andere Gesetz, das mit der mathematischen Genauigkeit funktioniert, sind unwiderstehlich. Es gibt keine Schwankung, das ist nur der Kanal der Verteilung, der unvollkommen sein kann. Wenn eine Brücke fällt, geben wir für den Zusammenbruch nicht dem Gesetz der Schwerkraft die Schuld. Wenn ein Licht ausfällt, beschuldigen wir nicht das Gesetz der Elektrizität, und wenn das Gesetz der Anziehung von einer unerfahrenen oder uninformierten Person unvollkommen demonstriert wird, können wir nicht behaupten, dass das größte und unfehlbarste Gesetz, von welchem das ganze System der Schöpfung abhängt, schuld daran ist. Wir sollten eher annehmen, dass ein wenig mehr Kenntnis des Gesetzes erforderlich ist, aus demselben Grund, wie eine richtige Lösung eines schwierigen Problems in der Mathematik nicht immer sofort und leicht gewonnen wird.

22. Dinge werden zuerst in der geistigen oder spirituellen Welt geschaffen, bevor sie in den äußeren Ereignissen erscheinen. Durch ein einfaches Verfahren, unsere Gedankenkräfte heute zu leiten, helfen wir, die Ereignisse zu erschaffen, die in unser Leben in der Zukunft, vielleicht sogar schon morgen, eintreten werden. Gebildeter Wunsch ist das stärkste Mittel, um das Gesetz der Anziehung in die Handlung zu bringen.

23. Der Mensch ist so eingestellt, dass er zuerst die Werkzeuge schaffen muss, durch die er die Kraft zu denken gewinnt. Der Geist kann nicht eine völlig neue Idee begreifen, bis eine entsprechende schwingungsfähige Gehirnzelle bereit ist, sie zu empfangen. Das erklärt, warum das für uns so schwierig ist, zu empfangen oder eine völlig neue Idee zu schätzen. Wir haben keine Gehirnzelle, die fähig ist, zu empfangen, deshalb sind wir kritisch und glauben es nicht.

24. Deshalb, wenn Sie mit der Allmächtigkeit des Gesetzes der Anziehung und der wissenschaftlichen Methode nicht vertraut gewesen sind, durch die es in Betrieb gesetzt werden kann, oder wenn Sie mit den unbegrenzten Möglichkeiten nicht vertraut gewesen sind, welche sich für denjenigen

öffnet, der diese Mittel nutzen kann, beginnen Sie jetzt und schaffen die notwendigen Gehirnzellen, die Ihnen ermöglichen werden, die unbegrenzten Kräfte in Ihnen zu begreifen. Das wird durch die Konzentration oder Aufmerksamkeit getan.

25. Die Absicht oder ein Ziel regelt die Aufmerksamkeit. Kraft kommt durch die Ruhe. Es geschieht durch die Konzentration, durch die tiefe Gedanken, kluge Reden und alle Kräfte des hohen Potentials erreicht werden.

26. Es ist die Stille, in der Sie in Berührung mit der allmächtigen Kraft des unterbewussten Geistes kommen, aus der die ganze Kraft entwickelt wird.

27. Derjenige, der Weisheit, Kraft oder dauerhaften Erfolg jeder Art wünscht, wird es nur in der „inneren Welt" finden, es ist ein Entfalten. Ohne lange nachzudenken kann man beschließen, dass die Stille sehr einfach und leicht zu erreichen ist, aber man darf nicht vergessen, dass man nur in der absoluten Stille in Kontakt mit der Gottheit selbst eintreten kann. Man kann nur dann vom unveränderlichen Gesetz lernen und für sich selbst die Kanäle öffnen, durch die ständige Praxis und Konzentration zu Vollkommenheit führen.

28. In dieser Woche gehen Sie zu demselben Zimmer, nehmen Sie denselben Stuhl, dieselbe Position wie vorher ein. Entspannen Sie sich! Lassen sie los, sowohl geistig als auch körperlich. Tun Sie das immer, versuchen Sie niemals irgendeine geistige Arbeit unter Druck zu tun. Schauen Sie, dass es keine angespannten Muskeln oder Nerven gibt, dass Sie völlig bequem sitzen. Realisieren Sie jetzt Ihre Einheit mit der Allmächtigkeit. Geraten Sie in Berührung mit dieser Macht, treten Sie in ein tiefes und lebenswichtiges Verstehen, in Erkenntnis der Tatsache ein, dass Ihre Fähigkeit zu denken Ihre Fähigkeit ist, nach dem universalen Geist zu handeln und es in die Manifestation zu bringen. Begreifen Sie, dass der universale Geist irgendeine Voraussetzung treffen wird, dass Sie genau dieselbe potenzielle Fähigkeit haben, die jede Person immer hatte oder immer haben wird. Es ist so, weil jeder nur ein Ausdruck oder Manifestation von EINEM ist, alle sind Teil des GANZEN, es gibt keinen Unterschied in der Art oder Qualität, der einzige Unterschied ist der des Ausmaßes.

Teil 12
Lernfragen mit Antworten

111. Wie kann irgendeine Absicht im Leben, am besten vollbracht werden? – Durch ein wissenschaftliches Verstehen der geistigen Natur des Gedankens.

112. Welche drei Schritte sind absolut notwendig? – Die Kenntnisse unserer Kraft, der Mut sich zu trauen, und das Vertrauen es zu tun.

113. Wie werden die praktischen, ausreichenden Kenntnisse gesichert? – Durch das Verstehen der natürlichen Gesetze.

114. Was ist die Belohnung des Verstehens dieser Gesetze? – Eine bewusste Erkenntnis unserer Fähigkeit, uns selbst an den unveränderlichen Grundsatz anzupassen.

115. Was wird das Ausmaß des Erfolgs anzeigen, mit dem wir uns treffen? – Der Ausmaß, in dem wir begreifen, dass wir das Unendliche nicht ändern können, aber damit zusammenarbeiten müssen.

116. Was ist der Grundsatz, der dem Gedanken seine dynamische Kraft gibt? – Das Gesetz der Anziehung, das auf Schwingungen ruht, die sich wiederum auf das Gesetz der Liebe stützen. Gedanke, gesättigt mit der Liebe, wird unbesiegbar.

117. Warum ist dieses Gesetz unaufhaltsam? – Weil es ein natürliches Gesetz ist. Alle natürlichen Gesetze sind unaufhaltsam und unveränderlich und funktionieren mit der mathematischen Genauigkeit. Es gibt keine Abweichung oder Schwankung.

118. Warum scheint es dann manchmal schwierig, die Lösung zu unseren Problemen im Leben zu finden? – Aus demselben Grund, dass es manchmal schwierig ist, die richtige Lösung zu einem schwierigen mathematischen Problem zu finden. Der Anwender ist uninformiert oder unerfahren.

119. Warum ist es für den Geist unmöglich, eine völlig neue Idee zu begreifen? – Wir haben keine entsprechende, schwingungsfähige Gehirnzelle, die dazu fähig ist, die Idee zu empfangen.

120. Wie können wir uns Weisheit sichern? – Durch die Konzentration; es ist ein Entfalten, aus dem sich die Weisheit entwickelt.

„Denken bedeutet Leben, da die, die nicht denken, in keinem hohen oder wirklichen Sinn leben. Das Denken kreiert den Menschen."

A. B. Alcott

Der dreizehnte Teil

Das Gesetz der Verursachung

Einleitung (Teil 13)

Physische Wissenschaft ist für das erstaunliche Zeitalter der Erfindung verantwortlich, in der wir jetzt leben, aber für die geistige Wissenschaft bricht jetzt eine Karriere an, deren Möglichkeiten keiner voraussagen kann.

Geistige Wissenschaft ist vorher wie ein Fußball gekickt worden, vom Ungebildeten, zum Abergläubischen, dann zum Mystischem, aber Menschen interessieren sich jetzt nur für genaue Methoden und demonstrierbare Tatsachen.

Wir wissen jetzt, dass das Denken ein geistiger Prozess ist, dass Vision und Einbildungskraft der Handlung und dem Ereignis vorangingen, dass der Tag des Träumers gekommen ist.

Die folgenden Strophen vom Herrn Herbert Kaufman sind in dieser Verbindung sehr interessant.

„Sie sind die Architekten der Größe, ihre Visionen liegen innerhalb ihrer Seelen, sie sehen hinter die Schleier und Nebel von Zweifel und durchstoßen die Wände der ungeborenen Zeit. Das angeschnallte Rad, die Spur von Stahl, die drehenden Schrauben sind Weberschiffchen im Webstuhl, auf dem sie ihre magischen Wandteppiche weben. Schöpfer des Imperiums haben um größere Dinge wie Kronen und für höhere Sitze wie Throne gekämpft. Ihre Häuser werden auf das Land gesetzt, das ein Träumer fand. Das sind die wenigen Auserwählten - die Funkenstreuer auf dem Weg. Mauern zerbröseln und das Imperium fällt, die Flut rauscht vom Meer und reißt eine Festung von ihren Felsen. Die verfaulten Nationen fallen vom Ast der Zeit und nur Dinge, die der Träumer erschafft, leben weiter."

Teil 13, der jetzt folgt, erzählt, warum sich die Träume des Träumers erfüllen. Er erklärt das Gesetz der Verursachung, das den Träumern, Erfindern, Autoren und Finanzleuten die Verwirklichung ihrer Wünsche ermöglicht. Es erklärt das Gesetz, nach dem die Dinge, die vor unserem Geist geschildert werden, unser eigen werden.

Teil 13 -
Das Gesetz der Verursachung

01. Es ist ein Zwang für die Wissenschaft, nach der Erklärung von täglichen Tatsachen durch eine Verallgemeinerung jener anderen zu suchen, die weniger häufig auftreten und somit die Ausnahme bilden. So manifestiert die Hitze den Ausbruch des Vulkans. Die Hitze, die ständig im Inneren der Erde am Werk ist und viel dem inneren Aufbau verdankt.

02. So offenbart der Blitz eine subtile Kraft, die ständig beschäftigt ist, um Änderungen in der anorganischen Welt zu erzeugen, und, wie in alten Sprachen, jetzt nur noch selten gehört und früher unter den Nationen gesprochen wurden, so trägt ein riesiger Zahn in Sibirien oder ein Fossil in der Tiefe der Erde nicht nur zur Aufzeichnung der Evolution von vergangenen Zeitaltern bei, sondern erklärt uns dadurch den Ursprung der Hügel und Täler, die wir heute bewohnen.

03. Auf diese Weise ist eine Allgemeinheit von Tatsachen, die selten und sonderbar sind oder die Ausnahme bilden, der magnetische Zeigeführer zu allen Entdeckungen der induktiven Wissenschaft gewesen.

04. Diese Methode wurde auf den Grund von Erfahrung gegründet und zerstörte dadurch Aberglaube, Präzedenzfall und schlechte Gewohnheiten.

05. Es ist fast dreihundert Jahre her, seitdem Lord Bacon diese Methode der Studie empfahl, der die zivilisierten Nationen den größeren Teil ihres Wohlstands und der wertvolleren Bereiche ihrer Kenntnisse verdanken. Das Reinigen des Geistes von begrenzten Vorurteilen und benannten Theorien ist wirksamer als durch die schärfste Ironie. Das Herbeirufen der Aufmerksamkeit von Menschen ist durch überraschende Experimente erfolgreicher als durch die gewaltsamste Demonstration der Unerfahrenheit. Das Heranbilden der erfinderischen Möglichkeiten ist stärker durch die nahe Aussicht auf nützliche Entdeckungen, die für alle offen sind, als durch das Gespräch, um die angeborenen Gesetze unserer Meinung ans Licht zu bringen.

06. Die Methode voc Bacon hat Geist und Ziel der großen Philosophen Griechenlands aufgegriffen und sie durch die neuen Mittel der Beobachtung verwirklicht, die ein anderes Zeitalter anbot. So allmählich wurde ein erstaunliches Feld von Kenntnissen im unendlichen Raum der Astronomie, im mikroskopischen Ei der Embryologie und des dunklen Zeitalters der Geologie offenbart - das Freigeben einer Reihe von Impulsen, welche die Logik von Aristoteles niemals entschleiert haben könnte. Und auch die unbekannten Elemente der materiellen Kombination konnten von Gelehrten nicht auseinander genommen werden.

07. Dieses Wissen hat Leben verlängert, hat Schmerz gelindert, hat Krankheiten ausgelöscht, es hat die Fruchtbarkeit des Bodens vergrößert, es hat neue Sicherheit dem Seemann gegeben, es hat große Flüsse mit Brücken überspannt, es hat den Blitzstrahl vom Himmel bis zur Erde geführt, es hat die Nacht mit der Pracht des Tages beleuchtet, es hat die Auswahl der menschlichen Vision erweitert, es hat die Kraft der menschlichen Muskeln multipliziert, es hat Bewegung beschleunigt, es hat Entfernungen verkürzt, es hat Umgang, Schriftverkehr aller freundlichen Büros erleichtert, es hat Menschen ermöglicht in die Tiefen des Meeres hinunterzutauchen, in die Atmosphäre aufzusteigen und sicher in die gefährlichen Einschnitte der Erde einzudringen.

08. Das ist dann die wahre Natur und Umfang der Induktion. Aber je größer der Erfolg, den die Menschen in der induktiven Wissenschaft erreicht haben, desto mehr beeindruckt uns der ganze Gang ihrer Lehren und Beispiele mit der Notwendigkeit sorgfältiger, geduldiger und genauer Beobachtung und zwar mit allen Instrumenten und Mitteln die uns zur Verfügung stehen.

09. Um die Lage des Funken - erzeugt aus der elektrischen Maschine unter jeder Vielfalt der Verhältnisse - festzustellen, können wir durch Franklin ermutigt werden, indem wir die Frage über die Natur des Blitzes in Form eines Flugdrachens zur Wolke richten. Auf die Art, wie Galileo uns versichert, dass ein Körper mit einer Genauigkeit fällt, können wir Newton befragen über die Kräfte, die Mond und Erde aufeinander ausüben.

10. Kurz gesagt, durch den Wert stellen wir uns auf die Wahrheit ein, durch unsere Hoffnung stellen wir uns auf den Ablauf ein, nicht um ein tyrannisches Vorurteil zu erlauben oder unwillkommene Tatsachen zu verstümmeln, sondern um den Aufbau der Wissenschaft auf die breite und unveränderliche Basis zu stellen unter voller Aufmerksamkeit gegenüber den meisten häufigen Phänomenen.

11. Eine Materie kann durch die Beobachtung verstanden werden, aber die angesammelten Tatsachen sind von sehr unterschiedlicher Wichtigkeit für die Erklärung der Natur, und wie wir am höchsten diese nützlichen Qualitäten von Menschen schätzen, welche vom seltensten Falle sind, so siebt die natürliche Philosophie die Tatsachen und legt eine herausragende Bedeutung dieser bemerkenswerten Klasse bei, welche durch die übliche und tägliche Beobachtung des Lebens nicht verantwortlich gewesen werden kann.

12. Wenn wir also denken, dass eine bestimmte Person ungewöhnliche Macht zu besitzen scheint, was sollen wir dann daraus schließen? Zuerst können wir sagen, es ist nicht so, was einfach nur eine Anerkennung unseres Mangels an der Information ist, weil jeder ehrliche Ermittlungsbeamte zugibt, dass es viele fremde und vorher unerklärliche Phänomene gibt, die ständig stattfinden. Diejenigen jedoch, die mit der kreativen Kraft des Gedankens bekannt gemacht werden, werden nicht mehr unerklärlich über sie nachdenken.

13. Zweitens können wir sagen, dass sie das Ergebnis der übernatürlichen Kraft sind, aber ein wissenschaftliches Verstehen von natürlichen Gesetzen wird uns überzeugen, dass es nichts Übernatürliches gibt. Jedes Phänomen ist das Ergebnis einer genauen, bestimmten Ursache, und die Ursache ist ein unveränderliches Gesetz oder Grundsatz, welcher mit der unveränderlichen Präzision funktioniert, ob das Gesetz bewusst oder unbewusst in Betrieb gesetzt wird.

14. Drittens können wir sagen, dass wir auf dem „verbotenen Grund" sind, dass es dort einige Dinge gibt, die wir nicht wissen sollten. Dieser Einwand wurde gegen jeden Fortschritt in menschlichen Kenntnissen verwendet. Jede Person, die jemals eine neue Idee hervorbrachte, ob ein Columbus, ein Darwin, ein Galileo, ein Fulton oder ein Emerson, wurde verspottet oder verfolgt. So dass dieser Einwand keine ernste Rücksicht erhalten sollte, im Gegenteil, sollten wir über jede Tatsache, die zu unserer Aufmerksamkeit gebracht wird, sorgfältig nachdenken. Wenn wir das tun werden, werden wir das Gesetz mehr bereitwillig feststellen, auf welchem es beruht.

15. Wir werden erkennen, dass die kreative Kraft des Gedankens jede mögliche Bedingung, jeden Zustand oder jede Erfahrung, ob körperlich, geistig oder spirituell, erklären wird.

16. Der Gedanke wird Bedingungen in der Ähnlichkeit mit der vorherrschenden geistigen Einstellung verursachen, auch wenn wir Unheil fürchten. Da Angst eine mächtige Form des Gedankens ist, ist Unheil die

genaue Folge unseres Denkens. Es ist diese Form des Gedankens, welche oft das Ergebnis von vielen Jahren der Mühe und Anstrengung wegfegt.

17. Wenn wir an eine Form des materiellen Reichtums denken, können wir es uns sichern. Durch den konzentrierten Gedanken werden die erforderlichen Bedingungen hervorgebracht und er verursacht den richtigen Aufwand. Dies wird auf das Verursachen der Verhältnisse hinauslaufen, welche notwendig sind, unsere Wünsche zu realisieren. Aber wir finden häufig, dass, wenn wir die Dinge sichern, die wir dachten, dass wir sie wollten, so haben diese Dinge nicht den Effekt oder Wirkung, die wir erwarteten. D. h. die Befriedigung ist nur vorläufig, oder ist vielleicht das Gegenteil dessen, was wir erwarteten.

18. Wie ist dann die richtige Methode bei diesem Verfahren? Was sollen wir denken, um das zu sichern, was wir wirklich wünschen? Was Sie und ich wünschen, was wir alle wünschen, was jeder sucht, ist Glück und Harmonie. Wenn wir aufrichtig glücklich sein können, sollen wir alles haben, was die Welt uns geben kann. Wenn wir selbst glücklich sind, dann können wir andere glücklich machen.

19. Aber wir können nicht glücklich sein, es sei denn wir haben Gesundheit, Kraft, angenehme Freunde, angenehme Umgebung, ausreichende Versorgung, um nicht nur auf unsere Bedürfnisse aufzupassen, sondern für diejenigen Komfort und Luxus zu bieten, mit denen wir uns umgeben.

20. Die altgläubige Denkart war ein „Wurm", mit dem zufrieden zu sein, was wir haben, aber die moderne Idee ist zu wissen, dass wir zum Besten von allem berechtigt sind, dass der „Vater und ich EINS sind", und dass der „Vater" der universale Geist, der Schöpfer, die ursprüngliche Substanz ist, von der alle Dinge ausgehen.

21. Zugegeben, dass das alles in der Theorie wahr ist und seit zweitausend Jahren gelehrt worden und die Essenz jedes Systems der Philosophie oder Religion ist. Wie sollen wir es praktisch in unserem Leben anwenden? Wie sollen wir die wirklichen, spürbaren Ergebnisse hier und jetzt bekommen?

22. An erster Stelle müssen wir unser Wissen in die Praxis umsetzen. Nichts kann auf eine andere Weise vollbracht werden. Der Athlet kann sein ganzes Leben lang Bücher und Lehren über die körperliche Ausbildung lesen, aber bis er beginnt, die Kraft durch die wirkliche Anstrengung auszugeben, wird er vorher niemals Kraft erhalten. Er wird schließlich genau die Kraft bekommen, die er gibt, aber er wird diese zuerst geben müssen. Das ist genau dasselbe mit uns, wir werden genau das bekommen,

was wir geben, aber wir müssen es zuerst haben um es geben zu können. Es wird uns dann vielfach zurückgegeben, und das Geben ist nur ein geistiger Prozess, weil Gedanken Ursachen und Bedingungen Wirkungen sind. Deshalb im Geben von Gedanken an Mut, Inspiration, Gesundheit oder Hilfe jeder Art setzen wir Ursachen in Bewegung, die ihre Wirkungen auslösen werden.

23. Denken ist eine geistige Tätigkeit und ist deshalb schöpferisch, aber verstehen Sie es richtig: im Denken wird nichts geschaffen, bis es bewusst, systematisch und konstruktiv geleitet wird. Das ist der Unterschied zwischen dem faulen Denken, das einfach nur eine Verschwendung der Anstrengung und des konstruktiven Denkens, was praktisch unbegrenztes Zustandebringen bedeutet.

24. Wir haben erfahren, dass alles, was wir bekommen, zu uns nach dem Gesetz der Anziehung kommt. Ein glücklicher Gedanke kann nicht in einem unglücklichen Bewusstsein bestehen, deshalb muss sich das Bewusstsein ändern und wenn sich das Bewusstsein ändert, werden alle Bedingungen, die notwendig sind, das geänderte Bewusstsein zu treffen, sich allmählich ändern, um den Anforderungen der neuen Situation zu entsprechen.

25. Im Erschaffen eines geistigen Bildes oder eines Ideales, projizieren wir einen Gedanken in die universale Substanz, von der alle Dinge geschaffen werden. Diese universale Substanz ist allgegenwärtig, allmächtig und allwissend. Sollen wir das Allwissende betreffs des richtigen Kanals informieren, der zu verwenden ist, um unsere Nachfrage zu verwirklichen? Kann das Begrenzte das Unendliche beraten? Das ist die Ursache des Misserfolgs, jedes Misserfolgs. Wir erkennen die Allgegenwart der universalen Substanz an, aber wir scheitern, die Tatsache zu schätzen, dass diese Substanz nicht nur allgegenwärtig ist, sondern allmächtig und allwissend ist und deshalb Ursachen in Bewegung bringen wird, bezüglich deren wir völlig unwissend sein können.

26. Wir können am besten unsere Interessen bewahren, indem wir die unendliche Kraft und unendliche Weisheit des universalen Geistes anerkennen und auf diese Weise zu einem Kanal werden, wodurch das Unendliche die Verwirklichung unseres Wunsches verursachen kann. Das bedeutet, dass Anerkennung die Verwirklichung verursacht. Deshalb machen Sie, für Ihre Übung in dieser Woche, den Gebrauch vom Grundsatz, erkennen Sie die Tatsache an, dass Sie ein Teil des Ganzen sind, und dass ein Teil dasselbe in der Art und Qualität als das Ganze sein muss. Der einzige Unterschied kann nur, im Grad sein.

27. Wenn diese gewaltige Tatsache beginnt, Ihr Bewusstsein zu durchdringen, wenn Sie wirklich in eine Erkenntnis der Tatsache eintreten, dass Sie (nicht Ihr Körper, sondern das Ego), das „Ich", der Geist, der denkt, ein eingebauter Bestandteil des großen Ganzen ist, dass es dasselbe in der Substanz, in der Qualität, in der Art ist, dass der Schöpfer nichts anderes von Sich selbst schaffen konnte, werden Sie auch im Stande sein zu sagen, „Der Vater und ich sind EINS". Sie werden in ein Verstehen der Schönheit, der Großartigkeit, in die übersinnliche Gelegenheiten eintreten, die zu Ihrer Verfügung gestellt worden ist.

„Steigere in mir die Weisheit, welche mein wahrstes Interesse entdeckt, stärke meine Entschlossenheit, um das durchzuführen, was die Weisheit vorschreibt."

Franklin

Teil 13
Lernfragen mit Antworten

121. Wie ist die Methode, durch welche die Philosophen ihre Kenntnisse gewinnen und anwenden? – Einzelne Tatsachen sorgfältig, geduldig, genau, mit allen Instrumenten und Mitteln, die ihnen zur Verfügung stehen, beobachten, bevor man wagt, eine Behauptung vor allgemeine Gesetze zu stellen.

122. Wie können wir sicher sein, dass diese Methode richtig ist? – Indem wir kein tyrannisches Vorurteil erlauben oder unwillkommene Tatsachen verstümmeln.

123. Welche Arten von Tatsachen, werden am höchsten geschätzt? – Die Tatsachen, die durch die gewöhnliche tägliche Beobachtung des Lebens nicht verantwortlich gewesen werden können.

124. Auf was wird dieser Grundsatz gegründet? – Auf den Grund und auf die Erfahrung.

125. Was zerstört dieser Grundsatz? – Aberglaube, Präzedenzfall und schlechte Gewohnheiten.

126. Wie sind diese Gesetze entdeckt worden? – Durch eine Verallgemeinerung von Tatsachen, die ungewöhnlich, selten, sonderbar sind und die Ausnahme bilden.

127. Wie können wir für viele fremde und ehemals unerklärliche Phänomene, die ständig stattfinden, verantwortlich sein? – Durch die schöpferische Kraft des Gedankens.

128. Warum ist das so? – Weil, wenn wir von einer Tatsache lernen, dann können wir sicher sein, dass es das Ergebnis einer bestimmten, eindeutigen Ursache ist, und dass diese Ursache mit der unveränderlichen Präzision funktionieren wird.

129. Was ist das Ergebnis dieser Kenntnisse? – Es wird die Ursache jeder möglichen Bedingung, ob physisch, geistig oder spirituell erklären.

130. Wie wird unser bestes Interesse erhalten werden? – Durch eine Erkennung der Tatsache, dass Kenntnisse der kreativen Natur des Gedankens uns in die Berührung mit der unendlichen Kraft bringen.

„Ein lebhafter Gedanke bringt die Kraft, ihn zu malen; im Verhältnis zur Tiefe seiner Quelle ist die Kraft ihre Projektion."

Emerson

Der vierzehnte Teil

Disziplin des konstruktiven Denkens

Einleitung (Teil 14)

Sie haben bei Ihrer Studie soweit erkannt, dass der Gedanke, eine geistige Tätigkeit und deshalb mit der schöpferischen Kraft ausgestattet ist. Das bedeutet nicht, dass irgendein Gedanke schöpferisch ist, sondern dass alle Gedanken es sind. Derselbe Grundsatz kann auf eine negative Weise, durch den Prozess der Ablehnung in Gang gebracht werden.

Das Bewusstsein und das Unterbewusstsein sind nur zwei Phasen der Handlung im Zusammenhang mit einem Geist. Die Beziehung vom Unterbewusstsein zum Bewusstsein entspricht ziemlich der Beziehung zwischen der Wetterfahne und dem Klima.

Genau wie der geringste Druck beim Klima eine Handlung seitens der Wetterfahne verursacht, so erzeugt der geringste Gedanke, innerhalb Ihres Unterbewusstseins die Handlung im genauen Verhältnis zur Tiefe des Gefühls, so dass die Eigenschaft des Gedankens der Intensität des Denkens nachgegeben wird.

Hieraus folgt, dass wenn Sie unbefriedigende Bedingungen ablehnen, ziehen Sie die schöpferische Kraft Ihres Gedankens von diesen Bedingungen zurück. Sie schneiden sie an der Wurzel ab. Sie entsaften ihre Lebenskraft.

Erinnern Sie sich, dass das Gesetz des Wachstums zwangsläufig jede Manifestation im Ziel regelt, so dass eine Ablehnung von unbefriedigenden Bedingungen keine sofortige Änderung verursachen wird. Eine Pflanze wird für einige Zeit sichtbar bleiben, nachdem ihre Wurzeln geschnitten worden sind, aber sie wird allmählich ableben und schließlich verschwinden, so wird der Abzug Ihres Gedankens vom Überdenken allmählich diese Bedingungen beseitigen.

Sie werden erkennen, dass genau das ein entgegengesetzter Weg von dem ist, den wir normalerweise annehmen würden.

Es wird deshalb eine genau entgegen gesetzte Wirkung als gewöhnlich haben. Die meisten Personen konzentrieren sich versessen auf unbefriedigende Bedingungen und entziehen dadurch der Bedingung ein solches Maß an Energie und Lebenskraft, welche notwendig ist, um ein kräftiges Wachstum zu liefern.

Teil 14 -

Disziplin des konstruktiven Denkens

01. Die universale Energie, in der die ganze Bewegung, das Licht, die Hitze und die Farbe ihren Ursprung haben, nimmt an der Beschränkung der vielen Wirkungen, von denen es die Ursache ist, nicht teil. Aber es ist das Höchste von all dem. Diese universale Substanz ist die Quelle ALLER Kraft, Weisheit und Intelligenz.

02. Diese Intelligenz anzuerkennen, heißt: mit der wissenden Qualität des Geistes bekannt zu werden, sich dadurch auf die Universale Substanz zu bewegen und es in harmonische Beziehungen zu Ihren Angelegenheiten zu bringen.

03. Das ist etwas, was der gelehrte physische Wissenschaftslehrer nicht versucht hat - ein Feld der Entdeckung, die er noch nicht gestartet hat. Tatsächlich haben nur wenige der materialistischen Schulen jemals den ersten Strahl dieses Lichtes gefangen. Es scheint bei ihnen nicht angekommen zu sein, dass Weisheit genauso überall anwesend ist, wie es die Kraft und die Substanz ist.

04. Einige werden fragen: Wenn diese Grundsätze wahr sind, warum verkünden wir sie nicht? Wenn der wesentliche Grundsatz offensichtlich richtig ist, warum erhalten wir nicht die richtigen Ergebnisse? Wir bekommen laufend Resultate in genauer Übereinstimmung mit unserem Verstehen des Gesetzes und unserer Fähigkeit, die richtige Anwendung vorzunehmen. Wir konnten uns keine Ergebnisse von den Gesetzen der Elektrizität sichern, bis jemand das Gesetz formulierte und uns zeigte, wie man es anwendet.

05. Das bringt uns in eine völlig neue Beziehung zu unserer Umgebung, eröffnet uns Möglichkeiten, von denen wir vorher nicht mal geträumt haben und das durch einen regelmäßigen Ablauf des Gesetzes, das an unserer neuen geistigen Einstellung natürlich eingeschlossen wird.

06. Geist ist schöpferisch und der Grundsatz, auf den dieses Gesetz beruht, ist gesund und legitim und ist der Natur von Dingen zugehörig. Diese

schöpferische Kraft entsteht aber nicht in dem Individuum, sondern im Universalen, welches die Quelle und der Brunnen der ganzen Energie und Substanz ist. Das Individuum ist nur der Kanal für die Verteilung dieser Energie. Die Person ist das Mittel, durch welches das Universale die verschiedenen Bindungen, welche auf die Bildung von Phänomenen hinauslaufen, erzeugt.

07. Wir wissen, dass Wissenschaftler Materie in eine riesige Anzahl von Molekülen aufgelöst haben. Diese Moleküle sind in Atome und die Atome in Elektronen aufgelöst worden. Die Entdeckung von Elektronen in Hoch-Vakuumglastuben, die verschmolzene Teile von hartem Metall enthalten, zeigt anschließend an, dass diese Elektronen den ganzen Raum füllen, dass sie überall bestehen, dass sie allgegenwärtig sind. Sie füllen alle materiellen Körper und besetzen den ganzen, wie wir es nennen, leeren Raum. Das ist dann die Universale Substanz, von der alle Dinge weitergehen.

08. Elektronen würden für immer Elektronen bleiben, wenn sie nicht geleitet würden, sich zu Atomen und Molekülen zu sammeln, und dieser Leiter ist Geist (Gedanke). Mehrere Elektronen, die um ein Zentrum der Kraft kreisen, bilden ein Atom. Atome vereinigen sich in absolut regelmäßigen mathematischen Verhältnissen und formen Moleküle und diese vereinigen sich miteinander, um eine Menge von Zusammensetzungen zu bilden, welche sich vereinigen, um das Universum aufzubauen.

09. Das leichteste bekannte Atom ist Wasserstoff und es ist 1.700-mal schwerer als ein Elektron. Ein Atom von Quecksilber ist 300.000-mal schwerer als ein Elektron. Elektronen sind pure negative Elektrizität, und da sie dieselbe potenzielle Geschwindigkeit haben, wie die ganze andere kosmische Energie z.B. Hitze, Licht, Elektrizität und Gedanke, erfordern diese weder Zeit noch Raum. Die Art, auf die die Geschwindigkeit des Lichtes festgestellt wurde, ist interessant.

10. Die Geschwindigkeit des Lichtes wurde vom dänischen Astronomen Roemer 1676 beim Beobachten der Mondfinsternis der Monde des Jupiters erkannt. Als die Erde zum Jupiter am nächsten war, erschienen die Lichtumrisse ungefähr achteinhalb Minuten zu früh für die Berechnungen, und als die Erde vom Jupiter am weitesten entfernt war, waren sie ungefähr achteinhalb Minuten zu spät. Roemer schloss daraus, dass das Licht 17 Minuten benötigt um die Distanz vom Planeten Erde bis zum Jupiter zurückzulegen. Diese Berechnung ist seitdem nachgeprüft und bewiesen worden, dass das Licht ungefähr 186000 Meilen pro Sekunde zurücklegt.

11. Elektronen erscheinen im Körper als Zellen und verfügen über Geist und Intelligenz, genügend um ihre Funktionen in der menschlichen physischen Anatomie durchzuführen. Jeder Teil des Körpers wird aus Zellen zusammengesetzt, von denen einige unabhängig funktionieren, andere wiederum in Gemeinschaften. Einige sind damit beschäftigt, Gewebe aufzubauen, während andere mit dem Formen der verschiedenen - für den Körper notwendigen - Beseitigungen beschäftigt sind. Einige arbeiten als Träger des Materials, andere sind die Chirurgen, deren Werk es ist, Schaden zu reparieren. Andere Zellen sind Müllmänner, die den Abfall fortschaffen, wiederum ganz andere sind ständig bereit, Eindringlinge oder anderes unerwünschtes Eindringen der Krankheitserreger zu verhindern.

12. Alle diese Zellen bewegen sich zu einem gemeinsamen Zweck und jeder ist nicht nur ein lebender Organismus, sondern hat genügend Intelligenz, um es sich selbst zu ermöglichen, ihre notwendigen Aufgaben durchzuführen. Sie sind auch mit genügend Intelligenz ausgestattet, um die Energie zu erhalten und ihr eigenes Leben fortzusetzen. Die Zellen müssen deshalb ausreichend Nahrung sichern, und es ist erkannt worden, dass es eine Auswahl in der Menge solcher Nahrung trifft.

13. Jede Zelle ist geboren, pflanzt sich fort, stirbt und wird absorbiert. Die Wartung der Gesundheit und des Lebens selbst hängt von der andauernden Regeneration dieser Zellen ab.

14. Es ist deshalb offensichtlich, dass es den Geist in jedem Atom des Körpers gibt. Dieser Geist ist negativer Geist und die Kraft des Individuums zu denken macht ihn positiv, so dass er diesen negativen Geist kontrollieren kann. Das ist die wissenschaftliche Erklärung für die metaphysische Heilung und wird jedem ermöglichen, den Grundsatz zu verstehen, auf dem dieses außerordentliche Phänomen beruht.

15. Dieser negative Geist, der in jeder Zelle des Körpers enthalten ist, wird auch der unbewusste Geist genannt, weil er ohne unsere bewussten Kenntnisse handelt. Wir haben erkannt, dass dieser unbewusste Geist dem Willen des bewussten Geistes zugänglich ist.

16. Alle Dinge haben ihren Ursprung im Geist, und Erscheinung ist das Ergebnis des Gedankens, so dass wir sehen, dass Dinge in sich selbst keinen Ursprung, keine Dauerhaftigkeit oder Wirklichkeit haben. Da sie durch den Gedanken erzeugt werden, können sie durch den Gedanken ausgelöscht werden.

17. In der Wissenschaft des Mentalen, als auch in der Natur, werden Experimente gemacht, und jede Entdeckung hebt den Menschen einen Schritt höher zu seinem möglichen Ziel. Wir fanden heraus, dass jeder Mensch die Reflexion des Gedankens ist, die er während seiner Lebenszeit unterhalten hat. Sie wird auf seinem Gesicht, seiner Form, seinem Charakter, seiner Umgebung eingeprägt.

18. Zu jeder Wirkung gibt es eine Ursache, und wenn wir der Spur zu ihrem Startpunkt folgen, finden wir den schöpferischen Grundsatz, aus dem sie wuchs. Beweise davon sind jetzt so abgeschlossen, dass diese Wahrheit allgemein akzeptiert wird.

19. Die äußerliche Welt wird von einer unsichtbaren und unerklärlichen Kraft kontrolliert. Wir haben diese Macht personifiziert und sie Gott genannt. Wir haben jetzt jedoch gelernt, sie als die durchdringende Essenz oder als Grundsatz von allem, was existiert, als unendlicher oder universaler Geist zu betrachten.

20. Der universale Geist ist unendlich und allmächtig, hat unbegrenzte Mittel, und wenn wir uns erinnern, dass er auch allgegenwärtig ist, können wir nicht verneinen, dass wir Ausdruck oder Manifestation dieses Geistes sein müssen.

21. Eine Anerkennung und das Verstehen der Mittel des unterbewussten Geistes werden uns anzeigen, dass der einzige Unterschied zwischen dem Unterbewussten und dem Universalen der Unterschied des Grads ist. Sie unterscheiden sich nur, wie sich ein Tropfen Wasser vom Ozean unterscheidet. Sie sind dasselbe in der Art und Qualität, der Unterschied ist nur einer des Grads.

22. Können Sie den Wert dieser äußerst wichtigen Tatsache schätzen? Begreifen Sie, dass eine Erkennung dieser gewaltigen Tatsache Sie in die Berührung mit der Omnipotenz bringt? Das Unterbewusstsein ist das Bindeglied zwischen dem universalen Geistesbewusstsein. Ist es nicht offensichtlich, dass das Bewusstsein Gedanken bewusst vorschlagen kann, welche das Unterbewusstsein in die Tat umsetzen wird, und dass das unterbewusste EINS mit dem Universalen ist? Ist es nicht offensichtlich, dass der Tätigkeit des Unterbewusstseins keine Grenzen gesetzt werden kann?

23. Ein wissenschaftliches Verstehen dieses Grundsatzes wird die wunderbaren Ergebnisse erklären, die durch die Kraft des Gebets erzeugt werden. Die Ergebnisse, die auf diese Weise erzeugt werden, sind nicht durch eine

spezielle Verteilung verursacht worden, sondern im Gegenteil, sie sind das Ergebnis des Ablaufs eines vollkommen natürlichen Gesetzes. Deshalb gibt es nichts Religiöses oder Geheimnisvolles darüber.

24. Und doch gibt es viele, die nicht bereit sind, in die Disziplin, die notwendig ist, richtig zu denken, einzutreten; und das, obwohl es offensichtlich ist, dass das falsche Denken Misserfolg bringt.

25. Der Gedanke ist die einzige Wirklichkeit, Umstände sind nur die äußeren Manifestationen. Wenn der Gedanke sich ändert, müssen sich alle äußeren oder materiellen Umstände ändern, um in der Harmonie mit ihrem Schöpfer zu sein, welcher der Gedanke ist.

26. Aber der Gedanke muss klar, geschliffen, stabil, fest, eindeutig und unveränderlich sein. Sie können nicht einen Schritt vorwärts und zwei Schritte rückwärts machen. Sie können auch keine zwanzig oder dreißig Jahre Ihres Lebens negative Bedingungen als das Ergebnis von negativen Gedanken aufbauen, und dann erwarten, dass alle diese Ergebnisse innerhalb von fünfzehn oder zwanzig Minuten des richtigen Denkens dahinschwinden.

27. Wenn Sie in die Disziplin eintreten, die notwendig ist, eine radikale Änderung in Ihrem Leben auszulösen, müssen Sie es ganz bewusst tun. Nachdem Sie Ihrem Ziel sorgfältige Gedanken und volle Rücksicht gegeben haben, dürfen Sie nichts erlauben, was Ihre Entscheidung stören könnte.

28. Diese Disziplin, diese Änderung des Gedankens, diese geistige Einstellung wird Ihnen nicht nur die materiellen Dinge bringen, die für Ihre höchste und beste Sozialfürsorge notwendig sind, sondern wird Ihnen Gesundheit und allgemein harmonische Bedingungen bringen.

29. Wenn Sie harmonische Bedingungen in Ihrem Leben wünschen, müssen Sie eine harmonische geistige Einstellung entwickeln.

30. Ihre äußere Welt wird eine Reflektion Ihrer inneren Welt sein.

31. Für Ihre Übung in dieser Woche, konzentrieren Sie sich auf die Harmonie, und wenn ich konzentrieren sage, meine ich alles, was das Wort einbezieht. Konzentrieren Sie sich so tief, so aufrichtig, dass Sie nichts als der Harmonie bewusst werden. Erinnern Sie sich, wir lernen durch das Tun. Das Lesen dieser Lehren wird Sie nirgendwo hinbringen. Der Wert besteht nur in der praktischen Anwendung.

Teil 14

Lernfragen mit Antworten

131. Was ist die Quelle ALLER Weisheit, Kraft und Intelligenz? – Der universale Geist.

132. Wo haben das ganze Licht, die Hitze, die Farbe und die Bewegung ihren Ursprung? – In der universalen Energie, die eine Manifestation des Universalen Geistes ist.

133. Wo entsteht die schöpferische Kraft des Gedankens? – In dem universalen Geist.

134. Was ist Gedanke? – Geist in der Bewegung.

135. Wie wird das Universale in der Form unterschieden? – Die Person ist die Mittel, durch welches das Universale die verschiedenen Kombinationen, die auf Bildung der Phänomene hinausläuft, erzeugt.

136. Wie wird das vollbracht? – Die Macht der Person zu denken ist seine Fähigkeit, nach dem Universalen zu handeln und es in die Manifestation zu bringen.

137. Was ist die erste Form, welche das Universale einnimmt, soweit wir es kennen? – Elektronen, die den ganzen Raum und das Universum füllen.

138. Wo haben alle Dinge ihren Ursprung? – Im Geist, im Denken.

139. Was ist das Ergebnis einer Änderung des Gedankens? – Eine Änderung in den Bedingungen.

140. Was ist das Ergebnis einer harmonischen geistigen Einstellung? – Harmonische Bedingungen im Leben.

Der fuenfzehnte Teil

Die universalen Gesetze

Einleitung (Teil 15)

Experimente mit Parasiten, die auf den Pflanzen gefundenen werden, zeigen an, dass sogar der niedrigsten Ordnung des Lebens ermöglicht wird, das natürliche Gesetz auszunutzen. Dieses Experiment wurde von Jacques Loch, M.D gemacht. Ph., ein Mitglied des „Rockefeller Institute".

„In einem Experiment, im Bezug auf die äußere Welt, wird eine Rose im Topf in einen Raum gebracht und vor einem geschlossenen Fenster gestellt. Wenn man zulässt, dass die Pflanze austrocknet, so verwandeln sich die vorher flügellosen Blattläuse, zu geflügelten Insekten. Nach der Verwandlung verlassen die Tiere die Pflanzen, fliegen zum Fenster und kriechen dann aufwärts auf dem Glas."

Es ist offensichtlich, dass diese winzigen Insekten erkannten, dass die Pflanze, auf denen sie gediehen, tot waren, und dass sie deshalb aus dieser Quelle nichts mehr sichern konnten, um zu essen oder zu trinken. Die einzige Methode, durch die sie sich vom Verhungern retten konnten, war der Wachstum der Flügel und die Suche nach neuer Lebensquelle.

Experimente wie diese zeigen an, dass Allwissenheit sowie Allmacht allgegenwärtig ist, und dass das winzigste Wesen es in einem Notfall ausnutzen kann.

Teil Fünfzehn wird Ihnen mehr über das Gesetz erzählen, nach dem wir leben. Es wird erklären, dass diese Gesetze zu unserem Vorteil funktionieren, dass alle Bedingungen und Erfahrungen, die zu uns kommen, für unseren Vorteil sind. Und dass wir Kraft gewinnen im Verhältnis zur ausgegebenen Anstrengung, und dass unser Glück am besten durch eine bewusste Zusammenarbeit mit natürlichen Gesetzen erreicht wird.

Teil 15 –
Die universalen Gesetze

01. Die Gesetze, nach denen wir leben, werden allein zu unserem Vorteil entworfen. Diese Gesetze sind unveränderlich, und wir können ihrem Ablauf nicht entweichen.

02. Alle großen, ewigen Kräfte handeln in der Stille, aber es liegt in unserer Macht, uns in der Harmonie mit ihnen zu stellen und so ein Leben des Friedens und Glücks auszudrücken.

03. Schwierigkeiten, Disharmonie und Hindernisse zeigen an, dass wir uns entweder weigern, das wegzugeben, was wir nicht mehr brauchen oder das nicht akzeptieren, was wir benötigen.

04. Wachstum wird durch einen Austausch des Alten gegen das Neue oder des Guten gegen das Bessere erreicht. Es ist eine bedingte oder gegenseitige Handlung, denn jeder von uns ist eine vollständige Gedanken-Einheit und diese Vollständigkeit macht es für uns möglich zu erhalten, solange wir geben.

05. Wir können nichts erhalten, was uns mangelt, wenn wir uns hartnäckig an dem festhalten, was wir haben. Wir sind im Stande unsere Bedingungen bewusst zu kontrollieren, wenn wir das Bewusstsein zur Absicht dessen erlangen, was wir anziehen und im Stande sind, aus jeder Erfahrung das Beste, das wir für unser weiteres Wachstum benötigen, herauszuholen. Unsere Fähigkeit, das zu tun, bestimmt den Grad der Harmonie oder des Glücks, welches wir erreichen.

06. Die Fähigkeit, das zu verwenden, was wir für unser Wachstum benötigen, nimmt ständig zu, wenn wir höhere Pläne und breitere Visionen erreichen. Und je größer unsere geistigen Anlagen sind, das zu wissen, was wir benötigen, desto bestimmter werden wir ihre Anwesenheit wahrnehmen, es anzuziehen und es zu fesseln. Nichts kann uns erreichen, außer dem, was für unser Wachstum notwendig ist.

07. Alle Bedingungen und Erfahrungen, die zu uns kommen, kommen zu unserem Vorteil. Schwierigkeiten und Hindernisse werden solange kommen, bis wir ihre Weisheit abfangen und daraus das Notwendigste für unser weiteres Wachstum erfassen.

08. Dass wir ernten, was wir säen, ist mathematisch richtig. Wir gewinnen dauerhafte Kraft genau im Ausmaß der Anstrengung, die erforderlich ist, um Schwierigkeiten zu überwinden.

09. Die unerbittlichen Voraussetzungen des Wachstums fordern, dass wir den größten Grad der Anziehungskraft dafür gebrauchen, was für uns vollkommen ist. Unser höchstes Glück wird am besten durch unser Verstehen und bewusste Zusammenarbeit mit natürlichen Gesetzen erreicht.

10. Um Lebenskraft zu besitzen, muss der Gedanke mit der Liebe gesättigt werden. Liebe ist ein Produkt der Gefühle. Deshalb ist es notwendig, dass die Gefühle kontrolliert und durch den Intellekt und den Verstand geführt werden.

11. Es ist Liebe, die Lebenskraft dem Gedanken weitergibt und ihm ermöglicht zu keimen. Da das Gesetz der Anziehung oder das Gesetz der Liebe ein und dasselbe sind, wird es das notwendige Material für das Wachstum und die Reife bringen.

12. Die erste Form, die der Gedanke erreichen wird, ist Sprache oder Worte. Das zeigt die Wichtigkeit der Worte. Worte sind die erste Manifestation des Gedankens - der Behälter, in denen der Gedanke getragen wird. Sie ergreifen den Äther und setzen ihn in Bewegung; bringen den Gedanken zu den anderen Menschen in der Form des Tons wieder hervor.

13. Der Gedanke kann zur Handlung jeder Art führen, aber egal, welche Handlung das ist, nur der Gedanke versucht, sich in der sichtbaren Form zu äußern. Deswegen ist es offensichtlich, dass wenn wir wünschenswerte Bedingungen wollen, wir uns nur wünschenswerte Gedanken leisten dürfen.

14. Das führt zum unvermeidlichen Beschluss, dass, wenn wir Überfluss in unseren Leben ausdrücken mögen, wir uns nur Überfluss als Gedanken leisten können, und da Worte nur Gedanken sind, welche die Form annehmen, müssen wir besonders darauf achten, nichts als konstruktive und harmonische Worte zu verwenden. Diese Worte, wenn sie endlich kristallisiert sind, werden als objektive Form unseren Vorteil beweisen.

15. Wir können den Bildern nicht entweichen, die wir unaufhörlich im Geist fotografieren. Eine Fotografie von falschen Vorstellungen ist genau das, was durch den Gebrauch von Wörtern getan wird, wenn wir jene Form der Sprache verwenden, die mit unserem Gemeinwohl nicht identifiziert wird.

16. Wir manifestieren mehr und mehr Leben wenn unser Gedanke klar wird und höhere Pläne nimmt. Das wird mit der größeren Möglichkeit gewonnen, wenn wir Wörter verwenden, die klar definiert sind, und die Konzepte, welche an niedrigere Pläne des Gedanken dranhängen, werden entlastet.

17. Mit Wörtern müssen wir unsere Gedanken ausdrücken, und wenn wir von höheren Formen der Wahrheit Gebrauch machen wollen, sollen wir nur solches Material verwenden, welches diesem Zweck entsprechen wird.

18. Diese herrliche Kraft, die Gedanken mit der Form von Wörtern zu kleiden, ist das, was Menschen von dem Rest des Tierreiches unterscheidet. Durch den Gebrauch des schriftlichen Wortes ist es ihm ermöglicht worden, im Laufe des Jahrhunderts zurückzusehen und ergreifende Szenen zu erkennen, durch die er in sein gegenwärtiges Erbe eingetreten ist.

19. Den Menschen ist ermöglicht worden, in Kommunion mit den größten Schriftstellern und Denkern aller Zeiten einzutreten, und die vereinigte Aufzeichnung, die wir heute besitzen, ist deshalb der Ausdruck des universalen Gedankens, da es sich bemüht hat, Form im Geiste des Menschen anzunehmen.

20. Wir wissen, dass der universale Gedanke für sein Ziel die Kreation der Form hat, und wir wissen, dass der individuelle Gedanke ebenfalls immer versucht, sich in einer Form zu äußern. Außerdem wissen wir, dass das Wort eine Form des Gedankens ist, und ein Satz deshalb eine Kombination von Gedanke-Formen ist. Wenn wir wollen, dass unser Ideal schön oder stark ist, müssen wir sehen, dass die Wörter, aus denen dieses Werk schließlich geschaffen wird, exakt sind, dass sie sorgfältig zusammengestellt werden, weil die Genauigkeit im Bilden von Wörtern und Sätzen die höchste Form der Architektur in der Zivilisation und ein Weg zum Erfolg ist.

21. Worte sind Gedanken und sind deshalb eine unsichtbare und unbesiegbare Kraft, die sich schließlich in der Form objektivieren wird.

22. Worte können zu geistigen Orten werden, die für immer leben werden. Sie können das Auge sowie das Ohr erfreuen, sie können alle Kenntnisse

enthalten. In ihnen finden wir die Geschichte der Vergangenheit sowie der Hoffnung auf die Zukunft. Worte sind lebende Boten, von denen jede menschliche und übermenschliche Tätigkeit geboren ist.

23. Die Schönheit des Wortes besteht in der Schönheit des Gedankens. Die Kraft des Wortes besteht in der Kraft des Gedankens und die Kraft des Gedankens besteht in seiner Lebenskraft. Wie werden wir einen lebenskräftigen Gedanken identifizieren? Was sind seine auszeichnenden Eigenschaften? Es muss einen Grundsatz haben. Wie können wir den Grundsatz identifizieren?

24. Es gibt einen Grundsatz der Mathematik, aber keinen Grundsatz des Fehlers. Es gibt einen Grundsatz der Gesundheit, aber keinen Grundsatz der Krankheit. Es gibt einen Grundsatz der Wahrheit, aber keinen Grundsatz der Lüge. Es gibt einen Grundsatz des Lichtes, aber keinen Grundsatz der Finsternis, und es gibt einen Grundsatz des Überflusses, aber keinen Grundsatz der Armut.

25. Wie können wir wissen, dass das wahr ist? Wenn wir den Grundsatz der Mathematik richtig anwenden, werden wir unserem Ergebnisse sicher sein. Wo es Gesundheit gibt, wird es keine Krankheit geben. Wenn wir die Wahrheit kennen, können wir nicht durch die Lüge getäuscht werden. Wenn wir Licht einlassen, kann es keine Finsternis geben und wo es Überfluss gibt, kann es keine Armut geben.

26. Das sind selbstverständliche Tatsachen, aber die äußerst wichtige Wahrheit ist, dass ein Gedanke einen Grundsatz hat. Dieser Grundsatz ist Vitalität und enthält deshalb Leben, schlägt Wurzeln und schließlich aber sicher, ersetzt er die negativen Gedanken, die durch ihre wirkliche Natur keine Lebenskraft enthalten können.

27. Das ist eine Tatsache, die Ihnen ermöglichen wird, jede Art von Missklang des Mangels und der Beschränkung zu zerstören.

28. Es ist außer Frage, dass derjenige, der „klug genug ist, um zu verstehen", sogleich erkennen wird, dass die schöpferische Kraft des Gedankens eine unbesiegbare Waffe in seinen Händen ist und ihn zu einem Meister des Schicksals macht.

29. In der physischen Welt gibt es ein Gesetz des Ausgleichs, welches das *„Erscheinen irgendwo einer gegebenen Menge der Energie"*, das *„Verschwinden derselben Menge der Energie sonst wohin"* bedeutet. So erkennen wir, dass wir nur bekommen können, wenn wir geben. Wenn wir

uns zu einer bestimmten Handlung verpflichten, müssen wir bereit sein, die Verantwortung für die Entwicklung dieser Handlung zu übernehmen. Das Unterbewusste kann nicht urteilen. Es nimmt uns bei unserem Wort. Wir haben um etwas gebeten, also sollen wir es jetzt erhalten. Wir haben unser Bett gemacht, also sollen wir jetzt darin liegen. Der Würfel ist gefallen, die Fäden sind gezogen und werden das Muster ausführen, welches wir gemacht haben.

30. Aus diesem Grund muss Scharfsinnigkeit ausgeübt werden, so dass der Gedanke, den wir unterhalten, keinen geistigen, moralischen oder physischen Keim enthält, den wir in unseren Leben nicht wünschen.

31. Scharfsinnigkeit ist eine Fähigkeit des Geistes, die uns ermöglicht, die Tatsachen und Bedingungen langfristig zu untersuchen. Eine Art menschliches Fernrohr. Es ermöglicht uns, die Schwierigkeiten, sowie die Möglichkeiten in jeder Handlung zu verstehen.

32. Scharfsinnigkeit ermöglicht uns, für die Hindernisse, die wir treffen, bereit zu sein. Wir können sie deshalb überwinden, bevor sie jede Gelegenheit haben, Schwierigkeiten zu verursachen.

33. Scharfsinnigkeit ermöglicht uns zu planen, zu fördern und unseren Gedanken und unsere Aufmerksamkeit in die richtige Richtung, statt in Kanäle zu drehen, die keine mögliche Rückkehr enthalten können.

34. Scharfsinnigkeit ist deshalb für die Entwicklung jedes großen Erreichens absolut notwendig. Nur damit können wir jedes geistige Feld betreten, erforschen und besitzen.

35. Scharfsinnigkeit ist ein Produkt der inneren Welt und wird in der Ruhe durch die Konzentration entwickelt.

36. Für Ihre Übung in dieser Woche konzentrieren Sie sich auf die Scharfsinnigkeit. Nehmen Sie Ihre gewohnte Position und stellen Sie Ihre Gedanken auf die Tatsache ein: Die Kenntnisse der schöpferischen Kraft des Gedankens zu haben, bedeutet nicht, die Kunst des Denkens zu besitzen. Lassen Sie den Gedanken auf die Tatsache näher eingehen, dass die Kenntnisse sich nicht von selbst entfalten. Dass unsere Handlungen nicht durch die Kenntnisse, sondern durch die Gewohnheit gelenkt werden. Dass die einzige Art die Kenntnisse anzuwenden, durch eine entschlossene, bewusste Bemühung ist. Erinnern Sie sich an die Tatsache, dass unbenutzte Kenntnisse am Geist vorbeilaufen, dass der Wert der Information in der Anwendung des Grundsatzes liegt. Setzen Sie diesen Gedankenfaden fort,

bis Sie genügend Scharfsinnigkeit gewinnen, um ein eindeutiges Programm zu formulieren, um diesen Grundsatz auf Ihr eigenes, besonderes Problem oder Ziel anzuwenden.

„Lernen Sie die Tür geschlossen zu halten, aus Ihrem Geist und aus Ihrer Welt fern zu halten, jedes Element, das Eintritt sucht, ohne ein bestimmtes, nützliches Ende im Blick zu haben."

George Mathew Adams

Teil 15
Lernfragen mit Antworten

141. Was bestimmt den Grad der Harmonie, den wir erreichen? – Unsere Fähigkeit aus jeder Erfahrung das zu verwenden, was wir für unser Wachstum benötigen.

142. Was zeigen Schwierigkeiten und Hindernisse an? – Dass sie für unsere Weisheit und geistiges Wachstum notwendig sind.

143. Wie können diese Schwierigkeiten vermieden werden? – Durch ein bewusstes Verstehen und Zusammenarbeit mit natürlichen Gesetzen.

144. Was ist der Grundsatz, durch den der Gedanke, sich selbst in der Form äußert? – Das Gesetz der Anziehung.

145. Wie wird das Notwendige, Materielle gesichert, durch welches das Wachstum, die Entwicklung und die Reife der Idee Form annehmen? – Das Gesetz der Liebe, welches der schöpferische Grundsatz des Universums ist, gibt dem Gedanken Lebenskraft, und das Gesetz der Anziehung bringt die notwendige Substanz nach dem Gesetz des Wachstums.

146. Wie werden wünschenswerte Bedingungen gesichert? – Nur durch das Unterhalten von wünschenswerten Gedanken.

147. Wie werden unerwünschte Bedingungen verursacht? – Mit dem Denken, dem Sprechen und dem Visualisieren von Bedingungen des Mangels, der Beschränkung und des Missklangs jeder Art. Diese falschen Vorstellungen werden durch das Unterbewusste aufgenommen, und das Gesetz der Anziehung kristallisiert es unvermeidlich in die objektive Form. Dass wir ernten, was wir säen, ist wissenschaftlich genau.

148. Wie können wir jede Art der Angst, des Mangels, der Beschränkung, der Armut und des Missklangs überwinden? – Mit dem Austausch des Grundsatzes gegen den Fehler.

149. Wie können wir den Grundsatz erkennen? – Durch eine bewusste Erkenntnis der Tatsache, dass Wahrheit stets Fehler zerstört. Wir müssen die Finsternis nicht mühsam wegschaufeln. Alles, was notwendig ist, ist das Licht einzuschalten. Derselbe Grundsatz gilt an jeder Form des negativen Gedankens.

150. Was ist der Wert der Scharfsinnigkeit? – Sie ermöglicht uns, den Wert zu verstehen Anwendung über die Kenntnisse zu machen, die wir gewinnen. Viele scheinen zu denken, dass sich Kenntnisse automatisch entfalten werden, was keineswegs der Fall ist.

„Denken Sie aufrichtig, und die Gedanken sollen die Hungersnot in der Welt stillen. Sprechen Sie aufrichtig, und jedes Wort soll ein fruchtbarer Samen sein. Leben Sie aufrichtig, und das Leben soll eine große und edle Überzeugung sein."

Horatio Bonar

Der sechzehnte Teil

Der Erfolg ist in dir

Einleitung (Teil 16)

Die schwingungsfähigen Tätigkeiten des planetarischen Universums werden nach einem Gesetz der Periodizität geregelt. Alles, was lebt, hat Perioden der Geburt, des Wachstums und des Untergangs. Diese Perioden werden nach dem Gesetz der Zahl Sieben geregelt.

Das Gesetz von Sieben regelt die Tage der Woche, die Phasen des Mondes, die Harmonien des Tons, des Lichtes, der Hitze, der Elektrizität, des Magnetismus und der Atomstruktur. Es regelt das Leben von Personen und Nationen, und es beherrscht die Tätigkeiten der kommerziellen Welt.

Leben ist Wachstum, und Wachstum ist Änderung, alle sieben Jahre bringt die Periode uns in einen neuen Kreislauf. Die ersten sieben Jahre ist die Periode des Säuglingsalters. Die folgenden sieben Jahre ist die Periode der Kindheit, welche den Anfang der individuellen Verantwortung darstellt. Die weiteren sieben Jahre stellen die Periode des Jugendalters dar. Die vierte Periode kennzeichnet die Erreichung des vollen Wachstums. Die fünfte Periode ist die konstruktive Periode, wenn Menschen beginnen, Eigentum, Besitz, ein Haus und Familie zu erwerben. Die weitere Periode von 35 bis 42, ist eine Periode von Reaktionen und Änderungen, und die wiederum wird von einer Periode der Rekonstruktion, des Ausgleichs und der Erholung gefolgt, um für einem neuen Kreislauf bereit zu sein, der mit dem fünfzigsten Jahr beginnt.

Es gibt viele, die denken, dass die Welt nur ein Arbeitsgang ist, um aus der sechsten Periode zu gehen, dass es bald in die siebente Periode, die Periode der Wiederanpassung, Rekonstruktion und Harmonie eintreten wird - die Periode, die oft das Millennium genannt wird.

Diejenigen, die mit diesen Kreisläufen vertraut sind, werden nicht beunruhigt, wenn Dinge schief zu laufen scheinen, aber sie können den Grundsatz, der in diesen Lehren entworfen ist, mit voller Zuversicht anwenden. Denn ein höheres Gesetz kontrolliert stets alle anderen Gesetze, und wir können durch das Verstehen und bewusste Anwendung von geistigen Gesetzen jede scheinbare Schwierigkeit in einen Segen umwandeln.

Teil 16 – Der Erfolg ist in dir

01. Reichtum ist ein Produkt der Anstrengung. Geld ist eine Wirkung, keine Ursache. Geld ist ein Diener, kein Meister. Geld ist ein Mittel, kein Ergebnis.

02. Die am meisten verwendete Definition des Reichtums ist, dass er aus allen nützlichen und angenehmen Dingen besteht, die einen Tauschwert haben. Es ist dieser Tauschwert, der die vorherrschende Eigenschaft des Reichtums ist.

03. Wenn wir etwas nachdenken, finden wir heraus, dass der wahre Wert des Reichtums nicht in seinem Dienstprogramm, sondern in seinem Austausch besteht.

04. Dieser Tauschwert bildet ein Mittel für das Sichern der Dinge des realen Werts, wodurch unsere Ideale verwirklicht werden können.

05. Reichtum sollte deshalb niemals als ein Ergebnis gewünscht werden, sondern nur als ein Mittel, um ein Ergebnis zu erreichen. Erfolg ist von einem höheren Ideal abhängig als die bloße Anhäufung von Reichtümern, und derjenige, der nach solchem Erfolg strebt, muss ein Ideal formulieren, um das er zu kämpfen bereit ist.

06. Mit solch einem Ideal im Sinn, können und werden die Wege und Mittel zur Verfügung gestellt werden, aber der Fehler darf nicht gemacht werden, die Mittel mit dem Ergebnis zu verwechseln. Es muss einen bestimmten, festen Zweck oder ein Ziel geben.

07. Prentice Mulford sagte: „Der Mensch des Erfolgs ist der Mensch, der ein großes geistiges Verstehen besitzt, und jedes große Glück kommt von höherer und aufrichtig geistiger Kraft." Leider gibt es diejenigen, die dabei versagen, diese Kraft anzuerkennen. Sie vergessen, dass die Mutter von Andrew Carnegie helfen musste, die Familie zu unterstützen, als sie nach Amerika kamen, dass der Vater von Harriman ein armer Pfarrer mit einem Gehalt von nur 200 $ pro Jahr war, dass Herr Thomas Lipton mit nur

25 Cent anfing. Diese Menschen hatten keine andere Kraft von der sie abhingen, aber diese verließ sie nicht.

08. Die Kraft zu erschaffen hängt völlig von der geistigen Kraft ab. Es sind drei Schritte: Idealisierung, Vorstellung (Visualisierung) und Verkörperung. Jeder Führer eines Geschäfts hängt ausschließlich von dieser Kraft ab. In einem Artikel vom „Everybody's Magazine" gab Henry M. Flagler, der „Standart Oil Company" Multimillionär zu, dass das Geheimnis seines Erfolgs seine Kraft war, eine Sache in ihrer Vollständigkeit zu sehen. Das folgende Gespräch mit dem Reporter zeigt seine Kraft der Idealisierung, Konzentration und Vorstellung, aller geistigen Kräfte:

09. „Haben Sie sich wirklich selbst alles visualisiert? Ich meine, konnten Sie wirklich Ihre Augen schließen und die Gleise sehen? Und das Fahren des Zuges? Und das Pfeifen hören? Ging das wirklich soweit?" „Ja." „Wie klar was es?" „Sehr klar."

10. Hier haben wir eine Vision des Gesetzes, wir sehen „Ursache und Wirkung", wir sehen, dass Gedanke notwendigerweise voran geht und Handlung bestimmt. Wenn wir weise sind, treten wir in eine Erkenntnis der gewaltigen Tatsache ein, dass keine willkürliche Bedingung für einen Moment bestehen kann, und dass menschliche Erfahrung das Ergebnis eines regelmäßigen und harmonischen Vorgangs ist.

11. Der erfolgreiche Unternehmer ist meistens ein Idealist und ist in jeder Bemühung um höhere und noch höhere Standards bemüht. Die scharfsinnigen Kräfte des Gedankens, wenn sie in unseren täglichen Launen kristallisieren, sind das, was das Leben ausmacht.

12. Gedanke ist ein Kunststoff, mit dem wir gedanklich Bilder malen. Gebrauch bestimmt seine Existenz. Wie in allen anderen Dingen ist unsere Fähigkeit, diese Tatsache anzuerkennen und es richtig zu verwenden, die notwendige Bedingung für eine Realisierung.

13. Schneller Reichtum ist nur das Vorzeichen zur Erniedrigung und Katastrophe, weil wir nichts dauerhaft behalten können, was wir nicht verdienen, oder was wir nicht verdient haben.

14. Die Bedingungen, mit denen wir uns in der äußeren Welt treffen, entsprechen den Bedingungen, die wir in unserer inneren Welt finden. Das wird nach dem Gesetz der Anziehungskraft verursacht. Wie sollen wir dann bestimmen, was in unsere innere Welt eintreten soll?

15. Was auch immer in den Geist durch die Gefühle oder die Gedanken eintritt, wird den Geist beeinflussen und auf ein geistiges Bild hinauslaufen. Dieses geistige Bild wird zu einem Muster für die schöpferische Energie. Diese Erfahrungen sind größtenteils das Ergebnis der Umwelt, des früheren Denkens und der anderen Formen des negativen Gedankens. Die Gedanken müssen der sorgfältigen Analyse unterworfen werden, bevor sie unterhalten werden. Andererseits können wir unsere eigenen geistigen Bilder durch unsere eigenen inneren Gedankenprozesse, unabhängig von den Gedanken anderer Menschen, unabhängig von äußerlichen Bedingungen, unabhängig von der Umgebung jeglicher Art, formen. Und es ist durch die Übung dieser Kraft, dass wir unser eigenes Schicksal, Körper, Verstand und Seele kontrollieren können.

16. Es geschieht durch die Übung dieser Kraft, dass wir unser Schicksal aus den Händen der Möglichkeit nehmen und bewusst für uns selbst die Erfahrungen machen, die wir wünschen. Denn wenn wir bewusst einen Zustand realisieren, wird dieser Zustand schließlich in unserem Leben erscheinen. Es ist deshalb offensichtlich, dass das analysierende und konstruktive Denken eine große Ursache für ein glückliches Leben ist.

17. Gedanken zu kontrollieren bedeutet deshalb Verhältnisse, Bedingungen, Umgebung, und Schicksal zu kontrollieren.

18. Wie können wir den Gedanken kontrollieren? Was ist der Prozess? Zu denken heißt, einen Gedanken zu fassen, aber das Ergebnis des Gedankens wird von seiner **Form**, seiner **Qualität** und seiner **Lebenskraft** abhängen.

19. **Die Form** wird von den geistigen Bildern abhängen, von denen es ausgeht. Es wird von der Tiefe des Eindrucks, der Machtstellung der Idee, der Klarheit der Vision, der Unerschrockenheit des Bildes abhängen.

20. **Die Qualität** hängt von ihrer Substanz ab, und diese hängt vom Material ab, aus dem der Gedanke zusammengesetzt wird. Wenn dieses Material des Gedankens mit Energie, Kraft, Mut und Entschluss unterhalten worden ist, wird der Gedanke diese Qualitäten besitzen.

21. Und schließlich hängt **die Lebenskraft** vom Gefühl ab, mit dem der Gedanke gesättigt wird. Wenn der Gedanke konstruktiv ist, besitzt er Lebenskraft. Er wird Leben haben, er wird wachsen, sich entwickeln, sich ausbreiten, er wird schöpferisch sein, er wird zu sich selbst alles Notwendige für seine ganze Entwicklung anziehen.

22. Wenn der Gedanke zerstörend ist, hat er in seinem Innern den Keim seiner eigenen Auflösung. Er wird sterben, aber im Prozess des Sterbens, wird er Leiden, Krankheit, und jede andere Form des Missklangs bringen.

23. Dies nennen wir Übel oder das Schlechte und wenn wir es auf uns selbst bringen, neigen einige von uns dazu, unsere Schwierigkeiten einem höheren Wesen verantwortlich zu machen, aber dieses höhere Wesen ist einfach der Geist im Gleichgewicht.

24. Er ist weder gut noch schlecht, es IST einfach.

25. Unsere Fähigkeit, ihn in die Form abzuleiten, ist unsere Fähigkeit, das Gute oder das Böse zu manifestieren.

26. Gut und Böse ist deshalb kein Dasein, das sind einfach Worte, die wir verwenden, um das Ergebnis unserer Handlungen anzuzeigen, und diese Handlungen wiederum werden durch die Eigenschaft unseres vorherigen Gedankens bestimmt.

27. Wenn unser Gedanke konstruktiv und harmonisch ist, erschaffen wir Gutes, wenn er zerstörend und nicht miteinander harmonierend ist, manifestieren wir Schlechtes.

28. Wenn Sie sich eine andere Umgebung visualisieren wollen, besteht der Prozess darin, das Ideal einfach im Sinn zu halten, bis Ihre Vision zur Wirklichkeit geworden ist. Lenken Sie keinen Gedanken an Personen, Orte oder Dinge, diese haben keinen Platz im Absoluten. Die Umgebung, die Sie wünschen, wird alles Notwendige enthalten. Die richtigen Personen und die richtigen Dinge werden in der richtigen Zeit und am richtigen Ort auftauchen.

29. Es ist manchmal nicht klar, wie die Eigenschaft, die Fähigkeit, das Erreichen, das Zusammenkommen, die Umgebung und das Schicksal durch die Kraft der Visualisierung kontrolliert werden können, aber das es funktioniert, ist eine exakte wissenschaftliche Tatsache.

30. Sie werden sofort sehen, dass das, was wir denken, die Qualität des Geistes bestimmt, und dass die Qualität des Geistes wiederum unsere Fähigkeit und geistige Kapazität bestimmt. Sie können sofort verstehen, dass die Verbesserung unserer Fähigkeiten der Steigerung in der Erreichung und einer größeren Kontrolle von Verhältnissen folgt.

31. Es ist so, dass natürliche Gesetze auf eine vollkommen natürliche und harmonische Weise arbeiten. Alles scheint „einfach zu geschehen". Wenn Sie irgendwelche Beweise dieser Tatsache wollen, vergleichen Sie einfach die Ergebnisse in Ihrem eigenen Leben, als Ihre Handlungen durch hohe Ideale veranlasst wurden, und als Sie selbstsüchtige Gedanken oder Hintergedanken im Sinn hatten. Sie werden keine weiteren Beweise brauchen. Wenn Sie die Realisierung irgendeines Wunsches erreichen wollen, formen Sie ein geistiges Bild des Erfolgs in Ihrem Geist mit einer bewussten Visualisierung Ihres Wunsches. Auf diese Weise werden Sie Erfolg erzwingen, es wird Ihnen in Ihrem Leben durch wissenschaftliche Methoden offen gelegt.

32. Wir können nur sehen, was bereits in der objektiven Welt besteht, aber was wir uns visualisieren, besteht bereits in der geistigen Welt, und diese Visualisierung ist ein wesentliches Anzeichen dessen, was eines Tages in der objektiven Welt erscheint, wenn wir unserem Ideal treu bleiben. Der Grund dafür ist nicht schwierig. Visualisierung ist eine Form der Einbildungskraft. Dieser Prozess formt Eindrücke auf dem Geist, und diese Eindrücke formen wiederum Konzepte und Ideale und diese wiederum sind die Pläne, von denen der Meister-Architekt die Zukunft aufbauen wird.

33. Die Psychologen sind zu dem Entschluss gekommen, dass es nur einen Sinn, des Sinnesgefühls gibt, und dass alle anderen Sinne nur Abwandlung dieses eines Sinnes sind. Das ist richtig, wir wissen, warum Gefühl der wirkliche Brunnen von Kraft ist, warum die Gefühle so leicht den Geist bewältigen, und warum wir Gefühl in unseren Gedanken pflanzen müssen, wenn wir Ergebnisse wünschen. Gedanke und Gefühl sind die unwiderstehliche Kombination.

34. Visualisierung muss natürlich durch den Willen geleitet werden. Wir sollen uns exakt das visualisieren, was wir wollen. Wir müssen uns davor hüten, gegenüber der Vorstellungskraft Unruhe zu zulassen. Vorstellungskraft ist ein guter Diener aber ein schlechter Meister, und bis sie kontrolliert wird, kann es uns leicht in alle Arten von Spekulationen und Beschlüssen, die überhaupt keine Basis oder Fundament der Tatsache haben, bringen. Jede Art der glaubwürdigen Überzeugung ist dazu verpflichtet, ohne jede analytische Überprüfung akzeptiert zu werden, und das unvermeidliche Ergebnis ist geistige Verwirrung.

35. Wir müssen deshalb nur solche geistigen Bilder erschaffen, die als wissenschaftlich wahr bekannt sind. Unterwerfen Sie jede Idee einer forschenden Analyse und akzeptieren Sie nichts, was nicht wissenschaftlich genau ist. Wenn Sie das tun, werden Sie nichts versuchen,

außer das, was Sie wissen, dass Sie es ausführen können, und der Erfolg wird Ihre Anstrengungen krönen. Das ist das, was Unternehmer Weitsichtigkeit nennen. Es ist der Scharfsinnigkeit ziemlich gleich und ist eines der großen Geheimnisse des Erfolgs in allen wichtigen Unternehmungen.

36. Für Ihre Übung in dieser Woche, versuchen Sie sich zu einer Erkenntnis der wichtigen Tatsache zu bringen, dass Harmonie und Glück Zustände des Bewusstseins sind und nicht vom Besitz der Dinge abhängen. Dass materielle Dinge Wirkungen sind und demzufolge richtiger, geistiger Zustände nachkommen. So dass, wenn wir materiellen Besitz irgendwelcher Art wünschen, unsere Hauptsorge es sein sollte, die geistige Einstellung zu erwerben, die das gewünschte Ergebnis verursachen wird. Diese geistige Einstellung wird durch eine Erkenntnis unserer geistigen Natur und unserer Einheit mit dem universalen Geist, welche die Substanz aller Dinge ist, verursacht. Diese Erkenntnis wird alles verursachen, was für unser ganzes Vergnügen notwendig ist. Das ist das wissenschaftliche oder das richtige Denken. Wenn wir es schaffen, diese geistige Einstellung zu verursachen, ist es verhältnismäßig leicht, unseren Wunsch als eine bereits vollendete Tatsache zu begreifen. Wenn wir das tun können, werden wir die „Wahrheit" gefunden haben, die uns von jedem Mangel oder Beschränkung jeder Art befreien wird.

„Die größten Ereignisse eines Zeitalters sind dessen beste Gedanken. Es ist die Natur des Gedankens, ihren Weg in die Handlung zu bringen."

Bovee

Teil 16
Lernfragen mit Antworten

151. Wovon hängt Reichtum ab? – Vom Verstehen der schöpferischen Natur des Gedankens.

152. Worin besteht der wahre Wert des Geldes? – In seinem Tauschwert.

153. Wovon hängt Erfolg ab? – Von der geistigen Kraft.

154. Wovon hängt geistige Kraft ab? – Von dem Gebrauch. Gebrauch bestimmt seine Existenz.

155. Wie können wir unser Schicksal aus den Händen der Möglichkeiten nehmen? – Mit bewusster Realisierung der Bedingungen, die wir in unserem Leben als manifestiert sehen wollen.

156. Was ist dann die große Aufgabe des Lebens? – Das Denken.

157. Warum ist das so? – Weil Gedanke geistig und deshalb schöpferisch ist. Bewusst den Gedanken zu kontrollieren heißt deshalb Verhältnisse, Bedingungen, Umgebung und Schicksal zu kontrollieren.

158. Was ist die Quelle von allem Übel? – Das zerstörerische Denken.

159. Was ist die Quelle von allem Guten? – Das wissenschaftliche, richtige Denken.

160. Was ist das wissenschaftliche Denken? – Eine Anerkennung der schöpferischen Natur der geistigen Energie und unserer Fähigkeit, sie zu kontrollieren.

Der siebzehnte Teil

Die Macht der Konzentration

Einleitung (Teil 17)

Die Art der Gottheit, die ein Mensch, bewusst oder unbewusst, anbetet, zeigt den intellektuellen Status des Anbeters an.

Fragen Sie den Inder nach Gott, und er wird Ihnen einen mächtigen Anführer eines ruhmvollen Stamms beschreiben. Fragen Sie den Heiden nach Gott, und er wird Ihnen von einem Gott des Feuers, einem Gott des Wassers, oder von irgendeinem anderen Gott erzählen.

Fragen Sie den Israeliten nach Gott, und er wird Ihnen vom Gott des Moses erzählen, der es sich zweckdienlich vorstellte, durch Zwangsmaßnahmen zu herrschen, daher auch die Zehn Gebote. Oder Joshua, der die Israeliten in den Kampf brachte, Eigentum beschlagnahmte, die Gefangenen ermordete, und Verfall über die Städte legte.

Die Heiden machten „geschnitzte Bilder" ihrer Götter, die sie gewöhnt waren anzubeten aber das intelligenteste daran ist, dass diese Statuen die sichtbaren Stützpunkte sind, mit denen es ermöglicht wurde, sich geistig auf die Qualitäten zu konzentrieren, die erwünscht waren, in das Leben offen zu legen.

Wir, des zwanzigsten Jahrhunderts, beten in der Theorie, einen Gott der Liebe an, aber in der Praxis machen wir für uns selbst „gehauene Bilder" vom Reichtum, der Macht, der Mode, der Gewohnheit und der Herkömmlichkeit. Wir „fallen" vor ihnen nieder und beten diese an. Wir konzentrieren uns auf sie, und sie werden in unserem Leben dadurch offengelegt.

Der Schüler, der den Inhalt des Siebzehnten Teils meistert, wird nicht die Symbole mit der Wirklichkeit verwechseln. Er wird sich für Ursachen, aber nicht für die Wirkungen interessieren. Er wird sich auf die Wirklichkeit des Lebens konzentrieren und wird dann in den Ergebnissen nicht enttäuscht werden.

Teil 17 –
Die Macht der Konzentration

01. Uns wird gesagt, dass der Mensch „Herrscher aller Dinge" ist. Diese Herrschaft wird durch den Geist gegründet. Gedanke ist die Tätigkeit, die jeden Grundsatz darunter kontrolliert. Der höchste Grundsatz infolge seiner höheren Essenz und Qualitäten bestimmt zwangsläufig die Verhältnisse, Aspekte und Beziehung von allem, mit dem es in Berührung kommt.

02. Die Schwingungen von geistigen Kräften sind die feinsten und deshalb die mächtigsten Kräfte in der Existenz. Für diejenigen, welche die Art und Überlegenheit der geistigen Kraft wahrnehmen, geht die ganze physische Kraft in die Nebensächlichkeit über.

03. Wir sind gewöhnt, das Universum mit einer Linse von fünf Sinnen zu betrachten, und aus diesen Erfahrungen entstehen unsere Vorstellungen, aber wahre Vorstellungen werden nur durch die geistige Scharfsinnigkeit gestützt. Diese Scharfsinnigkeit erfordert eine beschleunigte Schwingung des Geistes und wird nur gesichert, wenn der Geist dauerhaft in einer gegebenen Richtung konzentriert wird.

04. Dauernde Konzentration bedeutet sogar ungebrochener Fluss des Gedankens und ist das Ergebnis von Geduld, Beharrlichkeit, Hartnäckigkeit und einem gut geregelten System.

05. Große Entdeckungen sind das Ergebnis der lang fortlaufenden Untersuchung. Die Wissenschaft der Mathematik verlangt Jahre der konzentrierten Bemühung, um es zu meistern, und die größte Wissenschaft - die des Geistes - wird nur durch die konzentrierte Bemühung offenbar.

06. Konzentration wird sehr missverstanden. Es scheint eine Idee von der Anstrengung oder damit verbundener Tätigkeit zu sein, während nur das Gegenteil notwendig ist. Die Größe eines Schauspielers liegt in der Tatsache, dass er sich selbst in der Darstellung seines Charakters vergisst, so, dass das Publikum durch die Realität der Aufführung beeinflusst wird. Das wird Ihnen eine gute Vorstellung von der wahren Konzentration geben. Sie sollten sich so für Ihren Gedanken interessieren, so in Ihrem

Thema vertieft sein, um von nichts anderem bewusst zu sein. Solche Konzentration führt zu intuitiver Wahrnehmung und unmittelbarer Scharfsinnigkeit in das konzentrierte Ziel.

07. Alle Kenntnisse sind das Ergebnis der Konzentration dieser Art. Es ist so, dass die Geheimnisse des Himmels und der Erde aufgedeckt werden. Es ist so, dass der Geist ein Magnet wird und der Wunsch unweigerlich Wissen anzieht und es zu Ihrem eigenem macht.

08. Wunsch ist größtenteils unterbewusst, bewusster Wunsch begreift selten sein Ziel, wenn es letztlich außer der unmittelbaren Reichweite ist. Unterbewusster Wunsch weckt die schlafenden Fähigkeiten des Geistes auf, und schwierige Probleme scheinen sich von alleine zu lösen.

09. Der unterbewusste Geist kann aufgeweckt und zur Handlung in jeder Richtung gebracht werden. Es kann sogar dazu gebracht werden, uns zu jedem Zweck durch die Konzentration zu dienen. Die Praxis der Konzentration erfordert die Kontrolle des physischen und geistigen Daseins. Alle Arten des Bewusstseins ob physisch oder geistig, müssen unter der Kontrolle sein.

10. Geistige Wahrheit ist deshalb der steuernde Faktor. Es ist das, was Ihnen ermöglichen wird, aus der beschränkten Erreichung zu wachsen und einen Punkt zu erreichen, wo Sie im Stande sein werden, die Art des Gedankens in die Eigenschaft und das Bewusstsein zu übersetzen.

11. Konzentration bedeutet nicht das bloße Denken an Gedanken, sondern die Umwandlung dieser Gedanken in praktische Werte. Der Durchschnittsmensch hat keine Vorstellung der Bedeutung der Konzentration. Es gibt immer nur den Ruf nach etwas zu „Haben" aber niemals den Ruf nach etwas zu „Sein". Sie scheitern zu verstehen, dass sie das Eine nicht ohne das Andere haben können, sie müssen zuerst das „Königreich" finden, bevor sie die „Dinge hinzufügen können." Kurze Begeisterung ist von keiner Wichtigkeit. Das Ziel kann nur mit dem unbegrenzten Selbstbewusstsein erreicht werden.

12. Der Geist kann das Ideal ein wenig zu hoch stellen und hinter dem Symbol (z.B. Geld) fallen. Es kann versuchen, auf ungeschulten Flügeln aufzusteigen und statt zu fliegen, zur Erde zu fallen, aber das ist kein Grund, nicht einen neuen Versuch zu machen.

13. Schwäche ist das einzige Hindernis für die geistige Erreichung. Ordnen Sie Ihre Schwäche physischen Beschränkungen oder geistigen Unklarheiten zu

und versuchen Sie es noch einmal. Entspannen Sie sich, und die Vollkommenheit wird durch die Wiederholung gewonnen.

14. Der Astronom konzentriert seinen Geist auf die Sterne, und sie geben ihre Geheimnisse preis. Die Geologen konzentrieren ihren Geist auf die Errichtung der Erde, und wir haben Geologie. So ist das mit allen Dingen. Menschen konzentrieren ihren Geist auf die Probleme des Lebens und das Ergebnis ist in der ausgedehnten und komplizierten Gesellschaftsordnung des Tages sichtbar.

15. Alle geistige Entdeckungen und Errungenschaften sind das Ergebnis des Wunsches plus der Konzentration. Wunsch ist die stärkste Art der Handlung. Je beharrlicher der Wunsch, desto maßgebender die Enthüllung. Der zur Konzentration hinzugefügte Wunsch wird jedes Geheimnis der Natur entlocken.

16. Im Erkennen großer Gedanken, beim Erfahren großer Gefühle, die großen Gedanken entsprechen, ist der Geist in einem Zustand, wo er den Wert von höheren Dingen schätzt.

17. Die Intensität der aufrichtigen Konzentration eines Moments und des starken Verlangens, zu werden und zu erreichen, kann Sie weiter bringen als Jahre der langsamen, normalen und erzwungenen Anstrengung. Es wird die Gefängnisstäbe des Unglaubens, der Schwäche, der Machtlosigkeit und des sich Selbstschlechtmachens lösen, und Sie werden in eine Erkenntnis der heiteren Überwindung eintreten.

18. Der Geist der Initiative und der Originalität wird durch die Fortsetzung und Kontinuität der geistigen Anstrengung entwickelt. Ein Unternehmen lehrt den Wert der Konzentration und fördert die Entscheidung des Charakters. Es entwickelt praktische Scharfsinnigkeit und Schnelligkeit des Ergebnisses. Das geistige Element in jeder kommerziellen Strebung ist der steuernde Faktor, und Wunsch ist die vorherrschende Kraft. Alle Handelsbeziehungen sind die Ergebnisse des Wunsches.

19. Viele der kräftigen und wesentlichen Vorteile werden in der kommerziellen Beschäftigung entwickelt. Der Geist wird gefestigt und geleitet, er wird effizient. Die Hauptnotwendigkeit ist die Stärkung des Geistes, so dass er sich höher zu den Ablenkungen und unberechenbaren Impulsen des instinktiven Lebens erhebt und somit erfolgreich im Konflikt zwischen dem hohen und tiefen Selbst siegt.

20. Wir alle sind Dynamos, aber der Dynamo alleine ist Nichts. Der Geist muss den Dynamo antreiben, dann ist er nützlich, und seine Energie kann konzentriert werden. Der Geist ist ein Motor, dessen Macht unvorstellbar ist. Gedanke ist eine „Omni-Arbeitskraft". Es ist der Herrscher und Schöpfer aller Form und aller Ereignisse, die vorkommen. Physische Energie ist nichts im Vergleich mit der Omnipotenz des Gedankens, weil der Gedanke den Menschen eine ganz andere natürliche Kraft zu benutzen ermöglicht.

21. Schwingung ist die Handlung des Gedankens. Es ist die Schwingung, die sich ausstreckt und das Materielle anzieht, das notwendig ist zu errichten und zu bauen. Es gibt nichts Mysteriöses bezüglich der Macht des Gedankens. Konzentration deutet einfach nur an, dass Bewusstsein sich zu einem Punkt sammeln kann, wo es sich mit dem Ziel seiner Aufmerksamkeit identifizieren wird. Wie absorbiertes Essen die Essenz des Körpers ist, so absorbiert der Geist das Ziel seiner Aufmerksamkeit, gibt ihm das Leben und das Dasein.

22. Wenn Sie sich auf eine Sache richtig konzentrieren, wird die intuitive Kraft in Gang gesetzt. Hilfe wird in der Form der Information oder Mitteilung erscheinen, die zum Erfolg führen wird.

23. Intuition gelangt zu den Beschlüssen ohne die Hilfe der Erfahrung oder der Erinnerung. Intuition behebt häufig Probleme, die über der Reichweite des Scharfsinnes sind. Intuition kommt häufig mit einer Plötzlichkeit, die erschrickt. Sie offenbart die Wahrheit, nach der wir so direkt suchen, und sie scheint aus einer höheren Macht zu kommen. Intuition kann kultiviert und entwickelt werden. Um das zu tun, muss sie erkannt und geschätzt werden. Wenn dem intuitiven Besucher ein königlicher Empfang gegeben wird, wenn er kommt, kommt er immer wieder, je herzlicher der Empfang ist, desto häufiger werden seine Besuche sein. Aber wenn er ignoriert oder vernachlässigt wird, wird er seine Besuche mindern.

24. Intuition kommt gewöhnlich in der Stille. Große Köpfe suchen oft Einsamkeit. Es ist in der Stille, wo alle größeren Probleme des Lebens ausgearbeitet werden. Aus diesem Grund hat jeder Unternehmer, der es sich leisten kann, ein Privatbüro, wo er nicht gestört wird. Wenn Sie sich ein Privatbüro nicht leisten können, können Sie wenigstens irgendwo ein Plätzchen finden, wo Sie jeden Tag ein paar Minuten allein sein können, um die Gedanken zu trainieren, die Ihnen ermöglichen werden, diese unüberwindliche Kraft zu entwickeln, um Ihre Ziele zu erreichen.

25. Erinnern Sie sich, dass das Unterbewusstsein allmächtig ist. Wenn die Macht zu handeln gegeben wird, gibt es keine Grenze zu den Dingen, die getan werden können. Ihr Grad des Erfolgs wird durch die Natur Ihres Wunsches bemessen. Wenn die Natur Ihres Wunsches in der Harmonie mit dem Natürlichen Gesetz oder des Universalen Geistes ist, emanzipiert sie allmählich Ihren Geist und gibt Ihnen unbesiegbaren Mut.

26. Jedes überwundene Hindernis, jeder gewonnene Sieg, wird Ihnen noch mehr Glauben an Ihre Kraft geben, und Sie werden größere Fähigkeit haben zu siegen. Ihre Kraft wird durch Ihre geistige Einstellung gemessen; wenn diese Einstellung eine des Erfolges ist und mit einem unbeirrbaren Zweck dauerhaft gehalten wird, ziehen Sie sich selbst von der unsichtbaren Quelle die Dinge an, die Sie still fordern.

27. Durch das Behalten des Gedanken im Geiste, wird er allmählich greifbare Form annehmen. Eine bestimmte Absicht setzt Ursachen in die Bewegung, die von der unsichtbaren Welt ausgehen und das notwendige Material finden, um Ihrem Zweck zu dienen.

28. Sie können die Symbole der Macht statt die Kraft selbst verfolgen. Sie können Berühmtheit statt Ehre, Reichtümer statt Wohlstand, Position statt Dienlichkeit verfolgen. In jedem Fall werden Sie erkennen, dass es sich in Asche auflöst, sobald Sie diese Symbole einholen.

29. Schneller Reichtum oder schnelle Position können nicht behalten werden, weil es nicht verdient worden ist. Wir bekommen nur das, was wir geben, und diejenigen, die versuchen zu bekommen ohne zu geben, erkennen immer, dass das Gesetz der Entschädigung unbarmherzig ein genaues Gleichgewicht verursacht.

30. Das Rennen lief gewöhnlich um das Geld und um andere Symbole der Macht, aber mit einem Verstehen der wahren Quelle der Kraft, können wir uns leisten, die Symbole zu ignorieren. Der Mensch mit einem großen Bankkonto findet es unnötig, seine Taschen voll mit Gold zu laden. So ist es auch mit dem Menschen, der die wahre Quelle der Kraft gefunden hat. Er interessiert sich nicht mehr für seine Vortäuschungen oder Ansprüche.

31. Gedanke führt normalerweise äußerlich in Entwicklungsrichtungen, aber es kann innerhalb dessen gedreht werden, wo er die grundlegenden Grundsätze der Dinge, das Herz der Dinge und den Geist der Dinge ergreifen wird. Wenn Sie zum Herzen der Dinge kommen, ist es verhältnismäßig leicht, diese zu verstehen und zu beherrschen.

32. Das ist so, weil der Geist eines Dings das Ding selbst, der Lebensteil dessen, die echte Substanz ist. Die Form ist einfach nur die äußere Manifestation der geistigen Tätigkeit innerhalb dessen.

33. Für Ihre Übung in dieser Woche konzentrieren Sie sich so gut wie möglich in Übereinstimmung mit der in dieser Lehre entworfenen Methode. Erinnern Sie sich, die Übung der Konzentration darf nicht mit geistiger Anstrengung verbunden werden. Entspannen Sie sich komplett, vermeiden Sie jeden Gedanken an Angst betreffend Ihrer Ergebnisse. Erinnern Sie sich, dass Kraft durch die Ruhe kommt. Lassen Sie den Gedanken auf Ihrem Ziel verweilen, bis es damit völlig identifiziert wird, bis Sie von nichts anderem bewusst sind.

34. Wenn Sie Angst beseitigen möchten, konzentrieren Sie sich auf den Mut.

35. Wenn Sie Mangel beseitigen möchten, konzentrieren Sie sich auf den Überfluss.

36. Wenn Sie Krankheit beseitigen möchten, konzentrieren Sie sich auf die Gesundheit.

37. Konzentrieren Sie sich immer auf das Ideal als eine bereits vorhandene Tatsache. Das ist die Keimzelle, der Lebensgrundsatz, der voran geht. Diese Keimzelle ist genau das, was die Ursachen in Bewegung bringt, die die notwendigen Zusammenhänge führen, leiten und verursachen. Zusammenhänge, die schließlich in der Form erscheinen.

„Gedanke ist das Eigentum nur von dem, der drauf eingeht."

Emerson

Teil 17
Lernfragen mit Antworten

161. Was ist die wahre Methode der Konzentration? – Sich so mit dem Ziel des Gedankens zu identifizieren, dass man von nichts anderem bewusst ist.

162. Was ist das Ergebnis dieser Methode der Konzentration? – Unsichtbare Kräfte werden in Gang gesetzt, die unaufhaltsame Bedingungen in der Ähnlichkeit mit Ihrem Gedanken verursachen.

163. Wie ist der steuernde Faktor in dieser Methode des Denkens? – Geistige Wahrheit.

164. Warum ist das so? – Weil die Natur unseres Wunsches in der Harmonie mit dem natürlichen Gesetz sein muss.

165. Wie ist der praktische Vorgang dieser Methode der Konzentration? – Gedanke wird in eine Eigenschaft umgewandelt, und diese Eigenschaft ist der Magnet, der die Umgebung der Person erschafft.

166. Was ist der steuernde Faktor in jeder kommerziellen Verfolgung? – Das geistige Element.

167. Warum ist das so? – Weil Geist der Herrscher und Schöpfer aller Form und aller Ereignisse ist, die es gibt.

168. Wie funktioniert Konzentration? – Durch die Entwicklung der Kräfte der Wahrnehmung, der Weisheit, der Intuition, und der Scharfsinnigkeit.

169. Warum ist Intuition der Scharfsinnigkeit überlegen? – Weil die Intuition von Erfahrung oder Erinnerung nicht abhängig ist und oft die Lösung zu unseren Problemen durch Methoden verursacht, bezüglich deren wir in der kompletten Unerfahrenheit sind.

170. Was ist das Ergebnis beim Verfolgen des Symbols der Wirklichkeit? – Sie verfallen zu Asche, genau dann, wenn wir sie einholen, weil das Symbol nur die äußere Form der geistigen Tätigkeit innerhalb dessen ist. Wenn wir die geistige Wirklichkeit besitzen können, verschwindet die Form.

Der achtzehnte Teil

Das geistige Wachstum

Einleitung Teil 18

Um zu wachsen, benötigen wir das, was für unser Wachstum notwendig ist. Dies wird durch das Gesetz der Anziehung verursacht. Dieser Grundsatz ist das einzige Mittel, durch welches das Individuum von dem Universalen unterschieden wird.

Denken Sie für einen Moment nach, was wäre ein Mensch, wenn er nicht ein Mann, Vater, oder Bruder wäre, wenn er sich für die soziale, wirtschaftliche, politische oder religiöse Welt nicht interessieren würde. Er würde nichts als ein abstraktes, theoretisches Ego sein. Er existiert deshalb nur in seiner Beziehung zu Allem, in seiner Beziehung zu anderen Menschen und in seiner Beziehung zur Gesellschaft. Diese Beziehung erzeugt nur so seine Umgebung und auf keine andere Weise.

Deshalb ist es klar, dass die Person einfach nur der Unterschied eines universalen Geistes ist, „welches alle Menschen erleuchtet, die in diese Welt kommen." Seine so genannte Individualität oder Persönlichkeit besteht aus nichts anderem als aus der Art, auf die er sich zu Allem bezieht.

Das nennen wir seine Umwelt und diese wird nach dem Gesetz der Anziehung verursacht. Teil Achtzehn, der vor Ihnen liegt, sagt etwas mehr bezüglich dieses wichtigen Gesetzes aus.

Teil 18 –
Das geistige Wachstum

01. Es gibt eine Änderung im Denken über die Welt. Diese Änderung gelangt still in unsere Mitte, und sie ist wichtiger als irgendwelche andere Änderung, die die Welt seit dem Untergang des Heidentums erlebt hat.

02. Diese jetzige Revolution steht, nach den Meinungen von allen Klassen von Menschen (sowohl die meist kultivierte Klasse als auch die sich plagende Klasse), unparallel in der Geschichte der Welt.

03. Die Wissenschaft machte seit langem solche riesengroßen Entdeckungen, hat solch eine Unendlichkeit von Ressourcen offenbart, hat solche enormen Möglichkeiten und unvermutete Kräfte entdeckt, dass Wissenschaftler immer mehr zögern, bestimmte Theorien, die gerade begründet worden sind, anzuzweifeln oder gar als absurd oder unmöglich anzusehen.

04. Und so wird eine neue Zivilisation geboren. Bräuche, Überzeugungen und Grausamkeit gehen vorüber, Vision, Glaube und Einsatz übernehmen den Platz. Die Fesseln der Tradition werden durch Menschen durchtrennt, der Abfall des Materialismus wird nützlich verbraucht, der Gedanke wird befreit und die Wahrheit wird wie ein Feuerwerk vor einer erstaunten Menge aufsteigen.

05. Die ganze Welt steht vor der Tür der neuen Bewusstheit, der neuen Kraft, der neuen Erkenntnis der Ressourcen in sich selbst.

06. Wissenschaftler der Physik haben die Materie zu Molekülen, Moleküle zu Atomen und Atome zu Energie zerlegt. Sir Ambrose Fleming sagte: *„Energie ist die ultimative Essenz, sie mag durch uns unbegreiflich sein, außer als Vorführung des direkten Ablaufs von dem, was wir den Geist oder den Willen nennen."*

07. Diese Energie ist innewohnend und ultimativ. Sie ist sowohl in der Materie als auch im Geist beinhaltend. Sie ist der unterstützende, anziehende, alles durchdringende Geist des Universums.

08. Jedes Wesen muss durch diese allmächtige Intelligenz gestützt werden, und wir finden, dass der Unterschied im individuellen Leben größtenteils durch den Grad dieser Intelligenz gemessen wird, die sie manifestieren. Es ist die größere Intelligenz, die das Tier auf einen höheren Maßstab des Daseins als die Pflanze legt, den Menschen höher als das Tier, und wir erkennen, dass diese erhöhte Intelligenz nochmals durch die Kraft der individuellen Person angezeigt wird, Handlungen zu kontrollieren und so sich seiner Umgebung bewusst anzupassen.

09. Es ist diese Anpassung, welche die Aufmerksamkeit des größten Geistes einnimmt, und diese Anpassung besteht in nichts anderem als die Anerkennung einer vorhandenen Reihenfolge im universalen Gesetz. Es ist bekannt, dass dieser Geist uns genau im Verhältnis Folge leisten wird, wie wir ihm zuerst Folge leisten.

10. Es ist die Anerkennung von natürlichen Gesetzen, die uns ermöglicht hat, Zeit und Raum zu verkürzen, in die Luft aufzusteigen und Eisen schwimmen zu lassen, und je größer der Grad der Intelligenz ist, desto größer wird unsere Anerkennung dieser natürlichen Gesetze sein, und desto größer wird die Kraft sein, die wir besitzen können.

11. Es ist die Anerkennung von sich selbst als eine Individualisierung dieser Universalen Intelligenz, die der Person ermöglicht, jene Formen der Intelligenz zu kontrollieren, die dieses Niveau der Selbstanerkennung noch nicht erreicht haben. Sie wissen nicht, dass diese universale Intelligenz alle Dinge durchdringt, die bereit ist, in die Handlung gewandelt zu werden. Sie wissen nicht, dass die universale Intelligenz auf jede Nachfrage antwortet, und deshalb sind diese Menschen an dem Gesetz zu ihrem eigenen Dasein gefesselt.

12. Gedanke ist schöpferisch und der Grundsatz, auf dem das Gesetz beruht, ist fehlerfrei, legitim und ist der Natur von Dingen innewohnend. Aber diese schöpferische Kraft entsteht nicht in dem Individuum, sondern im Universalen, welche die Quelle und das Fundament der ganzen Energie und der Substanz ist. Das Individuum ist einfach nur der Kanal für die Verteilung dieser Energie.

13. Das Individuum ist nur das Mittel, durch die das Universale die verschiedenen Kombinationen erzeugt, die auf die Bildung von Erscheinungen hinauslaufen, die wiederum vom Gesetz der Schwingung abhängt. Durch die verschieden schnellen Stufen der Schwingung der Hauptsubstanz bilden sich neue Substanzen aber in bestimmten genauen numerischen Verhältnissen.

14. Gedanke ist die unsichtbare Verbindung, durch welche das Individuum in Kommunikation mit dem Universalen, mit dem Begrenzten und dem Unbegrenzten, mit dem Sichtbaren und dem Unsichtbaren eintritt. Gedanke ist die Magie, durch die der Mensch in ein Wesen umgestaltet wird, welches denkt, weiß, fühlt und handelt.

15. Wie der korrekte Apparat dem Auge ermöglicht hat, Welten, die Millionen von Meilen weit weg sind zu entdecken, so ist es dem Mensch ermöglicht worden, mit dem Universalen Geist, welche die Quelle der ganzen Kraft ist, zu kommunizieren.

16. Das Verstehen, welches gewöhnlich entwickelt wird, ist nichts anderes als ein „Glaube", was überhaupt nichts bedeutet. Die Wilden der kannibalischen Inseln glauben etwas, aber das beweist nichts.

17. Der einzige Glaube, der von jeder Wichtigkeit zu irgendjemandem ist, ist ein Glaube, der zu einem Test gemacht und demonstriert worden ist, um eine Tatsache zu bilden. Dann ist es nicht mehr ein Glaube, sondern es ist eine Wahrheit.

18. Und diese Wahrheit ist durch Hunderttausende von Menschen auf die Probe gestellt und es ist erkannt worden, dass die Wahrheit genau im Verhältnis zur Nutzbarkeit des Apparats steht, den diese Leute verwendeten.

19. Ein Mensch würde nicht annehmen, Sterne, die Hunderte von Millionen von Meilen entfernt sind, ohne ein Fernrohr zu lokalisieren, und aus diesem Grund ist die Wissenschaft ständig mit dem Bauen größerer und stärker Fernrohre beschäftigt und wird ständig durch zusätzliche Kenntnisse von den Himmelswundern belohnt.

20. So ist es auch mit dem Verstehen. Menschen machen ständig Fortschritte in den Methoden, die sie verwenden, um in Kommunikation mit dem universalen Geist und seinen unendlichen Möglichkeiten einzutreten.

21. Der universale Geist manifestiert sich in der sichtbaren Form durch den Grundsatz der Anziehung, dass jedes Atom für jedes andere Atom in unendlichen Graden der Intensität steht.

22. Es geschieht durch diesen Grundsatz der Anziehung und die Kombination der Atome, dass Dinge manifestiert werden. Dieser Grundsatz ist von der universalen Anwendung und ist das einzige Mittel, wodurch die Absicht der Existenz verwirklicht wird.

23. Der Ausdruck des Wachstums wird auf die schönste Weise durch die Mitwirkung dieses universalen Grundsatzes erschaffen.

24. Um zu wachsen, benötigen wir das, was für unser Wachstum notwendig ist. Aber da wir zu jeder Zeit ein vollständiges Gedanken-Wesen sind, macht diese Vollständigkeit es uns möglich, nur zu bekommen, sobald wir geben. Wachstum wird deshalb auf der gegenseitigen Handlung bedingt, und wir erkennen, dass auf der geistigen Ebene „Gleiches sich Gleiches anzieht", so dass geistige Schwingung nur in dem Maße von ihrer schwingungsfähigen Harmonie antwortet.

25. Deshalb ist es klar, dass Gedanken an Überfluss nur auf gleiche Gedanken antworten werden. Wie man sieht, ist ein Individuum von Natur aus reich. Die Fülle im Inneren ist dafür da, um das Geheimnis der Anziehungskraft für die Fülle in der äußeren Welt zu sein. Die Fähigkeit zu erschaffen ist dafür da, um die echte Quelle des Wohlstands des Individuums zu sein. Aus diesem Grund ist es so, dass der, der sein Herz arbeiten lässt, sicher gehen kann, sich mit dem unbegrenzten Erfolg zu treffen. Er wird ständig geben und geben, und je mehr er gibt, desto mehr wird er empfangen.

26. Was tun die großen Finanzmänner der Wall Street, die Führer der Unternehmen, die Staatsmänner, die großen Anwälte der Aktiengesellschaften, die Erfinder, die Ärzte, die Autoren - was trägt jeder von diesen Menschen zur Summe des menschlichen Glücks, außer die Kraft ihres Gedankens bei?

27. Gedanke ist die Energie, die das Gesetz der Anziehung in Gang setzt, das schließlich in Hülle und Fülle manifestiert.

28. Der universale Geist ist statischer Geist oder Substanz im Gleichgewicht. Er wird in die Form durch unsere Kraft zu denken abgeleitet. Gedanke ist die dynamische Phase des Geistes.

29. Die Kraft hängt vom Bewusstsein der Kraft ab. Wenn wir sie nicht verwenden, werden wir sie verlieren, und wenn wir der Kraft nicht bewusst sind, können wir sie nicht verwenden.

30. Der Gebrauch dieser Kraft hängt von der Achtsamkeit ab. Der Grad der Achtsamkeit bestimmt unsere Kapazität für den Erwerb von Kenntnissen, die ein anderes Wort für die Kraft sind.

31. Die Achtsamkeit wurde als ein Zeichen für Genies gehalten und die Bildung dieser hängt von der Praxis ab.

32. Der Ansporn der Achtsamkeit ist das Interesse. Je größer das Interesse, desto größer die Achtsamkeit, je größer die Achtsamkeit, desto größer das Interesse, das ist Handlung und Wirkung. Beginnen Sie beim Schenken der Aufmerksamkeit und in Kürze werden Sie Ihr Interesse geweckt haben. Dieses Interesse wird mehr Aufmerksamkeit anziehen, und diese wird noch mehr Interesse erzeugen und so weiter. Diese Praxis wird Ihnen ermöglichen, die Kraft der Achtsamkeit (oder Aufmerksamkeit) zu kultivieren.

33. In dieser Woche konzentrieren Sie sich darauf Ihre Kraft zu erschaffen. Suchen Sie Scharfsinnigkeit, Wahrnehmung. Versuchen Sie, eine logische Basis für das Vertrauen an Sie selbst zu finden, das in Ihnen liegt. Lassen Sie den Gedanken auf die Tatsache näher eingehen, dass der physische Mensch lebt und sich bewegt, und sein Wesen sich in einem Korsett der Lebensatmosphäre befindet, in dem er atmen muss, um zu leben. Dann lassen Sie den Gedanken auf der Tatsache ruhen, dass der geistige Mensch auch lebt und sich bewegt, und dass sein Wesen in einer ähnlichen aber feineren Energie besteht, von der er abhängt um zu leben. Erkennen Sie, dass in der physischen Welt kein Leben eine Form annimmt, bis ein Samen gepflanzt wird, und keine höhere Frucht geerntet werden kann, als diese, die gepflanzt wurde. Genauso kann in der geistigen Welt keine Wirkung erzeugt werden, bis der Samen gesät wird und die Frucht von der Natur des Samens abhängen wird, so dass die Ergebnisse, die Sie sichern, von Ihrer Wahrnehmung des Gesetzes im mächtigen Feld der Verursachung abhängen.

Teil 18
Lernfragen mit Antworten

171. Wie wird der Unterschied im individuellen Leben gemessen? – Durch den Grad der Intelligenz, die wir manifestieren.

172. Was ist das Gesetz, nach dem das Individuum andere Formen der Intelligenz kontrollieren kann? – Eine Anerkennung, sich selbst als eine Individualisierung der universalen Intelligenz zu verstehen.

173. Wo entsteht die schöpferische Kraft? – In dem Universalen.

174. Wie erschafft das Universale die Form? – Mit den Mitteln des Individuums.

175. Was ist der Draht zwischen dem Individuum und dem Universalen? – Der Gedanke.

176. Was ist der Grundsatz, durch welchen die Mittel der Existenz verwirklicht werden? – Das Gesetz der Liebe.

177. Wie wird dieser Grundsatz zum Ausdruck gebracht? – Durch das Gesetz des Wachstums.

178. Von welcher Bedingung hängt das Gesetz des Wachstums ab? – Von der gegenseitigen Handlung. Das Individuum ist zu jeder Zeit vollkommen, und das macht es möglich, nur zu erhalten, wenn wir geben.

179. Was ist es, das wir geben? – Gedanke.

180. Was erhalten wir? – Gedanke, der eine Substanz im Gleichgewicht ist, und der in die Form manifestiert wird, von dem, was wir denken.

Der neunzehnte Teil

Wir sind alle Eins

Einleitung Teil 19

Angst ist eine mächtige Form des Gedankens. Es lähmt die Nervenzentren und beeinflusst so den Blutkreislauf.

Natürlich ist der Weg, die Angst zu überwinden, sich der Kraft bewusst zu werden. Was ist diese geheimnisvolle Lebenskraft, die wir Kraft nennen? Wir wissen es nicht, aber genauso, wissen wir nicht, was Elektrizität ist.

Aber wir wissen genau, dass, wenn wir uns den Voraussetzungen des Gesetzes der Elektrizität anpassen, es uns ein gehorsamer Diener sein wird. Dieses wird unsere Häuser, unsere Städte beleuchten, unsere technischen Einrichtungen laufen lassen und uns in vielen nützlichen Funktionen dienen.

Und so ist es mit der Lebenskraft. Obwohl wir nicht wissen, was sie ist und es vielleicht niemals erfahren können, wissen wir genau, dass sie eine starke Kraft ist, die sich durch lebende Körper manifestiert. Indem wir die Gesetze und Grundsätze erfüllen, durch die diese Lebenskraft beherrscht wird, öffnen wir uns zu einem reichen Zufluss dieser Lebensenergie, und das entspricht dem höchstmöglichen Grad der spirituellen, moralischen und geistigen Leistungsfähigkeit.

Dieser Teil erzählt auf einfache Weise, diese Lebenskraft zu entwickeln. Wenn Sie die Information, wie in dieser Lehre vorgegeben, in die Praxis umsetzen, entwickeln Sie bald das Gefühl für die Kraft, die schon immer das charakteristische Zeichen des Genies gewesen ist.

Teil 19 – Wir sind alle Eins

01. Die Suche nach Wahrheit ist kein planloses Abenteuer mehr, sondern es ist ein zielbewusster Prozess und in seinem Ablauf logisch. Jeder Art der Erfahrung wird eine Stimme für das Formen ihrer Entscheidung gegeben.

02. Bei der Suche nach der Wahrheit suchen wir nach der eigentlichen Ursache. Wir wissen, dass jede menschliche Erfahrung eine Wirkung ist. Dann also, wenn wir die Ursache feststellen können, und wenn wir erkennen werden, dass diese Ursache diejenige ist, die wir bewusst kontrollieren können, wird die Wirkung oder die Erfahrung genauso unter unserer Kontrolle sein.

03. Menschliche Erfahrung wird dann nicht mehr länger ein Spielball des Schicksals sein. Ein Mensch wird nicht das Kind des Glückes sein, sondern das Schicksal selbst. Schicksal und Glück werden genauso kontrolliert, wie ein Kapitän sein Schiff oder ein Lockführer seinen Zug kontrolliert.

04. Alle Dinge sind letztendlich in dasselbe Element auflösbar, und da sie so ineinander umwandelbar sind, müssen sie immer im Bezug zueinander stehen und können niemals ein Gegensatz zueinander sein.

05. In der physischen Welt gibt es unzählige Vergleiche, und diese können zur Einfachheit durch erkennbare Namen, bezeichnet werden. Es gibt Größen, Farben, Schatten oder Strukturen zu allen Dingen. Es gibt den Nordpol und einen Südpol, ein Inneres und ein Äußeres, ein Sichtbares und ein Unsichtbares, aber diese Ausdrücke dienen bloß, um Extreme einander gegenüber zu stellen.

06. Es wurde zwei verschiedenen Teilen ein Name für eine Menge gegeben. Die zwei Extreme sind relativ, sie sind keine getrennten Einheiten, aber sie sind zwei Teile oder Aspekte eines Ganzen.

07. In der mentalen Welt finden wir dasselbe Gesetz. Wir sprechen von Wissen und Ignoranz, aber Ignoranz ist nur ein Mangel an Wissen und scheint deshalb einfach nur ein Wort zu sein, um die Abwesenheit von Wissen auszudrücken. Es hat keinen Grundbestandteil in sich selbst.

08. In der moralischen Welt finden wir auch dasselbe Gesetz. Wir sprechen von Gut und Böse. Das Gute ist eine Wahrheit, etwas Fühlbares, während Böses (oder Übel) einfach nur ein negativer Zustand ist, der die Abwesenheit vom Guten aufweist. Wie man manchmal denkt, ist Übel ein sehr echter Zustand, aber es hat keinen Grundsatz, keine Lebenskraft, kein Leben. Wir wissen das, weil es immer durch das Gute zerstört werden kann. Genau wie die Wahrheit den Irrtum zerstört und das Licht die Finsternis, so verschwindet das Übel, wenn das Gute erscheint, und deshalb gibt es in der moralischen Welt nur diesen einen Grundsatz.

09. Wir finden genau dasselbe Gesetz, in der geistigen Welt. Wir sprechen vom Geist und Materie als zwei getrennte Einheiten, aber eine klarere Scharfsinnigkeit macht es offensichtlich, dass es nur einen wirkenden Grundsatz gibt und das ist Geist.

10. Geist ist das Echte und das Ewige. Materie ändert sich ständig. Wir wissen, dass in der Ewigkeit der Zeit einhundert Jahre nur ein Tag ist. Wenn wir in irgendeiner Großstadt stehen und das Auge auf die unzähligen großen und prächtigen Gebäude, die riesengroße Reihe von Einrichtungen der modernen Zivilisation ruhen lassen, können wir feststellen, dass dort nicht ein einziges Haus vor einhundert Jahren stand. Und wenn wir auf demselben Punkt in einhundert Jahren stehen könnten, würden aller Wahrscheinlichkeit nach nur sehr wenige von ihnen noch stehen.

11. Im Tierreich finden wir dasselbe Gesetz der Veränderung. Millionen und Milliarden von Tieren kommen und gehen, ein paar Jahre machen ihre Spanne des Lebens aus. In der Pflanzenwelt ist die Änderung noch schneller. Viele Pflanzen und fast alle Arten von Gras kommen und gehen in einem einzelnen Jahr. Wenn wir zum Anorganischen gehen, erwarten wir, etwas mehr Materielleres zu finden, aber wenn wir einen anscheinend festen Kontinent anschauen, wird uns gesagt, dass er aus dem Ozean entstand. Wir sehen einen riesigen Berg und uns wird gesagt, dass der Platz, wo er jetzt steht, vorher ein See war. Und wenn wir in der Ehrfurcht vor den großen Klippen im Yosemite Tal stehen, können wir den Pfad der Gletscher leicht verfolgen.

12. Wir befinden uns in einer ständigen Veränderung, und wir wissen, dass diese Änderung nur die Evolution des universalen Geistes ist, wodurch alle Dinge ständig von neuem geschaffen werden. So kommen wir zu dem Wissen, dass Materie nur eine Form ist, die der Geist verformt und deshalb einfach nur ein Zustand ist. Die Materie hat keinen Grundsatz. Der Geist ist der einzige Grundsatz.

13. Wir haben also erfahren, dass Geist der einzige Grundsatz ist, der in der physischen, mentalen, moralischen und geistigen Welt wirkend ist.

14. Wir wissen, dass dieser Geist statisch ist, wir wissen auch, dass die Fähigkeit des Individuums zu denken ist. Es ist die Fähigkeit, nach dem universalen Geist zu handeln und sie in den dynamischen Geist oder Geist in Bewegung umzuwandeln.

15. Um das zu tun, muss Kraftstoff getankt werden. Dieser Kraftstoff kann nur in der Form der Nahrung getankt werden, weil der Mensch ohne das Essen nicht denken kann. Und so erkennen wir, dass sogar eine geistige Tätigkeit wie das Denken in Quellen des Vergnügens und des Gewinns nicht umgewandelt werden kann außer wir machen Gebrauch von materiellen Dingen.

16. Es wird Energie irgendeiner Art benötigt, um Elektrizität zu sammeln und sie in eine dynamische Kraft umzuwandeln. Es wird benötigt, dass die Strahlen der Sonne die notwendige Energie geben, um Pflanzenleben zu fördern. Es wird auch erwartet, dass Energie in der Form von Nahrung der Person zu denken ermöglicht und dadurch nach dem universalen Geist zu handeln.

17. Sie können wissen, oder nicht wissen, dass der Gedanke ständig Form annimmt und sich immer Ausdruck sucht, aber die Tatsache bleibt, dass, wenn Ihr Gedanke stark, konstruktiv, und positiv ist, es in Ihrer Gesundheit, Ihrem Geschäft und in Ihrer Umgebung sehr einfach und leicht zugehen wird. Wenn Ihr Gedanke schwach, kritisch, zerstörend und allgemein negativ ist, erscheint er in Ihrem Körper als Angst, Sorge und Nervosität, in Ihren Finanzen als Mangel und Beschränkung und in nicht miteinander harmonierenden Bedingungen in Ihrer Umgebung.

18. Der ganze Wohlstand ist das Ergebnis der Kraft. Besitzungen sind nur dann wichtig, wenn sie Kraft verleihen. Ereignisse sind nur dann bedeutend, wenn sie Kraft beeinflussen. Alle Dinge stellen bestimmte Formen und Grade der Kraft dar.

19. Das Wissen über Ursache und Wirkung, die durch die Gesetze des Dampfes, Elektrizität, chemische Sympathie und Schwerkraft offenbart wurden, ermöglicht den Menschen, die Ziele mutig zu planen und angstfrei durchzuführen. Diese Gesetze werden natürliche Gesetze genannt, weil sie die physische Welt regeln, aber nicht alle Kraft ist physische Kraft. Es gibt auch mentale Kraft, und es gibt moralische und geistige Kraft.

20. Was sind unsere Schulen, unsere Universitäten, wenn nicht mentale „Krafthäuser", wo mentale Kraft entwickelt wird?

21. Da es viele mächtige Krafthäuser für die Anwendung der Kraft für schwerfälligen Maschinerie gibt, wodurch Rohstoff gesammelt und in die Bedürfnisse und den Komfort des Lebens umgewandelt wird, so sammeln kultivieren und entwickeln die geistigen Krafthäuser den Rohstoff, in eine Kraft, die unendlich größer zu allen anderen Kräften der Natur ist. Erstaunlich, aber das ist sie.

22. Was ist dieser Rohstoff, der in diesen Tausenden von geistigen Krafthäusern überall auf der Welt gesammelt und in eine Kraft gewandelt wird, die zweifellos jede andere Kraft kontrolliert? In ihrer statischen Form ist es Geist - in ihrer dynamischen Form ist es Gedanke.

23. Diese Kraft ist größer, weil sie auf einer höheren Ebene besteht, weil sie Menschen ermöglicht hat, das Gesetz zu entdecken, wie diese wunderbaren Kräfte der Natur genutzt werden konnten, um die Arbeit von Hunderten und Tausenden von Menschen zu erledigen. Es hat den Menschen ermöglicht, Gesetze zu entdecken, wodurch Zeit und Raum überwunden und das Gesetz der Schwerkraft vernichtet werden kann.

24. Gedanke ist Lebenskraft oder Energie, die entwickelt wird und solche erschreckenden Ergebnisse im Laufe des letzten halben Jahrhunderts erzeugt hat, eine Welt zu erschaffen, die einem Menschen vor 50 oder 25 Jahren absolut unvorstellbar gewesen wäre. Wenn solche Ergebnisse nur in 50 Jahren erarbeitet worden sind, was kann nicht alles in weiteren 50 Jahren erwartet werden?

25. Die Substanz, von der alle Dinge geschaffen werden, ist in der Menge unendlich. Wir wissen, dass Licht im Verhältnis von 186,000 Meilen pro Sekunde reist. Genauso wissen wir, dass es so weit entfernte Sterne gibt, dass man 2000 Jahre braucht, um uns zu erreichen, und wir wissen, dass es solche Sterne in allen Teilen des Himmels gibt. Wir wissen auch, dass das Licht in Wellen kommt, so dass, wenn der Äther, auf dem diese Wellen reisen, nicht unendlich wäre, das Licht uns nicht erreichen könnte. Wir können dann nur zum Schluss kommen, dass diese Substanz, dieser Äther oder dieser Rohstoff universell anwesend ist.

26. Wie dann manifestiert es sich in die Form? In der elektrischen Wissenschaft wird eine Batterie gebildet, indem die entgegengesetzten Pole des Zinkes und des Kupfers verbunden werden. Das wiederum veranlasst die Schwingung von einem zum anderem zu fließen, und so wird Energie zur

Verfügung gestellt. Derselbe Prozess wird hinsichtlich jeder Polarität wiederholt, und genauso hängt all die Form nur von der Rate der Schwingung und der konsequenten Beziehungen von Atomen zueinander ab. Wenn wir die Form der Manifestation ändern möchten, müssen wir die Polarität ändern. Das ist der Grundsatz der Ursache.

27. Für Ihre Übung in dieser Woche konzentrieren Sie sich, und wenn ich das Wort konzentrieren verwende, meine ich das, was das Wort bedeutet. Seien Sie so vertieft in das Ziel Ihres Gedankens, dass Sie von nichts anderem bewusst sind, und tun Sie es ein paar Minuten jeden Tag. Sie nehmen sich die notwendige Zeit, um zu essen, damit der Körper genährt werden kann, warum dann sich nicht die Zeit nehmen, um Ihre geistige Nahrung zu sich zu nehmen?

28. Lassen Sie den Gedanken auf der Tatsache ruhen, dass Erscheinungen irreführend sind. Die Erde ist nicht flach, genauso steht diese nicht still. Der Himmel ist keine Kuppel, die Sonne bewegt sich nicht, die Sterne sind keine kleinen Flecken des Lichtes und die Materie, die scheinbar fest ist, sich im fortwährenden Fluss befindet.

29. Versuchen Sie zu begreifen, dass sich der Tag schnell nähert - er ist fast schon in der Morgendämmerung - an dem die Arten der Gedanken und der Handlung, über die Abläufe der ewigen Grundsätzen, zum zunehmenden Wissen angepasst werden.

„Stiller Gedanke ist letztendlich das mächtigste Mittel in menschlichen Angelegenheiten."

Channing

Teil 19
Lernfragen mit Antworten

181. Wie werden Extreme im Gegensatz zueinander gestellt? – Sie werden durch erkennbare Namen wie „innen" und „außen", „oben" und „unten", „hell" und „dunkel", „gut" und „schlecht" bezeichnet.

182. Sind diese Extreme getrennte Einheiten? – Nein, sie sind Teile oder Aspekte eines Ganzen.

183. Was ist der einzige kreative Grundsatz in der physischen, geistigen und spirituellen Welt? – Es ist der universale Geist oder die Ewige Energie, von der alle Dinge weitergehen.

184. Wie sind wir mit diesem kreativen Grundsatz verbunden? – Durch unsere Fähigkeit zu denken.

185. Wie funktioniert dieser kreative Grundsatz? – Gedanke ist der Samen, der auf Handlung hinausläuft, und Handlung läuft auf Form hinaus.

186. Von was hängt die Form ab? – Die Form hängt von der Rate der Schwingung ab.

187. Wie kann die Rate der Schwingung geändert werden? – Durch die geistige Handlung.

188. Von was hängt die geistige Handlung ab? – Von der Polarität, Aktion und Reaktion zwischen dem Individuum und dem Universalen.

189. Entsteht die schöpferische Energie in dem Individuum oder dem Universalen? – Im Universalen, aber das Universale kann sich nur durch das Individuum manifestieren.

190. Warum ist das Individuum notwendig? – Weil das Universale statisch ist und es Energie benötigt, um sich in die Bewegung umzuleiten. Die Energie wird durch die Nahrung umgewandelt. Und das wiederum ermöglicht dem Individuum zu denken. Wenn die Person aufhört zu essen, hört er auf zu denken, dann handelt er nicht mehr nach dem Universalen. Deshalb gibt es keine Aktion oder Reaktion mehr. Das Universale ist dann nur reiner Geist in der statischen Form.

Der zwanzigste Teil

Wir „Sind", weil unser Vater „Ist"

Einleitung (Teil 20)

Viele Jahre lang hat es eine endlose Diskussion wegen des Ursprungs des Bösen gegeben. Theologen haben uns gesagt, dass Gott Liebe ist und dass Gott allgegenwärtig ist. Wenn das wahr ist, gibt es keinen Platz, wo Gott nicht ist. Wo ist dann das Böse, der Teufel und die Hölle?

Lassen Sie uns das mal näher betrachten:

Gott ist Geist.
Geist ist der schöpferische Grundsatz des Weltalls.
Der Mensch ist dem Gotte gleich erschaffen worden.
Der Mensch ist deshalb ein geistiges Wesen.
Die einzige Tätigkeit, die der Geist besitzt, ist die Kraft zu denken.
Das Denken ist deshalb ein schöpferischer Prozess.

Alle Form ist deshalb das Ergebnis des Gedankenprozesses.
Die Zerstörung der Form muss auch ein Ergebnis des Gedankenprozesses sein.
Erfundene Verkörperungen der Form sind das Ergebnis der schöpferischen Kraft des Gedankens, wie in der Hypnose.
Die offenbare Darstellung der Form ist das Ergebnis der schöpferischen Kraft des Gedankens wie im Spiritismus.
Erfindung, Organisation und konstruktive Arbeit aller Arten sind das Ergebnis der schöpferischen Kraft des Gedankens wie in der Konzentration.
Wenn die schöpferische Kraft des Gedankens zu Gunsten der Menschheit manifestiert wird, nennen wir das Ergebnis: **gut**.
Wenn die schöpferische Kraft des Gedankens auf eine zerstörende oder schlechte Weise manifestiert wird, nennen wir das Ergebnis: **schlecht**.

Das zeigt den Ursprung von beidem an, von Gut und von Böse. Sie sind einfach nur Wörter, die ins Leben gerufen worden sind, um das Ergebnis des Denkens oder des kreativen Prozesses anzuzeigen. Der Gedanke geht zwangsläufig voran und bestimmt die Handlung vorher. Handlung geht voran und bestimmt die Bedingung oder den Zustand vorher.

Teil Zwanzig wird mehr Licht auf dieses wichtige Thema werfen.

Teil 20 -
Wir „Sind", weil unser Vater „Ist"

01. Der Geist des Dings ist das Ding selbst, er ist fest, unveränderlich und ewig. Der Geist von Ihnen ist - Sie selbst. Ohne den Geist würden Sie Nichts sein. Er wird aktiv durch die Anerkennung seiner Möglichkeiten.

02. Sie können die ganze Fülle im Christentum haben, aber bevor Sie es nicht anerkennen und davon Gebrauch machen, wird es für Sie keinen Wert haben. Und so ist es mit Ihrem geistigen Wohlstand. Bevor Sie ihn nicht anerkennen und ihn verwenden, wird er genau so wenig Wert für Sie haben. Die einzige Bedingung der geistigen Kraft ist Gebrauch oder Anerkennung (Bewusstwerden).

03. Alle großen Dinge kommen durch die Anerkennung. Das Zepter der Kraft ist Bewusstsein, und der Gedanke ist sein Bote. Und dieser Bote formt ständig die Wirklichkeit der unsichtbaren Welt in die Bedingungen, die Zustände und die Umgebungen Ihrer objektiven Welt.

04. Das Denken ist die wahre Aufgabe des Lebens, Kraft ist das Ergebnis. Sie befassen sich zu jeder Zeit mit der magischen Kraft des Gedankens und des Bewusstseins. Welche Ergebnisse können Sie erwarten, wenn Sie Ihrer Kraft, die innerhalb Ihrer Kontrolle liegt, nicht bewusst werden?

05. Solange Ihnen Ihre Kraft unbewusst ist, beschränken Sie sich mit oberflächlichen Bedingungen und machen sich selbst zu einer Last. Diejenigen, die ihre Kraft anerkennen (sich ihrer Kraft bewusst werden), die wissen, dass ein Mensch niedrige Arbeiten erledigen muss, solange er nicht bereit ist selbst zu denken. Je weniger diese Menschen denken, umso mehr müssen sie arbeiten und werden außerdem für ihre Arbeit noch weniger bekommen.

06. Das Geheimnis der Kraft ist ein vollkommenes Verstehen der Grundsätze, Kräfte, Methoden und Kombinationen des Geistes und ein vollkommenes Verstehen unserer Verwandtschaft und Beziehung zum universalen Geist. Es ist gut sich zu erinnern, dass dieser Grundsatz unveränderlich ist. Wenn das

nicht so wäre, würde er nicht zuverlässig sein. Alle Grundsätze sind unveränderlich.

07. Diese Stabilität ist Ihre Chance. Sie sind seine aktive Eigenschaft, der Kanal für seine Tätigkeit. Das Universale kann nur durch die Person (das Individuum) handeln.

08. Wenn Sie beginnen wahrzunehmen, dass die Essenz des Universalen in Ihnen selbst ist - Sie ist - beginnen Sie Dinge zu tun, Sie beginnen, Ihre Kraft zu fühlen. Diese Kraft ist der Brennstoff, der die Vorstellungskraft anzündet. Die Kraft, welche die Fackel der Inspiration entfacht. Die Kraft, die dem Gedanken die Lebenskraft gibt. Die Kraft, die Ihnen ermöglicht, mit allen unsichtbaren Kräften des Universums in Verbindung zu stehen. Es ist diese Kraft, die Ihnen ermöglichen wird, furchtlos zu planen, und meisterhaft ihre Pläne durchzuführen.

09. Aber Wahrnehmung wird nur in der Stille kommen. Das scheint die zu allen großen Zwecken erforderliche Bedingung zu sein. Sie sind eine sich entwickelnde Einheit. Vorstellungskraft ist Ihre Werkstatt. Es ist da, wo Ihr Ideal visualisiert werden soll.

10. Da ein vollkommenes Verstehen der Natur dieser Kraft eine primäre Bedingung für seine Manifestation ist, visualisieren Sie sich die komplette Methode immer und immer wieder, so dass Sie diese verwenden können, wann immer die Gelegenheit es verlangt. Die Unendlichkeit der Weisheit soll der Methode folgen, durch die wir die Inspiration des allmächtigen, universalen Geistes jederzeit auf Verlangen haben können.

11. Wir können scheitern, diese Welt innerhalb uns selbst anzuerkennen und sie so von unserem Bewusstsein auszuschließen, aber es wird dennoch die grundlegende Tatsache der ganzen Existenz bleiben. Und wenn wir lernen es anzuerkennen und nicht nur in uns selbst, sonder auch in allen Personen, Ereignissen, Dingen und Verhältnissen, werden wir das „Königreich des Himmels" gefunden haben, welches - wie es uns erzählt wird – „innerhalb" uns selbst liegt.

12. Unsere Misserfolge sind ein Ergebnis der Abläufe genau desselben Grundsatzes. Der Grundsatz ist unveränderlich. Sein Ablauf ist genau, es gibt keine Abweichung. Wenn wir an Mangel, Beschränkung, Dissonanz denken, finden wir ihre Früchte in jeder Hand. Wenn wir Armut, Bekümmertheit oder Krankheit denken, tragen die Boten der Gedanken die Aufforderung ebenso bereitwillig wie jede andere Art des Gedankens, und das Ergebnis wird ebenso bestimmt sein. Wenn wir eine kommende

Katastrophe fürchten, sollten wir im Stande sein, mit dem Hiob zu sagen: „Das, was ich gefürchtet habe, ist über mich gekommen". Wenn wir unfreundlich oder ignorant denken, so werden zu uns selbst die Ergebnisse unserer Unfreundlichkeit und Ignoranz angezogen werden.

13. Diese Kraft des Gedankens, wenn sie verstanden und richtig angewendet wird, ist das größte arbeitssparende Gerät von dem jemals geträumt wurde, aber wenn sie nicht verstanden oder falsch angewendet wird, wird das Ergebnis in der ganzen Wahrscheinlichkeit unglückselig sein. Wie wir bereits gesehen haben, können Sie durch die Hilfe dieser Kraft Dinge, welche scheinbar unmöglich sind, überzeugt ausführen, weil diese Kraft das Geheimnis der ganzen Inspiration aller Genies ist.

14. Begeistert zu sein heißt, aus der eingefahrenen Schiene herauszukommen, weil außergewöhnliche Ergebnisse außergewöhnliche Mittel erfordern. Wenn wir in eine Anerkennung der Einheit aller Dinge eintreten, und dass die Quelle der ganzen Kraft innerhalb dessen ist, zapfen wir die Quelle der Inspiration an.

15. Inspiration ist die Kunst der Aufnahme; die Kunst der Selbstverwirklichung; die Kunst, den individuellen Geist an den universalen Geist anzupassen; die Kunst, den richtigen Mechanismus an der Quelle der allmächtigen Kraft anzuschließen; die Kunst, das formlose in die Form umzuleiten; die Kunst, zu einem Kanal für den Fluss der unendlichen Weisheit zu werden; die Kunst, sich Vollkommenheit zu visualisieren. Inspiration ist die Kunst, die Allgegenwart der Omnipotenz zu begreifen.

16. Das Verstehen und die Anerkennung der Tatsache, dass die unendliche Kraft allgegenwärtig und deshalb im ungeheuer Kleinen sowie im ungeheuer Großen ist, wird uns ermöglichen, ihre Essenz aufzunehmen. Ein weiteres Verstehen der Tatsache, dass diese Kraft Geist und deshalb unteilbar ist, wird uns ermöglichen, ihre Gegenwart an allen Punkten und Ecken zur gleichen Zeit zu schätzen.

17. Das Verstehen dieser Tatsachen, zuerst intellektuell und dann emotional, wird uns ermöglichen, aus dem tiefsten dieses Ozeans der unendlichen Kraft zu trinken. Ein intellektuelles Verstehen wird keine Hilfe leisten. Die Emotionen müssen in die Handlung gebracht werden. Gedanke ist kalt ohne Gefühl. Die erforderliche Kombination ist Gedanke und Gefühl.

18. Inspiration kommt vom Inneren. Die Stille ist notwendig, die Sinne müssen beruhigt werden, die Muskeln entspannt und Ruhe erzeugt werden. Wenn Sie also in den Zustand eines Gefühls der Gelassenheit und der Kraft

eingetreten sind, werden Sie bereit sein, die Information oder Inspiration oder Weisheit zu empfangen, die für die Entwicklung Ihrer Absicht notwendig sein kann.

19. Verwechseln Sie diese Methoden nicht mit denen des Hellsehers, sie haben nichts gemeinsam. Inspiration ist die Kunst des Empfangs und der Ausführung für alles, was im Leben das Beste ist. Ihre Aufgabe im Leben ist, diese unsichtbaren Kräfte zu verstehen und diesen zu befehlen, anstatt es zuzulassen, dass diese Kräfte über Sie herrschen. Kraft beinhaltet Dienst (Leistung). Inspiration beinhaltet Kraft. Die Methode der Inspiration zu verstehen und anzuwenden, bedeutet, ein „Supermensch" zu werden.

20. Wir können wohlhabender leben, jedes mal sobald wir einatmen, wenn wir bewusst mit dieser Absicht atmen. Das WENN ist eine sehr wichtige Bedingung in diesem Fall, da die Absicht die Aufmerksamkeit regelt. Und ohne die Aufmerksamkeit können Sie nur die Ergebnisse sichern, die jeder andere sonst auch sichert. D. h. das Angebot entspricht der Nachfrage.

21. Um das größere Angebot zu sichern, muss Ihre Nachfrage vergrößert werden, und wenn Sie bewusst die Nachfrage vergrößern, wird das Angebot folgen und Sie werden sich selbst in einem größeren und besseren Angebot des Lebens, der Energie und der Lebenskraft wieder finden.

22. Der Grund dafür ist nicht schwer zu verstehen, aber es ist ein anderes Mysterium des Lebens, welches scheinbar nicht geschätzt wird. Wenn Sie es zu Ihrem eigenen machen, werden Sie es als eine der großen Wirklichkeiten des Lebens erkennen.

23. Uns wird gesagt, „In ihm leben wir, bewegen wir uns und sind wir". Dies bedeutet, dass „Er" ein Geist ist, und nochmals, dass „Er" Liebe ist, so dass jedes Mal, wenn wir atmen, wir dieses Leben, diese Liebe und den Geist atmen. Das ist Energie, wir könnten nicht einen Moment ohne sie existieren. Es ist die kosmische Energie. Es ist das Leben des Sonnengeflechtes.

24. Jedes Mal, wenn wir atmen, füllen wir unsere Lungen mit der Luft und beleben gleichzeitig unseren Körper mit diesem Äther, welcher das Leben selbst ist, so dass wir die Gelegenheit haben, eine bewusste Verbindung mit ALLEM Leben, der GANZEN Intelligenz und der GANZEN Substanz aufzubauen.

25. Das Wissen über Ihre Beziehung und Einheit mit diesem Grundsatz, der das Universum regelt und eine einfache Methode, mit der Sie sich bewusst zu dieser Einheit identifizieren können, geben Ihnen ein wissenschaftliches

Verstehen des Gesetzes. Durch dieses Gesetz können Sie sich von Krankheit, von Mangel oder von Beschränkung jeder Art befreien. Tatsächlich ermöglicht es Ihnen, den „Atem des Lebens" einzuatmen.

26. Dieser „Atem des Lebens" ist eine superbewusste Wirklichkeit. Es ist die Essenz von dem „Ich BIN". Das ist das pure „Dasein", oder die universale Substanz. Unsere bewusste Einheit damit ermöglicht uns, sie zu lokalisieren und somit die Kräfte dieser schöpferischen Energie auszuüben.

27. Gedanke ist schöpferische Schwingung, und die Qualität der geschaffenen Bedingungen wird von der Qualität unseres Gedankens abhängen, weil wir Kräfte nicht ausdrücken können, die wir nicht besitzen. Wir müssen etwas „SEIN", bevor wir etwas „TUN" können und wir können nur im Ausmaß dessen „TUN", was wir „SIND". Somit wird das, was wir tun, zwangsläufig mit dem übereinstimmen, was wir „SIND", und was wir "SIND", hängt davon ab, was wir „DENKEN".

28. Jedes Mal, wenn Sie denken, starten Sie einen Zug der Verursachung, der eine Bedingung in die strikte Übereinstimmung mit der Qualität des Gedankens schaffen wird. Gedanke, der in der Harmonie mit dem universalen Geist ist, wird auf entsprechende Bedingungen hinauslaufen. Ein Gedanke, der zerstörerisch oder beschränkt ist, wird entsprechende Ergebnisse erzeugen. Sie können den Gedanken konstruktiv oder zerstörerisch verwenden, aber das unveränderliche Gesetz wird Ihnen nicht erlauben, einen Gedanken an einer Art zu pflanzen und die Frucht von einem anderen zu ernten. Es steht Ihnen frei, diese erstaunliche, schöpferische, kreative Kraft zu benutzen, wie Sie es wollen, aber Sie müssen die Folgen davon tragen.

29. Das ist die Gefahr davon, welche „Die Willenskraft" genannt wird. Es gibt diejenigen, die scheinen zu denken, dass sie durch die Kraft des Willens dieses Gesetz bezwingen können, dass sie Samen einer Art säen können und durch „die Willenskraft", eine andere Frucht ernten können. Aber der wesentliche Grundsatz der schöpferischen Kraft ist in dem Universellen. Und deshalb ist die Idee davon, eine Befolgung unserer Wünsche durch die Kraft der Person zu erzwingen, eine falsche Idee, die eine Zeitlang Erfolg haben mag, aber schließlich zum Misserfolg verdammt ist - weil es gegen die wirkliche Kraft ankämpft, die nach dem Nutzen sucht.

30. Es ist die Person, die versucht, das Universale zu erzwingen. Sozusagen: das Begrenzte ist im Konflikt mit dem Unbegrenzten. Unser dauerhaftes Wohlergehen wird am besten durch eine bewusste Zusammenarbeit mit der dauernden Vorwärtsbewegung des Großen GANZEN erhalten.

31. Für Ihre Übung in dieser Woche, treten Sie in die Stille ein und konzentrieren Sie sich darauf, dass die Tatsache: *„In ihm leben wir, bewegen wir uns und sind wir"*, wörtlich und wissenschaftlich genau ist! Dass SIE SIND, weil ER IST, dass, wenn Er allgegenwärtig ist, Er in Ihnen sein muss. Dass, wenn Er alles in allem ist, müssen Sie in Ihm sein! Dass Er Geist ist und Sie in „seinem Ebenbild" erschaffen wurden, und dass der einzige Unterschied zwischen Seiner Kraft und Ihrer Kraft einer des Grads ist. Dass ein Teil dasselbe in der Art und Qualität als das Ganze sein muss. Wenn Sie das deutlich begreifen können, werden Sie das Geheimnis der schöpferischen Kraft des Gedankens gefunden haben, Sie werden den Ursprung von Gut und Böse gefunden haben. Sie werden das Geheimnis der wunderbaren, herrlichen Kraft der Konzentration für sich gewinnen. Ebenso werden Sie den Schlüssel zur Lösung jedes Problems ob physisch, finanziell oder umfeldbedingt in Ihren Händen halten.

„Die Kraft unaufhörlich, tief und klar zu denken, ist ein bestätigter und tödlicher Feind zu Fehlern, Misserfolgen, Aberglauben, falschen Theorien, irrationalem Glauben, zügelloser Begeisterung und Fanatismus."

Haddock

Teil 20
Lernfragen mit Antworten

191. Von welcher Bedingung hängt Kraft ab? – Von der Bedingung es anzuerkennen und es zu benutzen.

192. Was ist Anerkennung? – Bewusstsein. (sich der Kraft bewusst werden)

193. Wie werden wir uns der Kraft bewusst? – mit dem Denken.

194. Was ist dann die wahre Aufgabe des Lebens? – Das richtige wissenschaftliche Denken.

195. Was ist das richtige wissenschaftliche Denken? – Die Fähigkeit, unseren Gedanken dem Willen des Universalen anzupassen. In anderen Worten ausgedrückt, mit den natürlichen Gesetzen zusammenzuarbeiten.

196. Wie wird das erreicht? – Durch ein vollkommenes Verstehen der Grundsätze, Kräfte, Methoden und Kombinationen des Geistes.

197. Was ist dieser universale Geist? – Die grundlegende Tatsache der Existenz von allem.

198. Was ist die Ursache des ganzen Mangels, der Beschränkung, der Krankheit und der Dissonanz? – Das ist der Ablauf genau desselben Gesetzes. Das Gesetz funktioniert unbarmherzig und verursacht ständig Bedingungen in der Ähnlichkeit mit dem Gedanken.

199. Was ist die Inspiration? – Die Kunst, die Allgegenwart der Allwissenheit zu begreifen.

200. Von was hängen die Bedingungen und Zustände, die uns begegnen, ab? – Von der Qualität unseres Gedankens. Weil das, was wir tun, davon abhängt, was wir sind, und was wir sind, hängt davon ab, was wir denken.

Der einundzwanzigste Teil

Das groessere Denken

Einleitung (Teil 21)

Es ist mir eine große Freude Ihnen den Einundzwanzigsten Teil vorzustellen. Im siebten Absatz werden Sie lesen, dass eines der Geheimnisse des Erfolgs eine der Methoden ist: „Den Sieg zu organisieren" und eine der Ausführungen des Meister-Verstandes ist es: „Große Gedanken zu denken".

Im Absatz acht werden Sie lesen, dass alles, was wir in unserem Bewusstsein für eine Zeitdauer halten, sich in unser Unterbewusstsein einprägt und so zu einem Muster wird, welches die schöpferische Energie in unser Leben und Umgebung schwenken wird. Das ist das Geheimnis der wunderbaren Macht des Gebets.

Wir wissen, dass das Universum nach dem Gesetz geregelt wird. Wir wissen, dass es für jede Wirkung eine Ursache geben muss, und dass dieselbe Ursache, unter denselben Bedingungen, stets dieselbe Wirkung erzeugen wird.

Deshalb, wenn jemals auf ein Gebet geantwortet worden ist, wurde darauf immer nur dann geantwortet, wenn die richtigen Bedingungen erfüllt worden sind. Das muss wahr sein, denn sonst würde das Universum eine Verwirrung statt ein Weltall sein. Die Antwort auf das Gebet ist deshalb dem Gesetz unterworfen, und dieses Gesetz ist ganz genau und wissenschaftlich, genau so wie es die Gesetze der Schwerkraft und der Elektrizität sind. Das Verstehen dieses Gesetzes nimmt die Basis des Christentums aus dem Bereich des Aberglaubens und der Leichtgläubigkeit und stellt es auf den festen Felsen des wissenschaftlichen Verstehens.

Aber leider gibt es verhältnismäßig wenige Personen, die wissen, wie man betet. Diese Menschen verstehen, dass es Gesetze gibt, die Elektrizität, Mathematik, und Chemie regeln, aber aus einem unerklärlichen Grund scheint es Ihnen niemals in den Sinn zu kommen, dass es auch geistige Gesetze gibt, und dass auch diese Gesetze wissenschaftlich und genau sind und mit der unveränderlichen Präzision funktionieren.

Teil 21 -
Das groessere Denken

01. Das wirkliche Geheimnis der Kraft ist das Bewusstwerden der Kraft. Der universale Geist ist bedingungslos. Deshalb, je bewusster wir uns unserer Einheit mit diesem Geist werden, desto weniger werden wir an Bedingungen und Beschränkungen gebunden sein, und wenn wir von den Bedingungen befreit sind, sind wir in eine Bewusstwerdung des Bedingungslosen eingetreten. Wir sind frei geworden!

02. Sobald wir uns der unerschöpflichen Kraft in unserer inneren Welt bewusst werden, beginnen wir, uns auf diese Kraft hin zu bewegen und diese anzuwenden. Wir beginnen die größeren Möglichkeiten zu entwickeln, weil was auch immer uns bewusst wird, das wird sich in der objektiven Welt unveränderlich manifestieren, es wird in den greifbaren Ausdruck hervorgebracht.

03. Es ist so, weil der unendliche Geist, welcher die Quelle ist, von der alle Dinge weitergehen, Eins und unteilbar ist. Jede Person ist ein Kanal, durch die diese ewige Energie manifestiert wird. Unsere Fähigkeit zu denken ist unsere Fähigkeit, nach dieser universalen Substanz zu handeln, und was wir denken, ist das, was geschaffen oder in der objektiven Welt erzeugt wird.

04. Das Ergebnis dieser Entdeckung ist nicht weniger erstaunlich und bedeutet, dass der Geist qualitativ außergewöhnlich und in dem Ausmaß grenzenlos ist und zahllose Möglichkeiten enthält. Sich dieser Kraft bewusst zu werden bedeutet, eine „lebendige Leitung" zu werden. Es hat dieselbe Wirkung, wie das Verbinden einer gewöhnlichen Leitung mit einer anderen Leitung, die geladen ist. Das Universale ist die lebendige Leitung. Es trägt ausreichend Kraft, um jede Situation zu treffen, die im Leben jedes Individuums erscheinen kann. Wenn der individuelle Geist den universalen Geist berührt, empfängt er die ganze Kraft, die er verlangt. Das ist die innere Welt. Die ganze Wissenschaft erkennt die Wirklichkeit dieser Welt an, und die ganze Kraft ist von unserer Anerkennung dieser Welt abhängig.

05. Die Fähigkeit, unvollkommene Zustände zu beseitigen, hängt von geistiger Handlung ab, und diese wiederum hängt vom Bewusstsein der Kraft ab.

Deshalb, je bewusster wir unserer Einheit mit der Quelle der ganzen Kraft werden, desto größer wird unsere Kraft sein, jeden Zustand zu kontrollieren und zu meistern.

06. Große Ideen haben eine Neigung alle kleineren Ideen zu beseitigen, so dass es gut ist, große Ideen zu halten um entgegenzuwirken und alle kleinen oder unerwünschten Absichten zu zerstören. Das wird unzählige unbedeutende und lästige Hindernisse aus Ihrem Pfad fegen. Sie werden sich auch einer größeren Welt des Gedankens bewusst. Dabei wird Ihre geistige Kapazität vergrößert und Sie stellen sich selbst in die Position, etwas Großes zu vollbringen.

07. Das ist eines der Geheimnisse des Erfolgs, eine der Methoden ist es: „Den Sieg zu organisieren" und eine der wichtigsten Ausführungen des Meister-Verstandes ist es: „Große Gedanken zu pflegen". Für die schöpferische Energie des Geistes ist es nicht schwieriger, große Situationen zu behandeln als kleine. Geist ist genauso im unendlich Großen als auch im unendlich Kleinen anwesend.

08. Wenn wir diese Tatsachen bezüglich des Geistes begreifen, verstehen wir, wie wir uns jede Bedingung erbringen können. Und zwar, indem wir die entsprechenden Bedingungen in unserem Bewusstsein schaffen, weil alles, was für eine Zeitdauer im Bewusstsein gehalten wird, schließlich in das Unterbewusste eingeprägt wird. So entsteht im Unterbewussten ein Muster, welches die schöpferische Energie ins Leben und in die Umgebung der Person schwenken wird.

09. Auf diese Weise werden Bedingungen erzeugt und wir erkennen, dass unser Leben nur eine Reflektion unserer vorherrschenden Gedanken und unserer geistigen Einstellung ist. Wir sehen dann, dass die Wissenschaft des richtigen Denkens eine Wissenschaft ist, welche alle anderen Wissenschaften einschließt.

10. Von dieser Wissenschaft erfahren wir, dass jeder Gedanke einen Eindruck in dem Gehirn schafft, dass diese Eindrücke geistige Tendenzen (Neigungen) schaffen, und diese Tendenzen schaffen Charakter, Fähigkeit und Zweck. Und diese vereinigte Handlungen des Charakters, der Fähigkeit und des Zwecks bestimmen die Erfahrungen, mit denen wir uns im Leben treffen werden.

11. Diese Erfahrungen kommen zu uns durch das Gesetz der Anziehung. Durch die Handlung dieses Gesetzes treffen wir in der äußeren Welt auf die Erfahrungen, die unserer inneren Welt entsprechen.

12. Der überwiegende Gedanke oder die geistige Einstellung ist der Magnet, und das Gesetz lautet: „Gleiches zieht Gleiches an". Deshalb wird die geistige Einstellung stets solche Bedingungen anziehen, wie sie ihrer Natur entsprechen.

13. Diese geistige Einstellung ist unsere Persönlichkeit und wird aus den Gedanken zusammengesetzt, die wir uns in unserem eigenen Geist geschaffen haben. Deshalb, wenn wir eine Änderung in Bedingungen wünschen, ist dafür nur die Änderung unseres Gedankens notwendig. Das wird der Reihe nach unsere geistige Einstellung ändern, danach unsere Persönlichkeit, welche wiederum die Personen, Dinge und Bedingungen oder die Erfahrungen, mit denen wir uns im Leben treffen, ändern wird.

14. Das ist jedoch keine leichte Sache, die geistige Einstellung zu ändern aber durch die beharrliche Anstrengung kann dies erreicht werden. Die geistige Einstellung wird nach den geistigen Bildern gestaltet, die von dem Gehirn fotografiert worden sind. Wenn Sie die Bilder nicht mögen, zerstören Sie die „Negative", und schaffen Sie neue Bilder. Das ist die Kunst der Visualisierung.

15. Sobald Sie das getan haben, werden Sie beginnen, neue Dinge anzuziehen, und die neuen Dinge werden den neuen Bildern entsprechen. Um das zu tun: Prägen Sie auf dem Geist ein vollkommenes Bild des Wunsches, den Sie manifestiert haben möchten, und behalten Sie das Bild im Geiste bis das Ergebnis eintritt.

16. Wenn der Wunsch derjenige ist, welcher Entschluss, Fähigkeit, Talent, Mut, Macht oder jede andere geistige Kraft erfordert, sind das die notwendigen Wichtigkeiten für Ihr Bild. Bauen Sie diese Wichtigkeiten in Ihr Bild ein. Diese Wichtigkeiten sind der Lebensteil des Bildes, sie sind das Gefühl, das sich mit dem Gedanken verbindet und die unwiderstehliche magnetische Kraft schafft. Diese magnetische Kraft wiederum zieht die Dinge an, die Sie für Ihren Wunsch benötigen. Diese Wichtigkeiten geben Ihren Bildern das Leben, und Leben bedeutet Wachstum, und sobald es anfängt zu wachsen, wird das Ergebnis praktisch garantiert.

17. Zögern Sie nicht, nach der höchstmöglichen Erzielung in jeder Sache, die Sie übernehmen können, zu streben, weil die Kräfte des Verstandes immer bereit sind, sich zu einem entschlossenen Willen in den Versuch zu legen und seinen höchsten Ehrgeiz in Taten, Ausführungen und Ereignissen zu kristallisieren.

18. Eine Darstellung, wie diese Kräfte des Geistes funktionieren, wird durch die Methode angezeigt, in der alle unsere Gewohnheiten herausgebildet werden. Wir machen eine Sache, dann tun wir es wieder und wieder und immer wieder, bis es uns dann leicht fällt und vielleicht schon fast automatisch wird. Und dieselbe Regel gilt im Brechen von jeder anderen und sogar allen schlechten Gewohnheiten. Wir hören auf, eine Sache zu machen, und vermeiden es dann wieder und immer wieder, bis wir davon völlig frei sind. Und wenn wir ab und zu mal versagen, sollten wir die Hoffnung keineswegs aufgeben, weil das Gesetz absolut und unbesiegbar ist und uns Gewinn für jede Anstrengung und jeden Erfolg gibt, auch wenn unsere Anstrengungen und Erfolge vielleicht stoßweise auftreten.

19. Es gibt keine Grenze dazu, was dieses Gesetz für Sie tun kann, wagen Sie, an Ihre eigene Idee zu glauben. Denken Sie an Ihr Ideal oder Ziel als eine bereits vollendete Tatsache.

20. Der wirkliche Kampf des Lebens ist der von Ideen. Er wird von den wenigen Ideen gegen die vielen ausgefochten. Auf einer Seite ist der konstruktive und kreative Gedanke, auf der anderen Seite der zerstörende und negative Gedanke. Der kreative Gedanke wird durch ein Ideal beherrscht, der passive Gedanke wird durch die Erscheinungen der äußeren Welt beherrscht. An beiden Seiten gibt es Menschen der Wissenschaft, Menschen der Literatur und Menschen aller anderen Bereiche.

21. Auf der kreativen Seite sind Menschen, die ihre Zeit in Laboratorien mit Mikroskopen und Fernrohre in der Nähe von den Menschen verbringen, welche die kommerzielle, politische und wissenschaftliche Welt beherrschen. Auf der negativen Seite sind Menschen, die ihre Zeit mit dem Untersuchen des Gesetzes und des Präzedenzfalls verbringen, Menschen, die Theologie mit der Religion verwechseln, Staatsmenschen, die Macht und Recht verwechseln, und all die Millionen von Menschen, die scheinen, einen Präzedenzfall zu bevorzugen um voranzukommen. Diese Menschen bewegen sich aber ständig rückwärts statt vorwärts, es sind Menschen, die nur die äußere Welt sehen, aber nichts von der inneren Welt wissen.

22. In der letzten Analyse gibt es nur diese zwei Klassen. Alle Menschen werden ihren Platz auf der einen oder der anderen Seite nehmen müssen. Sie werden vorankommen oder rückwärts gehen müssen. Es gibt nichts Stillstehendes in einer Welt, wo alles in Bewegung ist. Es ist dieser Versuch stillzustehen, welcher zu Zwangsmaßnahmen und zu den willkürlichen und ungleichen Codes des Gesetzes führt.

23. Dass wir in einer Periode des Übergangs sind, wird durch die Unruhe gezeigt, die überall zu erkennen ist. Die Beschwerde der Menschheit ist wie der Aufruhr des Himmels, mit niedrigen und drohenden Zeichen beginnend und nimmt zu, bis der Ton von Wolke zu Wolke gesandt wird, und der Blitz die Luft und Erde spaltet.

24. Die Wachen, welche die meisten fortgeschrittenen Außenposten der industriellen, politischen und religiösen Welt patrouillieren, schauen ängstlich zueinander. Was für eine Nacht? Die Gefahr und Unsicherheit der Position, die sie besetzen und der Versuch, die Position zu halten wird jede Stunde sichtbarer. Der Anbruch eines neuen Zeitalters erklärt zwangsläufig, dass die vorhandene Ordnung der Dinge nicht viel länger existieren kann.

25. Das Problem zwischen der alten und der neuen Ordnung, dem Kernpunkt des sozialen Problems, ist nur eine Frage der Überzeugung in dem Verstand der Menschen, betreffs des Wesens des Universums. Wenn sie begreifen, dass die hervorragende Kraft der Spiritualität oder der Geistes des Universums innerhalb jeder Person liegt, wird es möglich sein, Gesetze einzurahmen, die Freiheiten und Rechte für die vielen Menschen statt der Vorzüge der wenigen in Betracht zu ziehen.

26. Solange die Leute die kosmische Kraft als eine nicht-menschliche und außerirdische Kraft betrachten, so lange wird es für eine angeblich privilegierte Klasse relativ leicht sein, durch das Gottesrecht trotz jedes Protests der sozialen Stimmung zu herrschen. Das wirkliche Interesse der Demokratie ist deshalb, zu verherrlichen, Gleichberechtigung zu schaffen und die Gottheit des menschlichen Geistes anzuerkennen. Anzuerkennen, dass die ganze Kraft im Inneren ist. Dass kein Mensch mehr Kraft hat als irgendein anderer Mensch, außer wie er es für sich selbst delegiert. Die alte Ordnung würde uns glauben lassen, dass das Gesetz den Gesetzgebern überlegen war. Und hierin liegt der Kern des Sozialverbrechens jeder Form des Privilegs und der persönlichen Ungleichheit der fatalistischen Glaubenslehre der Gotteswahl.

27. Der Gottesgeist ist der universale Geist. Er macht keine Ausnahmen, er hat keine Lieblinge. Er handelt nicht durch bloße Laune oder aus Wut, Neid oder Zorn. Weder kann er geschmeichelt oder durch die Zuneigung oder Bitte bewegt werden, dem Menschen irgendetwas zu geben, was er notwendig für sein Glück oder sogar seine Existenz hält. Der Gottesgeist macht keine Ausnahmen, um irgendeine Person zu bevorzugen, aber wenn die Person versteht und seine Einheit mit dem universalen Grundsatz begreift, wird es so aussehen als würde er bevorzugt werden, weil er die

Quelle der ganzen Gesundheit, des ganzen Wohlstands und der ganzen Kraft gefunden haben wird.

28. Für Ihre Übung in dieser Woche, konzentrieren Sie sich auf die Wahrheit. Versuchen Sie zu begreifen, dass die Wahrheit Sie befreien wird, d. h. nichts kann Ihrem vollkommenen Erfolg dauerhaft im Weg stehen, wenn Sie lernen, die richtigen Methoden des Denkens und der Grundsätze anzuwenden. Begreifen Sie, dass Sie in Ihrer Umgebung Ihre innewohnenden Seelenstärken offen legen. Begreifen Sie, dass die Stille eine jemals verfügbare und fast unbegrenzte Gelegenheit bietet, um die höchste Vorstellung der Wahrheit zu erwecken. Versuchen Sie zu begreifen, dass die Omnipotenz selbst die absolute Stille ist, alles andere sind Änderungen, Tätigkeiten, Beschränkungen. Stille Gedankenkonzentration ist deshalb die wahre Methode, zu erreichen, zu erwachen und dann die wunderbare, herrliche, potenzielle Kraft der inneren Welt auszudrücken.

„Möglichkeiten der Gedankenausbildung gibt es unendlich viele, dessen Folge ewig ist , und dennoch nehmen wenige die Mühe auf sich, um ihr Denken in Kanäle zu leiten, die ihnen gut tun werden, aber stattdessen überlassen sie alles dem Zufall."

Marden

Teil 21

Lernfragen mit Antworten

201. Was ist das wirkliche Geheimnis der Kraft? – Das Bewusstsein der Kraft, weil das, was uns bewusst wird, sich in der objektiven Welt unveränderlich manifestiert und in einem greifbaren Ausdruck hervorgebracht wird.

202. Was ist die Quelle dieser Kraft? – Der universale Geist, von dem alle Dinge weitergehen und der Eins und unteilbar ist.

203. Wie manifestiert sich diese Kraft? – Durch das Individuum, jede Person ist ein Kanal, durch den diese Energie in der Form abgeleitet wird.

204. Wie können wir mit dieser Omnipotenz in Verbindung stehen? – Unsere Fähigkeit zu denken ist unsere Fähigkeit, nach dieser universalen Energie zu handeln, und was wir denken, ist das, was erzeugt oder in der objektiven Welt geschaffen wird.

205. Was ist das Ergebnis dieser Entdeckung? – Das Ergebnis ist nicht weniger als erstaunlich, es öffnet beispiellose und grenzenlose Möglichkeiten.

206. Wie können wir dann unvollkommene Bedingungen beseitigen? – Indem wir uns unserer Einheit mit der Quelle der ganzen Kraft bewusst werden.

207. Was ist eine der kennzeichnenden Eigenschaften des Meister-Verstandes? – Er denkt große Gedanken, er hält große Ideen, um entgegenzuwirken und alle unbedeutenden und lästigen Hindernisse zu zerstören.

208. Wie kommen die Erfahrungen zu uns? – Durch das Gesetz der Anziehung.

209. Wie wird dieses Gesetz in Gang gesetzt? – Durch unsere vorherrschende geistige Einstellung.

210. Was ist das Problem zwischen der alten und der neuen Ordnung? – Eine Frage der Überzeugung betreffs des Wesens des Universums. Die alte Ordnung versucht, sich an der fatalistischen Glaubenslehre der Gotteswahl festzuhalten. Die neue Ordnung erkennt die Gottheit der Person, die Demokratie der Menschheit an.

Der zweiundzwanzigste Teil

Wir sind jetzt das, was wir frueher gedacht haben

Einleitung (Teil 22)

Im Teil Zweiundzwanzig werden Sie erkennen, dass Gedanken geistige Samen sind, welche die Absicht haben zu sprießen und zu wachsen, wenn sie im Unterbewusstsein eingepflanzt worden sind, aber leider entspricht die Frucht oft nicht unserem Geschmack.

Die verschiedenen Formen der Entzündung, Lähmung, Nervosität und die allgemeinen Krankheitsbedingungen, sind die Manifestation der Angst, der Sorge, der Furcht, des Neides, des Hasses und ähnlicher Gedanken.

Die Lebensprozesse werden durch zwei klare Methoden fortgesetzt: Als erstes, die Einnahme von Nahrungsmitteln, die notwendig sind, um Zellen aufzubauen und zweitens, das Ausscheiden überflüssiger Mittel.

Das ganze Leben beruht auf diesen konstruktiven und zerstörerischen Tätigkeiten, und da Nahrung, Wasser und Luft die einzigen notwendigen Voraussetzungen für die Bildung von Zellen sind, so erscheint die Möglichkeit der Lebensverlängerung als problemlos.

Es klingt vielleicht komisch, aber es ist die zweite, zerstörende Tätigkeit, die mit der seltenen Ausnahme, die Ursache der ganzen Krankheiten ist. Das überflüssige Material sammelt sich an und sättigt die Gewebe und das wiederum verursacht Selbstvergiftung. Das kann teilweise oder allgemein sein. Im ersten Fall wird die Störung lokal sein (z.B. Bauchschmerzen). Im zweiten Fall wird es das ganze System beeinflussen (z.B. Krebs).

Das Problem ist dann, die Zuströmung und die Verteilung der Lebensenergie überall im Körper zu erhöhen und das, noch bevor die Krankheit eintritt. Das kann nur getan werden, indem man die Gedanken an Angst, Sorge, Furcht, Neid, Hass, und allen anderen zerstörenden Gedanken beseitigt. Das sind Gedanken, die dazu neigen die Nerven und Drüsen zu zerstören, welche die Ausscheidung, die Giftbeseitigung und die Abfallprodukte kontrollieren.

„Nahrungsmittel und Stärkungsmittel" können kein Leben schenken, weil diese die sekundären Manifestationen des Lebens sind. Die primäre Manifestation des Lebens - und wie Sie sich damit in Verbindung setzen können - wird in dem vorliegendem Teil erklärt.

Teil 22 –

Wir sind jetzt das, was wir frueher gedacht haben

01. Wissen hat einen unbezahlbaren Wert, denn in der Aneignung von Wissen können wir unsere Zukunft so gestalten, wie wir sie haben möchten. Wenn wir begreifen, dass unser gegenwärtiger Charakter, unsere gegenwärtige Umgebung, unsere gegenwärtige Fähigkeit und unsere gegenwärtige körperliche Verfassung das Ergebnis unserer vergangenen Denkweisen sind, so werden wir beginnen, eine Vorstellung vom Wert des Wissens zu entwickeln.

02. Wenn der Zustand unserer Gesundheit nicht alles ist, was wir uns wünschen, dann lasst uns unsere Methode zu denken untersuchen. Erinnern wir uns, dass jeder Gedanke einen Eindruck auf den Geist erzeugt. Jeder Eindruck ist ein Samen, der ins Unterbewusste sinken und eine Tendenz bilden wird. Die Tendenz wird andere ähnliche Gedanken anziehen, und bevor wir es wissen, werden wir ein großes Feld haben, das geerntet werden muss.

03. Wenn diese Gedanken Krankheitskeime enthalten, ist die Ernte Krankheit, Zerfall, Schwäche und Misserfolg. Die Frage ist: was denken wir, was erschaffen wir, was soll die Ernte sein?

04. Wenn es irgendeine körperliche Verfassung gibt, die geändert werden muss, so wird das Gesetz der Visualisierung als sehr wirksam empfunden. Machen Sie ein geistiges Bild der körperlichen Vollkommenheit, halten Sie es in Ihrem Geist, bis es vom Bewusstsein gefesselt ist. Viele haben chronische Beschwerden in ein paar Wochen durch diese Methode beseitigt und Tausende haben alle Arten von gewöhnlichen körperlichen Störungen durch diese Methode in ein paar Tagen, manchmal schon in ein paar Minuten überwunden und zerstört.

05. Das Gesetz der Schwingung besagt, dass der Geist die Kontrolle über den Körper ausübt. Wir wissen, dass jede geistige Handlung eine Schwingung ist

und wir wissen, dass jede Form einfach nur eine Art der Bewegung, ein Grad der Schwingung ist. Deshalb modifiziert jede gegebene Schwingung sofort jedes Atom im Körper, jede Lebenszelle wird beeinflusst und eine komplette chemische Änderung wird in jeder Gruppe von Lebenszellen vorgenommen.

06. Alles im Universum ist als Schwingung vorstellbar. Ändern Sie den Grad der Schwingung und Sie ändern Natur, Qualität und Form. Das riesengroße Panorama der Natur, sowohl sichtbar als auch unsichtbar, verändert sich ständig nur durch den Grad der Schwingung. Und da der Gedanke als Schwingung vorstellbar ist, können wir auch diese Kraft ausüben. Wir können die Schwingung ändern und somit jede Bedingung erzeugen, die wir in unseren Körpern manifestieren möchten.

07. Wir benutzen alle diese Kräfte jede einzelne Minute. Das Ärgerliche dabei ist, dass die meisten von uns sie nur unbewusst benutzen und somit unerwünschte Ergebnisse erzeugen. Die Herausforderung besteht darin, die Kräfte intelligent anzuwenden um nur wünschenswerte Ergebnisse zu erzeugen. Das sollte nicht schwierig sein, weil wir alle eine ausreichende Erfahrung haben und wissen, was eine angenehme Schwingung im Körper erzeugt, und wir auch die Ursachen kennen, welche lästige und unangenehme Gefühle bewirken.

08. Alles, was notwendig ist, ist unsere eigene Erfahrung darüber zu haben. Wenn unser Gedanke progressiv, konstruktiv, mutig, edel, freundlich oder auf jede andere Weise wünschenswert hervorstieg, haben wir die Schwingung, die bestimmte Ergebnisse verursachte, in Bewegung gebracht. Als unser Gedanke mit Neid, Hass, Kritik oder tausend anderen negativen Formen des Gefühls gefüllt worden ist, wurden genauso bestimmte Schwingungen in die Bewegung gesetzt, welche bestimmte andere Ergebnisse anderer Natur hervorgebracht haben. Und jede dieser Ausprägungen der Schwingung, wenn sie aufrechterhalten werden, kristallisieren sich in der Form. Im ersten Fall war das Ergebnis geistig, moralisch und physisch gesund, und in dem zweiten Fall war es Missklang, Unharmonie und Krankheit.

09. Wir können uns somit dessen bewusst werden und diese Kraft, mit der der Geist über den Körper herrscht, verstehen.

10. Der objektive Geist hat bestimmte Wirkungen auf den Körper, die sofort anerkannt werden. Jemand sagt Ihnen etwas, das Sie als lächerlich empfinden und Sie lachen vielleicht, bis sich Ihr ganzer Körper schüttelt. Das zeigt, dass die Gedanken die Kontrolle über die Muskeln Ihres Körpers haben. Oder jemand sagt etwas, was Ihre Gefühle kränkt und Ihre Augen füllen sich mit Tränen. Das zeigt, dass die Gedanken die Drüsen Ihres Körpers kontrollieren. Oder jemand sagt etwas, was Sie böse macht und das Blut steigt in Ihre Wange. Das zeigt, dass der Gedanke den Kreislauf Ihres Bluts steuert. Aber weil diese Erfahrungen alle Handlungsergebnisse Ihres objektiven Geistes über den Körper sind, sind die Ergebnisse von einer vorläufigen Natur. Sie vergehen bald und belassen die Situation, wie sie vorher war.

11. Lassen Sie uns sehen, wie sich die Handlung des unterbewussten Geistes über den Körper unterscheidet. Sie bekommen eine Wunde und Tausende von Zellen übernehmen sofort die Arbeit der Heilung. In ein paar Tagen oder ein paar Wochen ist die Arbeit abgeschlossen. Sie können sogar einen Knochen brechen. Kein Chirurg auf der Erde kann die Teile zusammenschweißen (ich beziehe mich nicht auf das Einsetzen von Metallen oder anderen Geräten zur Verstärkung oder gar als Ersatz für den Knochen). Er kann den Knochen für Sie setzen (gerade biegen) und der subjektive Geist wird den Prozess sofort übernehmen, die Teile zusammenzuschweißen und in Kürze ist der Knochen ebenso fest, wie er immer war. Sie können Schadstoffe einatmen oder schlucken und der subjektive Geist wird die Gefahr sofort entdecken und heftige Anstrengungen unternehmen, diese zu beseitigen. Sie können mit einem gefährlichen Virus angesteckt werden und das Subjektive wird sofort beginnen, eine Mauer um das angesteckte Gebiet zu bauen um die Infektion zu zerstören, indem er sie mit den weißen Blutteilchen aufsaugt.

12. Diese Prozesse des unterbewussten Geistes gehen gewöhnlich ohne unsere persönlichen Kenntnisse weiter und solange wir uns nicht einmischen, ist das Ergebnis vollkommen, aber da diese Millionen von Zellen alle intelligent sind und auf unsere Gedanken antworten, werden sie häufig durch unsere Gedanken an Angst, Zweifel und Furcht gelähmt und unfähig gemacht. Sie sind wie eine Armee von Arbeitern, die bereit ist, ein wichtiges Stück Arbeit anzufangen, aber jedes Mal wenn sie mit der Übernahme begonnen haben, wird ein Streik oder geänderte Pläne ausgerufen, bis sie schließlich entmutigt werden und aufgeben.

13. Der Weg zur Gesundheit wird auf dem Gesetz der Schwingung gegründet, das die Basis der ganzen Wissenschaft ist, und dieses Gesetz wird durch den

Geist der „inneren Welt" in den Ablauf gebracht. Es ist eine Sache der individuellen Anstrengung und Praxis. Unsere Welt der Kraft befindet sich in uns selbst. Wenn wir klug sind, vergeuden wir keine Zeit und Anstrengung im Versuch, uns mit Auswirkungen zu befassen, wie wir sie in der „äußeren Welt" finden, die nur Reflektion auf unsere „innere Welt" ist.

14. Wir werden immer die Ursache in der „inneren Welt" finden. Indem wir die Ursache ändern, ändern wir die Wirkung.

15. Jede Zelle in Ihrem Körper ist intelligent und wird auf Ihre Anweisung reagieren. Die Zellen sind alle Schöpfer und werden das genaue Muster, das Sie ihnen geben, erschaffen.

16. Aus diesem Grunde wird die schöpferische Energie einen vollkommenen Körper bilden, wenn vollkommene Bilder vor den subjektiven Geist gelegt werden.

17. Gehirnzellen sind auf die gleiche Weise gebildet worden. Die Qualität des Gehirns wird durch den Geisteszustand oder die geistige Einstellung geregelt, so dass, wenn unerwünschte geistige Einstellungen zum Subjektiven befördert werden, diese wiederum sich weiter auf den Körper übertragen. Wir können deshalb sofort erkennen, dass, wenn wir unseren Körper mit Gesundheit, Kraft und Lebenskraft manifestiert haben wollen, wir dementsprechend vorherrschende Gedanken unterhalten müssen.

18. Wir wissen dann, dass jedes Element des menschlichen Körpers das Ergebnis einer Ausprägung der Schwingung ist.

19. Wir wissen, dass geistige Handlung eine Ausprägung der Schwingung ist.

20. Wir wissen, dass ein höherer Grad der Schwingung den niedrigeren Grad der Schwingung regelt, modifiziert, kontrolliert, ändert oder sogar zerstört.

21. Auch wissen wir, dass der Grad der Schwingung durch den Charakter von Gehirnzellen geregelt wird.

22. Letzt endlich wissen wir, wie man diese Gehirnzellen erschafft.

23. Wir wissen, wie man jede physische Änderung im Körper vornimmt, und wir haben ausreichend Kenntnisse der Kraft des Geistes in diesem Ausmaß gesichert. Wir wissen, dass es praktisch keine Beschränkung gibt, die auf unsere Fähigkeit gelegt werden kann, sich in der Harmonie mit dem natürlichen Gesetz, welches allmächtig ist, aufzustellen.

24. Dieser Einfluss oder diese Kontrolle über den Körper durch den Geist wird mehr und mehr verstanden, und viele Ärzte lenken jetzt ihre volle Aufmerksamkeit darauf. Dr. Albert T. Shofield, der mehrere wichtige Bücher über das Thema geschrieben hat, sagt: „Das Thema der geistigen Therapie wird in der medizinischen Tätigkeit immer noch ignoriert. In unseren Physiologien werden keine Bezüge auf die zentralen steuernden Kräfte genommen, die über den Körper zu seinem Wohl herrschen. Und über die Kraft des Geistes, die den Körper steuert, wird nur selten gesprochen."

25. Zweifellos behandeln viele Ärzte die Nervenkrankheiten des funktionellen Ursprungs weise und gut, aber was wir behaupten ist, dass das Wissen, welches sie entwickelten, in keiner Schule gelehrt, in keinem Buch vorgestellt, sondern intuitiv und erfahrungsgemäß erlernt wurde.

26. Es ist nicht so, wie es sein sollte. Die Kraft der geistigen Therapie sollte das Fach des sorgfältigen, speziellen und wissenschaftlichen Unterrichts in jeder medizinischen Fakultät sein. Wir könnten das Thema der schlechten Behandlung verfolgen oder von der Behandlung weitere Details der unglücklichen Ergebnisse von verwahrlosten Fällen beschreiben.

27. Es besteht kein Zweifel, dass es wenigen Patienten bewusst ist, wie viel sie für sich selbst tun können. Die Kräfte, die der Geist in Bewegung bringen kann, sind bis jetzt unbekannt. Wir glauben, dass die Kräfte viel größer sind, als die meisten es sich vorstellen, und sie werden zweifellos immer mehr und mehr verwendet. Geistige Therapie kann vom Patienten selbst zum Beruhigen des Geistes durch das Erwecken von Gefühlen der Heiterkeit, der Hoffnung, des Glaubens und der Liebe geleitet werden. Auch durch die regelmäßige geistige Arbeit und durch die Ablenkung der Gedanken von der Erkrankung muss sie gefördert werden.

28. Für Ihre Übung in dieser Woche konzentrieren Sie sich auf die schönen Zeilen von Tennyson. *„Sprich zu Ihm, denn Er hört, und der Geist kann sich mit dem Geist treffen, näher ist Er als der Atem und näher als Hände*

und Füße." Dann versuchen Sie zu begreifen, dass, wenn Sie wirklich „zu Ihm sprechen", Sie mit der Allmacht in Verbindung stehen.

29. Diese Erkenntnis und Anerkennung dieser allgegenwärtigen Kraft werden jegliche Form der Krankheit oder des Leids schnell zerstören und gegen Harmonie und Vollkommenheit ersetzen. Dann erinnern Sie sich, dass es diejenigen gibt, die glauben, dass Krankheiten und alles Leiden von Gott gesandt werden. Wenn es so ist, dann bedeutet es, dass, jeder Arzt, jeder Chirurg und jede Krankenschwester vom Roten Kreuz sich dem Willen Gottes widersetzen, und Krankenhäuser und Sanatorien wären demnach Plätze der Rebellion statt Häuser der Gnade. Natürlich ist das absurd, aber es gibt viele, die diese Idee immer noch pflegen.

30. Dann lassen Sie den Gedanken auf der Tatsache ruhen, dass bis kürzlich die Glaubenslehre versucht hat, uns über einen unmöglichen Schöpfer zu lehren, der Wesen erschuf, die sündig sind und die für diese Sünden ewig bestraft werden sollten. Natürlich sollte das notwendige Ergebnis solcher außergewöhnlicher Unerfahrenheit Angst statt Liebe erzeugen und jetzt, nach zweitausend Jahren dieser Art der Propaganda, ist die Theologie jetzt eifrig mit dem Entschuldigen für die Ausprägungen der Lehren des Christentums beschäftigt.

31. Sie werden dann immer mehr den idealen Menschen schätzen, den Menschen, der nach dem Ebenbild Gottes erschaffen wurde und Sie werden immer mehr den ganzen bestehenden Geist schätzen, welcher sich formt, hochhält, stützt, hervorbringt und alles schafft, was es gibt.

„Alle sind nur Teile eines erstaunlichen Ganzen, dessen Körper die Natur und dessen Seele Gott ist."

Teil 22

Lernfragen mit Antworten

211. Wie kann Krankheit beseitigt werden? – In dem wir uns selbst in die Harmonie mit dem natürlichen Gesetz, das allmächtig ist, stellen.

212. Wie verläuft dieser Prozess? – Durch eine Erkenntnis, dass der Mensch ein geistiges Wesen ist, und dass dieser Geist zwangsläufig vollkommen sein muss.

213. Was ist das Resultat? – Eine bewusste Anerkennung dieser Vollkommenheit - zuerst verstandesmäßig, dann emotional - verursacht eine Manifestation dieser Vollkommenheit.

214. Warum ist das so? – Weil Gedanke, geistig und deshalb schöpferisch ist. Es entspricht seinem Ziel und bringt es in die Manifestation.

215. Welches natürliche Gesetz wird dabei in Gang gesetzt? – Das Gesetz der Schwingung.

216. Warum herrscht es? – Weil ein höherer Grad der Schwingung einen niedrigeren Grad regelt, modifiziert, kontrolliert, ändert oder zerstört.

217. Ist dieses System der geistigen Therapie allgemein anerkannt? – Ja, es gibt wörtlich Millionen von Leuten in diesem Land, die in einer oder anderen Form davon Gebrauch machen (und offensichtlich noch viele weitere weltweit).

218. Was ist das Ergebnis dieses Systems des Denkens? – Zum ersten Mal in der Weltgeschichte kann die höchste Autorität jedes Menschen durch eine beweisbare Wahrheit, die jetzt schnell die Welt überschwemmt, zufrieden gestellt werden.

219. Ist dieses System auf andere Formen der Notwendigkeit anwendbar? – Es wird jeder menschlichen Anforderung oder Notwendigkeit entsprechen.

220. Ist dieses System wissenschaftlich oder religiös? – Beides. Wahre Wissenschaft und wahre Religion sind Zwillingsschwestern, wohin das eine auch geht, das andere folgt zwangsläufig.

„Gelegenheit folgt der Wahrnehmung, Handlung folgt der Inspiration, Wachstum folgt den Kenntnissen, Außergewöhnlichkeit folgt dem Verlauf. Immer zuerst das geistige, dann die Transformation in die unendlichen und unbegrenzten Möglichkeiten des Erfolgs."

Der dreiundzwanzigste Teil

Das Gesetz des Wohlstands

Einleitung (Teil 23)

Im Teil, den ich die Ehre habe, Ihnen hiermit zu überreichen, werden Sie erkennen, dass das Geld sich in unserer ganzen Existenz abwickelt. Sie erkennen, dass das Gesetz des Erfolgs *der Dienst* ist und dass wir das bekommen, was wir geben. Aus diesem Grund sollten wir es als ein großes Privileg betrachten, im Stande sein, geben zu können.

Wir haben erkannt, dass Gedanke, die schöpferische Tätigkeit hinter jedem konstruktiven Unternehmen ist. Wir können deshalb nichts mehr von Wert geben als unseren Gedanken.

Schöpferischer Gedanke erfordert Aufmerksamkeit, und die Kraft der Aufmerksamkeit ist, wie wir es erkannt haben, die Waffe des Übermenschlichen. Aufmerksamkeit entwickelt Konzentration, und Konzentration entwickelt geistige Kraft, und geistige Kraft ist die mächtigste Gewalt in der Existenz.

Das ist die Wissenschaft, die alle Wissenschaften umfasst. Es ist die Kunst, die von allen Künsten für das menschliche Leben relevant ist. In der Beherrschung dieser Wissenschaft und dieser Kunst besteht die Gelegenheit für die unaufhörliche Weiterentwicklung. Die Vollkommenheit darin wird weder in sechs Tagen, noch in sechs Wochen, noch in sechs Monaten erworben. Es ist die Arbeit des ganzen Lebens. Nicht voranzukommen bedeutet Rückwärtsgehen.

Es ist unvermeidlich, dass die Unterhaltung von positiven, konstruktiven und uneigennützigen Gedanken für immer eine weit reichende Wirkung haben sollte. Die Entlohnung ist der Grundgedanke des Universums. Die Natur bemüht sich ständig, ein Gleichgewicht herzustellen. Wohin Etwas versandt wurde, muss dort dieses Etwas empfangen werden, sonst müsste ein Vakuum entstehen.

Durch die Einhaltung dieser Regel können Sie nicht scheitern und profitieren in solch reichlichem Maß, das Ihrer Anstrengung entspricht.

Teil 23 –

Das Gesetz des Wohlstands

01. Das Geldbewusstsein ist eine Einstellung des Geistes. Es ist die offene Tür zu den Arterien des Geschäftes. Es ist die empfängliche Haltung. Wunsch ist die anziehende Kraft, die den Strom in Bewegung bringt und Angst ist das große Hindernis, durch welches der Strom angehalten, völlig umgekehrt oder von uns abgewandt wird.

02. Angst ist gerade das Gegenteil vom Geldbewusstsein. Es ist das Armuts-Bewusstsein, und da das Gesetz unveränderlich ist, bekommen wir genau das, was wir geben. Wenn wir uns fürchten, dann bekommen wir das, was wir fürchteten. Das Geld wickelt sich in unserer ganzen Existenz ab. Es hängt sich nur an den besten Gedanken des besten Gehirns.

03. Wir machen Geld, indem wir Freunde machen, und wir vergrößern unseren Freundeskreis, indem wir Geld für sie machen, indem wir ihnen helfen, indem wir von Nutzen für sie sind. Das erste Gesetz des Erfolgs ist deshalb Dienst, und das wiederum wird auf Anstand und Gerechtigkeit aufgebaut. Der Mensch, der zumindest in seiner Absicht unfair ist, ist einfach nur unwissend. Er hat das wesentliche Gesetz des ganzen Austausches verpasst, er ist bodenlos, er wird sicher und bestimmt verlieren. Er mag es nicht wissen, er mag denken, dass er gewinnt, aber er ist zum sicheren Misserfolg verdammt. Er kann nicht das Unendliche betrügen. Das Gesetz der Entschädigung wird von ihm ein Auge für ein Auge und einen Zahn für einen Zahn fordern.

04. Die Kräfte des Lebens sind flüchtig, sie werden aus unseren Gedanken und Idealen zusammengesetzt und diese wiederum werden in die Form gestaltet. Unser Problem ist, einen offenen Geist zu behalten, uns für das ständig Neue anzustrengen, Gelegenheiten zu erkennen, sich lieber für das Rennen als für das Ziel zu interessieren, weil das Vergnügen in der Verfolgung schöner ist als der Besitz selbst.

05. Sie können sich selbst als einen Geldmagneten erschaffen, aber das zu tun, müssen Sie zuerst überlegen, wie Sie Geld für andere Leute machen können. Wenn Sie die notwendige Scharfsinnigkeit haben, um Gelegenheiten und günstige Bedingungen wahrzunehmen und zu nutzen und Werte zu erkennen, können Sie sich in die Position stellen und diese auch nutzen, aber Ihr größter Erfolg wird kommen, wenn Sie anderen helfen. Was einem nützt, muss allen nützen.

06. Ein großzügiger Gedanke ist mit der Kraft und Lebenskraft gefüllt, ein egoistischer Gedanke enthält die Keime des Zerfalls. Es wird sich auflösen und vergehen. Große Finanzleute sind nur Kanäle für die Vermögensverteilung. Enorme Beträge kommen und gehen, aber es würde ebenso gefährlich sein, die Ausgaben sowie das Einkommen zu stoppen. Beide Enden müssen offen bleiben, und so wird unser größter Erfolg kommen, sobald wir anerkennen, dass es ebenso notwendig ist zu geben wie zu bekommen.

07. Wenn wir die Allmächtige Kraft, welche die Quelle der ganzen Versorgung ist, anerkennen, werden wir unser Bewusstsein dieser Versorgung auf solche Art und Weise anpassen, dass es ständig alles anziehen wird, was für uns selbst notwendig ist. Wir werden erkennen, dass, je mehr wir geben, desto mehr werden wir auch bekommen. Das Geben in diesem Sinn bezieht sich auf den Dienst. Der Bankier gibt sein Geld, der Großhändler gibt seine Waren, der Autor gibt seine Gedanken, der Arbeiter gibt seine Fachkenntnis. Alle haben etwas zu geben, aber je mehr sie geben können, desto mehr bekommen sie, und je mehr sie bekommen, desto mehr wird es ihnen ermöglicht, zu geben.

08. Der Finanzmann bekommt viel, weil er viel gibt. Er denkt. Er ist selten ein Mensch, der irgendjemanden anderem sein Denken für ihn überlässt. Er will wissen, wie Ergebnisse gesichert werden können. Sie müssen es ihm zeigen. Wenn Sie das tun können, wird er die Mittel bereitstellen, mit denen Hunderte oder Tausende profitieren können, und im Verhältnis wie sie erfolgreicher werden, wird er erfolgreich sein. Morgan, Rockefeller, Carnegie und andere wurden nicht reich, weil sie Geld für andere Leute verschwendet haben, im Gegenteil, weil sie Geld für andere Leute machten. So sind sie zu den wohlhabendsten Menschen im wohlhabendsten Land dieser Welt geworden.

09. Der Durchschnittsmensch ist von jedem tiefen Denken völlig ahnungslos. Er akzeptiert die Ideen von anderen, und wiederholt sie auf vollkommen die gleiche Art und Weise wie ein Papagei. Das wird sofort erkannt, wenn wir die Methode verstehen, die verwendet wird, um öffentliche Meinung zu bilden, und diese sanftmütige Einstellung seitens der großen Mehrheit, die vollkommen bereitwillig zu sein scheint, einigen Personen das Denken für sie zu überlassen. Genau das ermöglicht den einigen wenigen Menschen in sehr vielen Ländern, sich alle Wege der Kraft anzueignen und Millionen von anderen Menschen in der Unterwerfung zu halten. Das schöpferische Denken erfordert Aufmerksamkeit.

10. Die Kraft der Aufmerksamkeit wird Konzentration genannt. Diese Kraft wird durch den Willen geleitet. Aus diesem Grund müssen wir uns weigern, uns auf irgendetwas zu konzentrieren oder zu denken außer an die Dinge, die wir wünschen. Viele konzentrieren sich ständig auf Kummer, Verlust und Missklang jeder Art. Da der Gedanke schöpferisch ist, folgt notwendigerweise daraus, dass diese unvermeidliche Konzentration zu mehr Verlust, mehr Kummer und mehr Missklang führt. Wie konnte das anders sein? Andererseits, wenn wir uns mit dem Erfolg, Gewinn, oder jeder anderen wünschenswerten Bedingung treffen, konzentrieren wir uns natürlich auf die Wirkungen dieser Dinge und schaffen dadurch mehr, und so folgt hieraus, dass mehr zu noch mehr führt.

11. Wie das Verstehen dieses Grundsatzes in der Geschäftswelt verwertet werden kann, wird von einem meiner Partner sehr gut erklärt:

12. „Geist, was auch immer es sein oder nicht sein mag, muss als die Essenz des Bewusstseins, die Substanz des Verstandes, als der wirklich zu Grunde liegende Gedanke betrachtet werden. Und da alle Ideen Phasen der Tätigkeit des Bewusstseins, des Verstandes oder des Gedankens sind, folgt hieraus, dass im Geist, und nur darin allein, die äußerste Tatsache, das wirkliche Ding oder Idee gefunden werden kann."

13. Wenn die Aussage stimmt, könnte man es nicht für angemessen halten, dass ein wahres Verstehen des Geistes und dessen Gesetze der Manifestation die größte „einfachste" Sache wäre, die ein „einfacher" Mensch zu finden hofft? Scheint es nicht sicher zu sein, dass wenn die „einfachen" Menschen dieser Welt diesen Fakt erkennen würden, ganz über sich selbst stolpern würden, indem sie sich an einen Ort begeben, wo dieses Wissen über diese spirituellen Dinge und Gesetze erreicht werden könnte? Diese Menschen sind keine Dummköpfe. Sie müssen nur diese

grundsätzliche Tatsache begreifen, um sich in die Richtung zu bewegen, welche die Essenz des ganzen Erfolgs ist.

14. Lassen Sie mich Ihnen ein konkretes Beispiel geben. Ich kenne einen Mann in Chicago, über den ich immer dachte, er sei ziemlich materialistisch. Er hatte im Leben auch mehrere Misserfolge gehabt. Das letzte Mal, als ich ein Gespräch mit ihm hatte, war er im Vergleich zu seiner vorigen Geschäftseinstellungen praktisch „unten durch". Es sah aus, als ob er tatsächlich „das Ende seiner Leine" erreicht hätte, als wäre er wieder auf der unterste Stufe einer Leiter gelandet, und neue Ideen kamen zu ihm langsamer und seltener als in früheren Jahren.

15. Im Wesentlichen sagte er zu mir: *„Ich weiß, dass alle Dinge, die im Geschäft ‚erzielt werden', das Ergebnis des Gedankens sind, jeder Dummkopf weiß das. Und jetzt scheint es, dass ich momentan keine Gedanken und keine gute Ideen habe. Aber wenn die ‚All-Geistige' Lehre richtig ist, dann sollte es für eine Person möglich sein, einen ‚Direktkontakt' mit dem unendlichen Geist zu schaffen. Und in dem unendlichen Geist muss es die Möglichkeit aller Arten von guten Ideen geben, die ein Mensch meines Mutes und meiner Erfahrung zum praktischen Gebrauch in der Geschäftswelt braucht, um einen großen Erfolg zu erzielen. Das sieht für mich gut aus und ich werde da hineinblicken."*

16. Das war mehrere Jahre her. Neulich hörte ich von diesem Mann wieder. Zu einem Freund fragend, sagte ich: *„Was ist von unserem alten Freund X geworden? Kam er wieder auf die Beine?"* Der Freund schaute mich überrascht an. *„Warum"*, sagte er, *„weißt du nichts über den Riesenerfolg von X? Er ist der Große Mann in der ‚_____Gesellschaft' eines Konzerns, das einen phänomenalen Erfolg während der letzten achtzehn Monate hat und jetzt, infolge seiner Werbung, von einem Ende des Landes zum anderen und auch im Ausland überaus bekannt ist. Er ist der Mann, der die GROßE IDEE für diesen Konzern lieferte. Daher ist der Konzern ungefähr eine halbe Million wert und bewegt sich schnell auf die Millionen-Marke zu und das im Zeitrahmen von achtzehn Monaten."* Ich hatte diesen Mann mit dem erwähnten Unternehmen nicht in Verbindung bringen können, obwohl ich vom wunderbaren Erfolg der fraglichen Gesellschaft wusste. Die Recherche hat gezeigt, dass die Geschichte wahr ist, und dass die oben genannten festgesetzten Tatsachen nicht im Geringsten übertrieben worden sind.

17. Was denken Sie jetzt darüber? Für mich bedeutet es, dass dieser Mensch tatsächlich den "Direkt-Anschluss" mit dem unendlichen Geist - Spiritualität - schuf und ihn gefunden hat, er hat ihn veranlasst für ihn zu arbeiten. Er „verwendete ihn in seinem Geschäft".

18. Klingt das gotteslästerlich oder blasphemisch? Ich hoffe nicht, ich beabsichtige nicht, dass es so klingt. Nehmen Sie die Auswirkung der Persönlichkeit oder die menschliche Natur von dem Konzept „das Unendliche" und Ihnen bleibt die Vorstellung einer unendlichen Gegenwärtigen-Kraft, der Kern des Bewusstseins - tatsächlich, das als letztes der Geist ist. Wie auch dieser Mann letztendlich als eine Manifestation des Geistes betrachtet wird. Es gibt nichts Gotteslästerliches in der Idee, dass er Geist ist, sich mit seinem Ursprung und seiner Quelle so harmonisieren sollte, dass er im Stande sein würde, wenigstens einen geringen Grad seiner Kraft zu manifestieren. Wir alle tun das mehr oder weniger, wenn wir unseren Geist in der Richtung auf den schöpferischen Gedanken verwenden. Dieser Mann tat mehr, er ging darüber hinaus auf eine „höchst praktische" Weise.

19. Ich habe ihn über seine Methode des Verfahrens nicht befragt, obwohl ich vorhabe, das bei der ersten Gelegenheit zu tun. Aber er zog nicht nur die unendliche Versorgung an, für die Ideen, die er brauchte (und die den Samen seines Erfolgs bildeten), sondern er nutzte auch die schöpferische Gedankenkraft um ein idealistisches Muster, das er hoffte, in der materiellen Form zu manifestieren, für sich selbst aufzubauen. Dazu änderte er und fügte seine Details, von Zeit zu Zeit hinzu - vom Ausgang des allgemeinen Umrisses zum beendeten Detail. Ich beurteile es, als die Tatsache des Falls, nicht allein von meiner Erinnerung des Gespräches vor ein paar Jahren, sondern auch weil ich dieselbe Sache in den Fällen anderer angesehener Menschen, die eine ähnliche Manifestation des schöpferischen Gedankens gemacht haben, gesehen habe.

20. Diejenigen, die vor dieser Idee zurückweichen mögen - die unendliche Kraft für ihre Arbeit in der materiellen Welt anzuwenden - sollten sich erinnern, dass, wenn das Unendliche im Geringsten gegen solch ein Verfahren protestierte, die Sache niemals geschehen könnte. Das Unendliche ist voll und ganz im Stande, auf sich selbst aufzupassen.

21. „Spiritualität" ist ziemlich „nützlich", sehr „praktisch", höchst „brauchbar". Es lehrt, dass Geist das wahre Ding ist, ALLES ist, und dass Materie nur plastisch ist, die der Geist im Stande ist zu schaffen, zu

formen, zu manipulieren und zu seinem Willen zu modellieren. Spiritualität ist das „nützlichste" Ding in der ganzen Welt - das einzige wirkliche und absolut „nützlichste" Ding, das es gibt!

22. Konzentrieren Sie sich in dieser Woche auf die Tatsache, dass der Mensch nicht ein Körper mit einem Geist, sondern ein Geist mit einem Körper ist, und dass es aus diesem Grund seine materielle Wünsche nicht in der Lage sind eine dauerhafte Befriedigung zu erzielen. Geld hat deshalb keinen wahren Wert, außer die Bedingungen zu verursachen, die wir wünschen, und diese Bedingungen sind notwendigerweise harmonisch. Harmonische Bedingungen schaffen ausreichende nötige Versorgung, so dass, wenn es für uns scheint, dass wir irgendwelchen Mangel haben, wir begreifen sollten, dass die Idee oder die Seele des Geldes der Dienst ist. Und wenn dieser Gedanke Form annimmt, werden Kanäle geöffnet, und Sie werden die Zufriedenheit des Wissens haben, dass geistige Methoden völlig praktisch sind.

„*Wir haben entdeckt, dass das regelmäßig überlegte Denken zu einer Absicht diesen Zweck in die befestigte Form reifen lässt, so dass wir des Ergebnisses unseres dynamischen Experimentes absolut sicher sein können.*"

Francis Larimer Warner

Teil 23

Lernfragen mit Antworten

221. Was ist das erste Gesetz des Erfolges? – Der Dienst.

222. Wie können wir am meisten Dienen? – Einen offenen Geist haben, sich mehr für das Rennen, anstatt sich für das Ziel zu interessieren, für die Verfolgung, aber nicht den Besitz.

223. Was ist das Ergebnis eines selbstsüchtigen Gedankens? – Es enthält die Keime der Auflösung.

224. Wie wird unser größter Erfolg erreicht? – Durch eine Anerkennung der Tatsache, dass es ebenso notwendig ist zu geben wie zu empfangen.

225. Warum kreuzen sich Finanzmänner oft mit dem Erfolg? – Weil sie ihr eigenes Denken haben.

226. Warum bleibt die große Mehrheit in jedem Land die sanftmütigen und anscheinend willigen Werkzeuge für die wenigen Anderen? – Weil sie den wenigen ihr ganzes Denken für sie überlassen.

227. Was ist die Wirkung der Konzentration auf den Kummer und Verlust? – Noch mehr Kummer und mehr Verlust.

228. Was ist die Wirkung der Konzentration auf den Gewinn? – Mehr Gewinn.

229. Wird dieser Grundsatz in der Geschäftswelt verwendet? – Es ist der einzige Grundsatz, der jemals verwendet wird oder jemals verwendet werden kann. Es gibt keinen anderen Grundsatz. Die Tatsache, dass er unbewusst verwendet werden kann, verändert die Situation nicht.

230. Was ist die praktische Anwendung dieses Grundsatzes? – Die Tatsache, dass Erfolg eine Wirkung und keine Ursache ist, und wenn wir die Wirkung sichern wollen, müssen wir die Ursache oder die Idee oder den Gedanken festlegen, durch welchen die Wirkung geschaffen wird.

„Ernähren Sie Ihren Geist mit großen Gedanken. An das Heldenhafte zu glauben, macht den Helden."

Disraeli

Der vierundzwanzigste Teil

Die Wahrheit, die dich frei macht

Einleitung (Teil 24)

Anbei erhalten Sie den vierundzwanzigsten Teil, die letzte Lektion dieses Kurses.

Wenn Sie jede der Übungen ein paar Minuten jeden Tag, wie vorgeschlagen, geübt haben, werden Sie erkannt haben, dass Sie aus dem Leben aussteigen und in ein besseres einsteigen können, genau wie Sie es wollen, indem Sie aber zuerst das einfügen, was Sie wollen. Und wahrscheinlich werden Sie dem Schüler zustimmen, der sagte: „Der Gedanke ist überwältigend, so riesengroß, so greifbar, so eindeutig, so vernünftig und so nützlich."

Die Frucht dieses Wissens ist, wie es nicht anders sein kann, ein Geschenk der Götter. Es ist die „Wahrheit", welche die Menschen frei macht, sie macht nicht nur frei von jedem Mangel und jeder Beschränkung, sondern sie macht frei von Kummer, Sorge und Leid. Ist es nicht herrlich zu begreifen, dass alle Menschen vor diesem Gesetz gleichgesetzt sind? Es macht keinen Unterschied, welche Gewohnheiten Sie zum Gedanken pflegen. Der Weg ist jedem eröffnet worden.

Wenn Sie religiös sind, so machte der größte religiöse Lehrer, den die Welt jemals gekannt hat, den Weg so einfach, dass alle folgen können. Wenn Sie mehr zur physischen Wissenschaft neigen, so funktioniert das Gesetz mit der mathematischen Gewissheit. Wenn Sie mehr ein Philosoph sind, können Plato oder Emerson Ihr Lehrer sein, aber in jedem Fall können Sie die Höhe der Kraft erreichen, welcher es unmöglich ist, irgendeine Grenze zu bestimmen.

Ich glaube, ein Verstehen dieses Grundsatzes, ist das Geheimnis, nach dem die alten Alchimisten vergeblich suchten, weil es erklärt, wie das Gold im Geist in das Gold im Herzen und in die Hand umgewandelt werden kann.

Teil 24 -

Die Wahrheit, die dich frei macht

01. Als die Wissenschaftler zum ersten Mal die Sonne in das Zentrum des Sonnensystems stellten und erklärten, dass die Erde sich um die Sonne dreht, gab es riesige Verblüffung und Betroffenheit. Die ganze Idee war selbstverständlich falsch, nichts war so sicher als die Bewegung der Sonne über den Himmel, und jeder konnte sie hinter den Bergen aufsteigen und im Meer versinken sehen. Gelehrte wüteten, und Wissenschaftler wiesen die Idee als verrückt zurück. Und dennoch haben die Beweise letzt endlich alle Meinungen überzeugt.

02. Wir sprechen von einer Glocke als ein „tönender Körper", außerdem wissen wir, dass alle Glocken Schwingungen in der Luft erzeugen. Wenn diese Schwingungen die Rate von sechzehn Vibrationen pro Sekunde (16 Hz) erreicht, verursachen sie einen Ton, welcher mit dem Geist gehört werden kann. Es ist auch für den Geist möglich, Schwingungen bis zur Rate von 38.000 Vibrationen pro Sekunde (bis 20 kHz) zu hören. Wenn die Zahl der Rate nach 38.000 zunimmt, ist es wieder Stille, so dass wir erkennen, dass der Ton nicht in der Glocke, sondern in unserem eigenen Geist ist.

03. Wir sprechen und denken sogar an die Sonne als „das Licht". Und doch wissen wir, dass sie einfach nur Energie abgibt, die im Äther in der Rate von vierhundert Millionen Schwingungen pro Sekunde erzeugt und somit das verursacht, was die Lichtwelle genannt wird. Somit wissen wir, dass das, was wir Licht nennen, einfach nur eine Form der Energie ist und dass das einzige Licht, welches existiert, das Gefühl ist, das durch die Bewegung der Wellen in unserem Geist verursacht wird. Wenn die Zahl der Rate noch weiter zunimmt, so ändert sich das Licht in der Farbe, jede Änderung der Farbe wird durch die kürzere und schnellere Schwingung verursacht. So dass, obwohl wir davon sprechen, dass die Rose rot, das Gras grün oder der Himmel blau ist, wir wissen, dass die Farben nur in unserem Geist bestehen. Diese Farben sind die Sinneseindrücke, die wir

durch die Lichtwellenschwingung erfahren. Wenn die Schwingung von vierhundert Millionen pro Sekunde reduziert wird, wirkt es für uns nicht mehr als Licht sondern wir erfahren das Gefühl der Hitze. Es ist deshalb offensichtlich, dass wir nicht von den Beweisen der Gefühle für unsere Information bezüglich der Wirklichkeit von Dingen abhängen können, so wie wir glaubten, dass sich die Sonne bewegte, dass die Welt flach statt rund war, dass die Sterne ein Stück des Lichtes statt riesengroßer Sonnen waren.

04. Die ganze Reihe der Theorie und Praxis jedes Systems der Metaphysik besteht im Wissen der Wahrheit bezüglich sich selbst und der Welt, in der Sie leben. Es besteht im Wissen, dass, um Harmonie auszudrücken, Sie an Harmonie denken müssen, um Gesundheit auszudrücken, Sie an Gesundheit denken müssen, und um Überfluss auszudrücken, Sie an Überfluss denken müssen. Um das zu tun, müssen Sie die Beweise der Sinneseindrücke (die Beweise der Gefühle) umkehren.

05. Wenn Sie zur Erkenntnis kommen, dass jede Form der Krankheit, des Leids, des Mangels und der Beschränkung einfach nur das Ergebnis des falschen Denkens ist, werden Sie „die Wahrheit erkennen, die Sie befreien wird". Sie werden sehen, wie Berge versetzt werden können. Wenn diese Berge nur aus Zweifeln, Angst, Misstrauen oder anderen Formen der Niedergeschlagenheit bestehen, sind sie dennoch wirklich, und sie müssen nicht nur versetzt sondern „ins Meer geworfen" werden.

06. Ihre wirkliche Arbeit besteht darin, sich selbst von der Wahrheit dieser Erklärungen zu überzeugen. Wenn Sie das geschafft haben, werden Sie keine Schwierigkeit haben, die Wahrheit zu denken, und wie es gezeigt worden ist, enthält die Wahrheit einen Lebensgrundsatz und wird sich manifestieren.

07. Diejenigen, die Krankheiten durch geistige Methoden heilen, erkannten diese Wahrheit, sie demonstrieren es tätlich in ihren Leben und im Leben von anderen. Sie wissen, dass das Leben, die Gesundheit und der Überfluss allgegenwärtig sind und den ganzen Raum erfüllt. Und sie wissen, dass diejenigen, die erlauben Krankheit oder Mangel in jeder Art zu manifestieren, bis jetzt nicht in das Verständnis dieses großen Gesetzes eingetreten sind.

08. Da alle Bedingungen und Zustände gedankliche Schöpfungen sind, sind daher alle Bedingungen völlig geistig. Krankheit und Mangel sind einfach nur Geisteszustände, in denen die Person scheitert, die Wahrheit wahrzunehmen. Sobald der Fehler behoben wird, wird der Zustand behoben.

09. Die Methode, um diesen Fehler zu beheben, ist in die Stille einzutreten und die Wahrheit zu erkennen. Da aller Geist EIN GEIST ist, können Sie Fehler für sich selbst oder irgendjemanden anderen beheben. Wenn Sie gelernt haben geistige Bilder der gewünschten Bedingungen zu formen, wird das die leichteste und schnellste Weise sein, die Ergebnisse zu sichern. Falls Sie es noch nicht gelernt haben, können die Ergebnisse dadurch erreicht werden, indem sie sich selbst absolut von dieser Wahrheit Ihrer eigenen Behauptung überzeugen.

10. Erinnern Sie sich, und das ist eine der schwierigsten sowie wunderbarsten Behauptungen zu begreifen.... erinnern Sie sich, dass, egal was die Schwierigkeit ist, egal wo es ist, egal wer betroffen ist, Sie brauchen niemanden außer sich selbst, Sie haben nichts anderes zu tun außer sich selbst von der Wahrheit zu überzeugen, die Sie manifestiert zu sehen wünschen.

11. Das ist eine genaue wissenschaftliche Erklärung in Übereinstimmung mit jedem System der Metaphysik, die existiert, und keine dauerhaften Ergebnisse werden jemals auf eine andere Weise gesichert.

12. Jede Form der Konzentration, das Formen der geistigen Bilder durch Autosuggestion, sind alles einfache Methoden, durch die es Ihnen ermöglicht wird, die Wahrheit zu begreifen.

13. Wenn Sie wünschen, jemandem zu helfen, eine Form des Mangels, der Beschränkung oder des Fehlers zu zerstören, besteht die richtige Methode nicht darin, an die Person zu denken, der Sie helfen wollen. Die Absicht, ihnen zu helfen, ist völlig ausreichend, das allein ist es, das Sie in die geistige Berührung mit der Person bringt. Vertreiben Sie dann aus Ihrem eigenen Geist jeden Glauben des Mangels, der Beschränkung, der Krankheit, der Bedrohung, der Schwierigkeit oder was auch immer die Sorge sein könnte. Sobald Sie darin erfolgreich gewesen sind, wird das Ergebnis vollbracht worden sein, und die Person wird frei sein.

14. Aber erinnern Sie sich, dass der Gedanke schöpferisch und konsequent ist. Deshalb, jedes Mal, wenn Sie Ihrem Gedanken erlauben, auf jeder unharmonischen Bedingung zu ruhen, müssen Sie begreifen, dass solche Bedingungen nur scheinbar sind, sie haben keine Wirklichkeit, der Geist ist die einzige Wirklichkeit und er kann niemals weniger als vollkommen sein.

15. Alle Gedanken sind eine Form der Energie, eine Schwingung aber ein Gedanke der Wahrheit ist die höchste Schwingung und zerstört deshalb jede Form des Fehlers auf genau dieselbe Art, wie das Licht die Finsternis zerstört. Keine Form des Fehlers kann bestehen, wenn die „Wahrheit" erscheint, so dass Ihre ganze geistige Arbeit darin besteht, in das Verstehen der Wahrheit einzutreten. Das wird Ihnen ermöglichen, jede Form des Mangels, der Beschränkung oder der Krankheit jeder Art zu überwinden.

16. Wir können kein Verstehen der Wahrheit von der „äußeren Welt" erhalten. Die äußere Welt ist nur relativ, die Wahrheit ist absolut. Wir müssen es deshalb in der „inneren Welt" finden.

17. Den Geist zu trainieren, nur die Wahrheit zu sehen, bedeutet, nur wahre Bedingungen auszudrücken. Wenn wir das schaffen, wird dies für uns ein großer Hinweis unseres Fortschritts sein, den wir machen.

18. Die absolute Wahrheit ist, dass das „Ich" perfekt und vollkommen ist. Das wirkliche „Ich" ist geistig und kann deshalb niemals weniger als vollkommen sein. Es kann niemals Mangel, Beschränkung oder Krankheit haben. Die plötzlichen Ideen des Genies haben keinen Ursprung in der molekularen Bewegung des Gehirns, es wird durch das Ego, das geistige „Ich" inspiriert, welches EINS mit dem universalen Geist ist. Es ist unsere Fähigkeit, diese Einheit anzuerkennen, welche die Ursache der ganzen Inspiration aller Genies ist. Diese Ergebnisse sind weitreichend und haben Wirkung auf Generationen, die noch kommen werden. Sie sind die Stützen des Feuers, die den Pfad, dem Millionen folgen, kennzeichnen.

19. Wahrheit ist nicht das Ergebnis des logischen Trainings oder des Experimentierens oder sogar der Beobachtung, es ist das Produkt eines entwickelten Bewusstseins. Wahrheit innerhalb eines Menschen, manifestiert das Verhalten des Menschen in seinem Leben ebenso seine Handlung und seinen Einfluss auf soziale Formen und Fortschritt. Ihr Leben, Ihre Handlungen und Ihr Einfluss in der Welt werden vom Grad der

Wahrheit abhängen, welche Sie wahrnehmen können, weil Wahrheit sich nicht in Prinzipien manifestiert, sondern im Verhalten.

20. Wahrheit manifestiert sich im Charakter, und der Charakter eines Menschen sollte die Interpretation seiner Religion sein, oder was für ihn die Wahrheit ist, und das wiederum wird im Charakter bewiesen. Wenn ein Mensch sich über sein Schicksals beklagt, ist er nur mit sich selbst unzufrieden. Es ist, als ob er die vernünftige Wahrheit bestreitet, obwohl sie offensichtlich und unwiderlegbar feststeht.

21. Unsere Umgebung und die unzähligen Verhältnisse und Unfälle unseres Lebens bestehen bereits in der unterbewussten Persönlichkeit, die zu sich selbst das geistige und physische Material anzieht, das zu seiner Natur gleichartig ist. Daher wird unsere Zukunft, von unserer Gegenwart bestimmt, und wenn es offenbare Ungerechtigkeit in irgendwelcher Eigenschaft oder Phase unseres persönlichen Lebens geben sollte, müssen wir in uns (unseren inneren Welt) nach der Ursache schauen und versuchen, die geistige Tatsache zu entdecken, die für die äußere Manifestation verantwortlich ist.

22. Es ist diese Wahrheit, die Sie „frei" machen wird und es ist das bewusste Wissen dieser Wahrheit, welche Ihnen ermöglichen wird, jede Schwierigkeit zu überwinden.

23. Die Zustände, mit denen Sie sich in der äußeren Welt treffen, sind unveränderlich das Ergebnis der Zustände, die in der inneren Welt bestehen. Deshalb ist es wissenschaftlich korrekt, dass Sie, indem Sie das vollkommene Ideal im Sinn halten, ideale Bedingungen oder Zustände in Ihrer Umgebung schaffen können.

24. Wenn Sie nur das Unvollständige, das Unperfekte, das Relative, das Beschränkte sehen, manifestieren sich diese Bedingungen in Ihrem Leben. Aber wenn Sie Ihren Geist und Ihr geistiges Ego, das „Ich", welches für immer vollkommen, perfekt und harmonisch ist, trainieren, so werden nur nützliche und gesunde Bedingungen manifestiert.

25. Da der Gedanke schöpferisch, und die Wahrheit der höchste und vollkommenste Gedanke ist, den irgendjemand denken kann, ist es selbstverständlich, dass die Wahrheit zu denken, das erschaffen soll, was

wahr ist und dies ist wiederum offensichtlich, dass, wenn die Wahrheit entsteht, das Unwahre verschwinden muss.

26. Der universale Geist ist die Gesamtheit von allem Geist, welcher je existiert. Spirit ist Geist, weil Spirit intelligent ist. Die Wörter sind deshalb synonym.

27. Die Schwierigkeit, mit der Sie kämpfen müssen, ist zu begreifen, dass Geist nicht individuell ist. Er ist allgegenwärtig. Er besteht überall. Mit anderen Worten, gibt es keinen Platz, wo er nicht ist. Er ist deshalb universal.

28. Menschen haben deshalb allgemein das Wort „Gott" verwendet, um diesen universalen, kreativen Grundsatz zu bezeichnen. Aber das Wort „Gott" drückt nicht die richtige Bedeutung aus. Die meisten Menschen verstehen dieses Wort, als etwas, was außerhalb ihrer selbst ist, während die Tatsache genau das Gegenteil ist. Es ist unser wirkliches Leben. Ohne es wären wir tot. Wir würden aufhören zu existieren. Die Minute, in welcher der Geist den Körper verlässt, bedeutet das. Deshalb ist Geist wirklich alles, woraus wir bestehen.

29. Die einzige Tätigkeit, die der Geist besitzt, ist die Kraft zu denken. Deshalb muss der Gedanke schöpferisch sein, weil der Geist schöpferisch ist. Diese schöpferische Kraft ist unpersönlich, und Ihre Fähigkeit zu denken ist Ihre Fähigkeit, es zu kontrollieren und davon zu Gunsten seiner selbst und anderer Gebrauch zu machen.

30. Wenn die Wahrheit dieser Erklärung begriffen, verstanden und geschätzt wird, werden Sie in Besitz des Meister-Schlüssels gekommen sein. Aber erinnern Sie sich, dass nur diejenigen, die weise genug sind zu verstehen, umfassend genug sind, die Anhaltspunkte abzuwiegen, hartnäckig genug sind, ihrem eigenen Urteil zu folgen und stark genug sind, das geforderte Opfer zu bringen, nur diese Menschen werden Anteil daran haben.

31. In dieser Woche versuchen Sie zu begreifen, dass es wirklich eine herrliche Welt ist, in der wir leben, dass Sie ein wunderbares Wesen sind, dass viele zu diesem Wissen der Wahrheit erwachen, und so schnell, wie diese Menschen aufwachen und in Kenntnisse der *„Dinge eintreten, die für sie bereitgestellt worden sind",* begreifen sie auch, dass *„das Auge nicht gesehen, noch das Ohr gehört hat, es trat auch nicht ins Herz des*

Menschen ein," die Pracht, welche für diejenigen besteht, die sich im versprochenen Land finden. Sie haben den Fluss des Urteils durchquert und haben den Punkt der Abgrenzung zwischen dem Wahren und dem Falschen erreicht und haben erkannt, dass alles, was sie jemals wünschten oder geträumt haben, nur eine schwache Vorstellung der verwirrenden Realität war.

„*Obwohl man Felder vererben kann, kann man kein Wissen und keine Weisheit vererben. Der wohlhabende Mensch mag anderen dafür bezahlen, für ihn seine Arbeit zu erledigen, aber es ist unmöglich, sein Denken einem anderen zu überlassen*".

Teil 24
Lernfragen mit Antworten

231. Von welchem Grundsatz hängen die Theorie und die Praxis jedes Systems der Metaphysik in der Existenz ab? – Von dem Wissen der „Wahrheit" bezüglich sich selbst und der Welt in der Sie leben.

232. Was ist die „Wahrheit" im Bezug auf sich selbst? – Das wirkliche „Ich" oder das Ego ist geistig und kann deshalb niemals weniger als vollkommen sein.

233. Was ist die Methode, irgendeine Form des „Fehlers" zu zerstören? – Sich absolut von der „Wahrheit" bezüglich des Zustands zu überzeugen, den Sie manifestiert sehen möchten.

234. Können wir das für andere tun? – Der universale Geist, in dem „wir leben uns bewegen und in dem wir sind", ist EINS und unteilbar, es ist deshalb ebenso möglich, anderen, sowie uns selbst zu helfen.

235. Was ist der universale Geist? – Die Gesamtheit von allem Geist.

236. Wo ist der universale Geist? – Der universale Geist ist allgegenwärtig, er besteht überall. Es gibt keinen Platz, wo er nicht ist. Er ist deshalb auch in uns. Er ist unsere „innere Welt". Unser Geist ist unser Leben.

237. Was ist die Natur des universalen Geistes? – Sie ist geistig und deshalb schöpferisch. Sie bemüht sich, sich in der Form zu äußern.

238. Wie können wir nach dem universalen Geist handeln? – Unsere Fähigkeit zu denken ist unsere Fähigkeit, nach dem universalen Geist zu handeln.

239. Was wird mit „denken" gemeint? – Zu denken bedeutet, klar, entscheidend, ruhig, bewusst, gestützt zu denken, mit einem deutlichen Ziel in Sicht.

240. Was wird das Ergebnis sein? – Sie werden auch im Stande sein zu sagen, „Das bin nicht ich, der die Arbeiten erledigt, sonder der ‚Vater' der in mir wohnt, er erledigt die Arbeiten". Sie werden zur Erkenntnis kommen, dass der „Vater" der universale Geist ist, und dass Er wirklich in Ihnen „wohnt", mit anderen Worten, Sie werden erkennen, dass die wunderbaren Versprechungen in der Bibel Tatsachen sind.

„Tempel haben ihre heiligen Bilder, und wir sehen, welche Beeinflussung diese schon immer auf einen großen Teil der Menschheit gehabt haben. Doch in Wahrheit sind die Ideen und Bilder im menschlichen Geist, unsichtbare Kräfte, die sie ständig leiten."

Jonathan Edwards

Danksagung

Ohne die intensive Erfahrung von negativen Zuständen in meinem Leben wäre mein Wunsch, die Freude, die Schönheit, die Fülle und den Überfluss des Lebens zu erfahren, nicht so groß gewesen. So zog ich mir, damals noch unwissend, dieses große Geheimnis des Lebens mit meinem gedanklichen Wunsch an mich selbst an. Somit danke ich meinen Problemen, die ich jetzt „Herausforderungen" nenne und meinen Erfahrungen jeder Art, denn ich weiß jetzt, dass ich all dies nicht erreicht hätte und nicht die Person wäre, die ich jetzt bin. Somit gilt der Dank auch an meine Eltern und meine tolle Schwester, die immer zu mir hält und die ich sehr liebe. Danke!

Die Unterstützung zur Übersetzung dieses Buches erhielt ich von einigen meiner besten Freunde. Mein herzlichstes Dankeschön an dich Ronald Richter für deine Hilfe der Umkehr meines Lebens in eine bessere Richtung und deine loyale Freundschaft. Auch ein großes Dankeschön an dich Martynas Ausra, für deine moralische Unterstützung.

Ich hatte die große Ehre zwei besondere Menschen kennen zu lernen, die zu diesem Buch viel beigetragen haben. Der Dank geht an Steffi Spremberg und Herbert Engel.

Ein letztes Dankeschön möchte ich der Universalen Essenz, dem höchstem Geist, der vollkommenen Energie, dem, was wir als „Gott" bezeichnen aussprechen.

__Danke dir Herr für all die Segnungen des Lebens, die du für uns ALLE reichlich auf dieser vollkommenen Welt erschaffen hast.__

Waldemar Herfurt
Freiburg, April 2007